بازارنىڭ ئەستىلىكى

巴扎志

新疆的生活与文化

本书获2010年国家社会科学基金艺术重点项目《新疆的生活与文化》（项目号：10AA001）经费资助，新疆维吾尔自治区博士后特别资助项目“新疆巴扎（集市）里的民族交往与文化交流研究”的阶段成果。

王敏 ◎ 著

國家圖書館出版社

图书在版编目（CIP）数据

巴扎志/王敏著．--北京：国家图书馆出版社，2015.12

（新疆的生活与文化）

ISBN 978-7-5013-5547-1

Ⅰ.①巴… Ⅱ.①王… Ⅲ.①维吾尔族—集市贸易—商业史—研究—新疆 Ⅳ.①F729

中国版本图书馆 CIP 数据核字（2015）第 024656 号

书　　名	巴扎志
著　　者	王敏　著
责任编辑	耿素丽
出　　版	国家图书馆出版社（100034 北京市西城区文津街 7 号） （原书目文献出版社　北京图书馆出版社）
发　　行	010-66114536　66126153　66151313　66175620 66121706（传真），66126156（门市部）
E-mail	nlcpress@nlc.cn（邮购）
Website	www.nlcpress.com→投稿中心
经　　销	新华书店
印　　装	北京盛天行健艺术印刷有限公司
版　　次	2015 年 12 月第 1 版　2015 年 12 月第 1 次印刷
开　　本	880×1194（毫米）　1/32
印　　张	12
字　　数	250 千字
书　　号	ISBN 978-7-5013-5547-1
定　　价	33.00 元

《新疆的生活与文化》编委会

总　序

韩子勇

2009年新疆7·5事件发生后，新疆形象和外界关于新疆的认知出现诸多意料之中的混乱。修复新疆形象、厘清新疆认识，成为官、学两界急迫的任务。基于社会责任和学者的良知，我申报的国家社会科学基金艺术学重点项目《新疆的生活与文化》有幸获批立项。

该课题的初衷是为新疆写一份个性化的、好看好读、真实可信、可感可触，有细节、有温度、有灵魂的“说明书”。比如有关西域的想象、神话与传说，考古、典籍与现实，大地、生活与文化，族群、宗教和艺术，地方知识、社会细节、诗与思的杂糅……

原计划该课题用一本书来完成，但在实际开展的过程中，我感到面对一个多民族、多宗教、多语言和文化，历史和今天都异常复杂的新疆，用一本书来结构和串联，力有不逮，难以在周全的概括中仍然保留细浪般流动的感性细节，很可能会流于空泛、概念化和符号化，变成令人生厌的教条。从西域的形象传播史来看，历史上沿着丝绸之路逶迤而来的胡商、胡姬、胡僧与胡语、胡乐，西域的奇花异果、玉石珍宝、大漠风光和汗血宝马，乃至名噪一时的边塞诗，无不是落脚在具体可感的大物象、大意象上。于是，本课题改变研究与叙事策略，选取了新疆生活与文化中的几个经典寓象：木卡姆、柔巴依、巴扎、胡姬、典籍……来展开、激活、发现新疆的形象。

木卡姆是新疆维吾尔族最重要的大型文化遗产，是融歌、舞、乐、诗为一体的最具代表性的古典文明结晶。它以音乐为贯穿，篇幅浩大而结构宏伟，流布于天山南北各维吾尔社区。木卡姆音乐文化现象广泛分布于北非、西亚、中亚、南亚各伊斯兰沙漠绿洲生活圈，但因历史、民族、地域和生产生活方式的不同而千姿百态、争奇斗艳。其中，新疆维吾尔社区的木卡姆又是世界木卡姆家族中最东端的木卡姆。对外界而言，木卡姆是进入维吾尔心灵的一把钥匙，对新疆而言，木卡姆是新疆文化形象不可或缺的重要构成，是我国第二批被列入联合国教科文组织的非物质文化遗产。我有幸牵头该项目申报的组织、指导工作，为此细读了二百多本与此或近或远的著作，写过一本《木卡姆：巨灵如风吹过》的书，这次的重述，也是新的沉淀和翻说。

新疆各民族古典文化的内核是诗和音乐。新疆古典文化长于抒情而拙于叙事，各民族无例外地把诗与音乐作为他们经典的精神生活中最重要的两个品类。新疆的古代文明有一个漫长、复杂和多变的“青春期”，而诗与音乐正是他们青春的内里与装束。“柔巴依”这种维吾尔古典四行诗的形式，与中原的诗歌传统，与波斯和中亚，都有源远流长、或明或暗的美妙联系。课题组成员沈苇先生，是目前国内有代表性的诗人和诗歌理论家，曾获首届鲁迅文学奖、刘丽安诗歌奖、柔刚诗歌奖、《诗刊》年度诗歌奖、花地文学奖、十月文学奖、“华语文学传媒大奖”年度诗人奖、首届李白诗歌奖等，他研究柔巴依、受教于柔巴依，也力图将柔巴依的精神气质融入自己的诗歌血脉之中，由他来讲述一个异乡人的柔巴依故事，再合适不过。

“巴扎”是广泛存在于伊斯兰沙漠绿洲生活中的集市。在沙漠绿洲生活中，最为经典的世俗景象便是千百年来浓郁不散的巴扎。它不仅是一个人流、物流、信息流的龙卷之风，更是独特的文化空间，是秩序、礼仪、文化、象征、暗示，是公共交往空间和市俗生活的广场。然而，关于巴扎，目前尚无一部专著论及。王敏博士是我所带的第一个博士生，作为心思灵活的青年学者，她之前的著述多而杂，但缺乏自己的新垦地。作为课题组成员，她领受了为巴扎塑形、代言、阐释的任务，奉献了第一本关于“巴扎”的志书。巴扎是沙漠红尘，是绿洲之门。打开它，就走进了扑面而来的西域生活。

从与西域有关的汉诗及文献中，特别是《全唐诗》中，人们记住了一个词：胡姬。“胡姬”寄托着相当一部分人对西域的性别想象和浪漫生活，也夹杂了不少的误解。近年来专门或侧面论及胡姬的文章也有一些，但成系统、有规模、全面阐述的专著尚无。我的博士生邹淑琴女士，从“胡姬之胡”“胡姬之姬”“胡姬之舞”……一点点剥洋葱头般地全景展示了她对“胡姬”的理解与分析。人永远是生活和文化的主人，理解生活和文化的起点与目标，永远应该是人。

语言存放和构筑着人类最主要的精神世界。新疆是语言博物馆。西方人在近代新疆探险猎获的古代语言材料，曾为梳理察辨东西方语言的谱系与变迁提供了很大帮助。王菲女士的《维吾尔古代文献中的文化观》，从典籍入手，剥开文化馨香，在这五本书中，别具一格。

总之，《木卡姆》《柔巴依》《巴扎志》《胡姬》《维吾尔古代文献中的文化观》这五本书，构成《新疆的生活与文化》重要而有特色的五个方面，共同诠释一个对公众而言熟悉而陌生的新疆。下一步，我们计划解读尼雅出土的《五星出东方利中国》护臂锦、西域古代建筑、高僧大德鸠摩罗什和中华精神之山——昆仑，期望通过一个又一个精彩的侧面，展现新疆的文化与生活。

2015年10月30日

王敏的“巴扎”（代序）

韩子勇

王敏是我带的第一个博士生。

是沈苇推荐她考我的博士，也是沈苇向我推荐了她。

此前，在新疆人民出版社出版的一套丛书中，她主编过一本《沙漠玫瑰》，里面布满好看的画和文字，我也看过一些她散见于报刊的各种文章，文辞优美，涉猎广泛，颇具才情。

得一英才而教之，在我好为人师的“恶习”中，是一大快事。

新疆太大了，但其实又是个小地方，藏不住人。

就像旱地植物，转瞬即逝。有才华的人，只要冒出来，就容易被发现，但让人记住，必须长成巨株，必须吸纳贫瘠大地的全部水分和营养，必须穿透辽阔的枯燥寂寞与孤立无援，如同消失一般，隐身在时间与空间的源头游牧。

因为是带第一个博士生，总会更用心一些。期间，我正承担国家社会科学基金艺术学重点课题

“新疆的生活与文化”，便交给她一个思考已久、本来是自己想做的题目——“绿洲上的巴扎”。认识维吾尔绿洲生活，从实证入手，只要抓住三个醒目的意象：巴扎、涝坝、清真寺，就可以大体勾勒出生活的性质和面貌。涝坝已经消失，经验流散，取证不易；清真寺虽多，但研究者众，且女性进寺不易。只有巴扎，历史悠久，新鲜如昨，随进随出，但研究者寡。

这是一个无法偷懒的题目。没有专著或合集，少量的皮毛文章，基本可一越而过。期间，她多有动摇和犹豫。不着一字的“巴扎”，一下子要弄出本书来，好比戈壁滩上建花园，费力、无望而危险。而年轻人的心性，总是倾向于拈花惹草的风格、游手好闲的战术。而且，越有才的人也越爱秀。人世间，有多少好苗子，因此而误。我甚至认为，世间一等的事，是有二等才华但有一等毅力的人完成的。也因此，无论多漂亮的事，总会有瑕疵。这次她一下子被没头没脑的“巴扎”钉住，自然有几分心虚和畏难情绪。我的作用，除了帮其分析指点、解构梳理“巴扎”背后的符码、意义，更大的，是像监工一样，督促其完成这项苦役，郑重告诉她：“这会是你压箱底的书，是关于‘巴扎’的第一本书，所有后来要涉及这个话题的研究者，都无法绕过它，都不能假装没看见。”

就这样，她在男朋友的陪伴下，带着笔记本和相机，走进了尘土飞扬、热气腾腾的南疆巴扎。

王敏的努力和才华，配得上绿洲上的“巴扎”。这本《巴扎志》，是给绿洲的礼物，是一本了解维吾尔族人绿洲生活的必读书。

2014年3月8日于北京

阿瓦提的巴扎（二首）

王　敏

一

阿瓦提的巴扎
裹着羽毛和石榴皮的鸽子
落在时间的第一滴露珠里

多少人行迹匆匆
赶一场乡村圆舞曲
土肥皂、玫瑰、玉石和芦苇的聚会

阿瓦提的巴扎
描金的小凳子和金漆的小桌子
铺在绣羊角的第一张毛毯上

开一千扇门和窗
唱一万张羊皮鼓的歌
小茴香、丁香、红柳与葡萄的歌宴

洁白的面孔在彩色的人群中晃过
毛驴先生、蛇女士和蜥蜴太太
一切都巴扎化了
阿瓦提巴扎的中午
全部的日光
记述我
全部的星光
讲述它

二

阿瓦提的巴扎
蒙起自己的脸
像农夫用坎土曼砍掉自己的影子

想起洛尔迦
在遥远的西班牙乡村
撞钟声鸣响不已

锦葵耷拉在细草丛里
修女绣上了紫罗兰
七种颜色七种鸟
落叶铺上绿色的椅子

潮汐般的人群
赶集的老人牵着耍赖不走的小绵羊

一个小姑娘拢起所有的扫帚尾巴
羞赧地躲避镜头

另一个小巴郎
星星的眼睛，月亮的颊
“买个核桃木的凳子吧，城里的小姐”

转轮磨利了弯刀
石榴汁溢出了酒杯
铁匠埋头铸铁
摊主专心数钱
一群逛巴扎的人闲蹲在角落里
一地翠绿的西瓜皮
红的瓤，黑的眼
打捞一个穿绣花布鞋来的旅人

2012 年 11 月 28 日乌鲁木齐
载《西部》2013 年第 5 期

目　　录

引 言

一、国内外研究现状

巴扎，波斯语音“Bazaar”，意为集市，在新疆具有普遍性。南疆的城镇乡村，巴扎的分布极为普遍，它是南疆乡土社会的一种基本生活方式，也是当下新疆对外宣传区域文化形象的重要表征与符码。本书尝试对这一文化现象进行阐释，基于以下几条理由：

首先，从新疆文化现状的层面而言，巴扎的存在在新疆具有普遍性，是了解新疆文化的必要窗口。从把乌鲁木齐市二道桥大巴扎改名为“新疆国际大巴扎”，并视为新疆首府的地标景观这一文化事实，足见巴扎对新疆文化研究的重要价值。

其次，从新疆文化的现实层面看，巴扎对于新疆具有独特意义。新疆的主体民族之一是维吾尔族，而在维吾尔族的日常生活中，巴扎是极其重要的一个活动场所，与维吾尔族的社会生活有着极为密切的联系。对维吾尔民族文化生活的把握和理解，离不开对巴扎的文化考察。

第三，从新疆文化的历史考察讲，早在公元 15 世纪，“巴扎”这个词便频繁地出现在新疆历史的文献记录里，而早在公元前，“巴扎”作为一种具体的空间实践便已存在。因而，对巴扎的研究，又具有重要的历史价值。

第四，笔者的专业方向、专业所长与该研究完全符合。巴扎作为维吾尔族的历史文化民俗表征以及具体的实践空间，是一个复杂的文化实体和文化现象，对它的研究需要有跨学科、跨文化的学术背景和理论专长。本人在跨学科的理论准备以及专业素养方面具有可实现性。

就笔者目前所收集、调查的国内外有关巴扎研究现状而言（如表 0—1 所示），在学术实践层面，很多学者保持着对新疆巴扎的敏感。在知识领域中，关于巴扎的研究，特别是关于巴扎的文化研究的思考，内容比较丰富。遗憾的是，这些内容都未能得到进一步理论化，并且至今尚未得到系统的梳理。与此同时，尽管许多有关巴扎的历史文献为研究者所了解，但基于文化学立场对巴扎的结构进行系统阐释的不多，这使得本研究有了极大的拓展空间。总之，既有的关于新疆巴扎的研究，不外乎有以下七种研究轨迹和学术角度：

第一，民俗学视野中的巴扎研究，着眼点在于对巴扎上各种民俗事象的具体描写，进而探讨民俗资源在文化产业中的可利用性，如日本学者新免康·真田安的《新疆的巴扎与麻札》，新疆作家王菁菁的《乌鲁木齐市民俗风情旅游开发及其变迁——以二道桥大巴扎和达坂城为例》，吴焱、王欢、惠军的《乌鲁木齐民俗文化旅游开发现状及对策研究——新疆国际大巴扎》等。

第二，旅游经济学视野中的巴扎研究，立足于对巴扎的经济资源的开发与市场行为调查的系列研究，如赵莉的《乌鲁木齐国际大巴扎文化旅游与开发研究》、娄在凤的《新疆国际大巴扎旅游购物行为研究》等。

第三，民族学与文化人类学视野中的巴扎研究，着力于构建巴扎与维吾尔族民族性以及社会传统间联系的研究，如新疆维吾尔自治区丛刊编辑组《中国少数民族社会历史调查资料丛刊》修订编辑委员会编订的《维吾尔族社会历史调查》、阿达丽·斯拉义的《民族学视野下的乌鲁木齐国际大巴扎研究》、哈丽达·斯拉木的《维吾尔族巴扎文化研究——以和田地区为例》、朱虹的《现代化进程中二道桥巴扎的变迁——经济人类学的认识》等。

第四，文化地理学视野中的巴扎研究，着眼于从文化保护的角度探讨巴扎的可持续发展以及相关的保护对策，如黄佛君的《试论绿洲巴扎非物质文化遗产资源及其田野保护——以喀什巴扎为例》、张雷的《绿洲巴扎非物质文化空间及其保护研究——以喀什巴扎为例》等。

第五，建筑学与设计学视野中的巴扎研究，主要从建筑设计与城市规划的角度探讨巴扎独特的民族美学与地域美学特点，如依马木吾山·阿布拉的《新疆的巴扎建筑与地域特色研究》、凌琛的《民族性与地域性建筑文化的现代诠释——新疆大巴扎建筑设计浅析》、周云的《从国际大巴扎的设计看新疆地域文化影响下的设计审美特征》、瓮淼的《试论地域文化符号在城市家具中的应用——以乌鲁木齐大巴扎商业区为例》等。

第六，历史与政治学视野中的新疆巴扎研究，立足于对新疆巴扎的产生进行历史梳理，并对其社会功能进行归纳和概括，如方晓华的《巴扎的文化解读》、李吟屏的《论新疆历史上的巴扎》等。

第七，文学艺术作品中对巴扎的描述以及对逛巴扎体验的提炼表达，主要集中于游客的散文游记里、文学作品的抒情表达中、报刊杂志的调查报道里以及影像作品的视觉呈现里。

总之，纵观以上论及新疆巴扎的研究和表述，不外乎有以下三个特点：首先，大多停留在对巴扎日见闻的记录和他者经验的浅层描述上，而对巴扎的本质缺乏深入的理论探究、特征提炼与意义升华；其次，对新疆巴扎的研究多集中于个案的分析（如二道桥大巴扎、和田巴扎、喀什巴扎的个案解析），而少有对新疆巴扎体系性、普遍性、本质性的全局概括；第三，对新疆巴扎的研究始终停留在单一学科背景中的分析，而缺少跨学科、跨体系的理论解读，且大多数仅仅将新疆巴扎作为论据或者案例，以提供对其他研究的服务，如为维吾尔族民族性的概括提供例证、为维吾尔民俗的展演提供例证、为维吾尔族人聚居地的旅游开发提供例证，都未能实现将新疆巴扎从一个提供例证的客体身份转换为一个被研究的主体。简言之，以上涉及的对新疆巴扎的研究做了大量前期梳理的工作，对笔者将要开展的研究极具参考意义，并在部分论点的思考上更不乏启发。然而，概观上述对新疆巴扎的研究，往往都聚焦于对巴扎的外部研究，而对其内部基本结构、空间层次、人们的行为方式、人群的互动关系论述不够，甚至缺乏关注，在笔者看来均不是关于新疆巴扎本体的文化研究，这就形成了新疆巴扎研究表面热闹的现象背后，理论研究迟迟未能介入的尴尬现实。

因而，本书将在借鉴前人研究的实践经验基础上，立场鲜明地确立巴扎的内部研究视角，始终将巴扎作为本书的中心视域，从跨学科、跨体系、多元理论的角度，对巴扎进行多维立体、全面深入的文化学阐释，尝试通过调查、梳理与分析，构建关于新疆巴扎系统的结构体系，并结合具体案例对其结构背后的文化意义进行阐释。

表 0—1　有关新疆巴扎研究的论文、著作统计

序号	作者/年代	论题	视角/观点
1	李吟屏（1991）	论新疆历史上的巴扎	文献整理
2	韩连赟、程万里（2001）	新疆巴扎——新疆民俗风情录	现象描述
3	新免康·真田安（2002）	新疆的巴扎与麻札	现象描述
4	凌琛（2003）	民族性与地域性建筑文化的现代诠释——新疆大巴扎建筑设计浅析	景观案例分析
5	吴燚、王欢、惠军（2005）	乌鲁木齐民俗文化旅游开发现状及对策研究——新疆国际大巴扎	营销计划
6	阿达丽·斯拉义（2006）	民族学视野下的乌鲁木齐国际大巴扎研究	现状调查
7	方晓华（2007）	巴扎的文化解读	文献分析
8	赵莉（2007）	乌鲁木齐国际大巴扎文化旅游与开发研究	旅游规划
9	哈丽达·斯拉木（2008）	维吾尔族巴扎文化研究——以和田地区为例	现象描述

续表

10	朱虹（2009）	现代化进程中二道桥巴扎的变迁——经济人类学的认识	案例综述
11	瓮森（2009）	试论地域文化符号在城市家具中的应用——以乌鲁木齐大巴扎商业区为例	景观案例分析
12	黄佛君（2009）	试论绿洲巴扎非物质文化遗产资源及其田野保护——以喀什巴扎为例	环境保护建议
13	王菁菁（2010）	乌鲁木齐市民俗风情旅游开发及其变迁——以二道桥大巴扎和达坂城为例	旅游规划
14	艾尼瓦尔·买提赛地（2010）	浅谈维吾尔人的巴扎文化	现象描述
15	依马木吾山·阿布拉（2010）	新疆的巴扎建筑与地域特色研究	景观案例分析
16	周云（2010）	从国际大巴扎的设计看新疆地域文化影响下的设计审美特征	景观案例分析
17	阿布都热合曼·尼牙孜（2012）	“巴扎”在维吾尔族社会生活中的作用——以新和县乡村巴扎为例	现象描述
18	娄在凤	新疆国际大巴扎旅游购物行为研究	营销计划
19	王茜、李晓琴	维吾尔近代集市贸易述论	文献整理

二、本研究的意义

本研究对文化的认识基于对英国著名文化理论家和马克思主义思想家雷蒙·威廉斯所指出的“文化是一个表意系统”，作为一个特定群体的整体生活方式，也涵盖美国理论物理学家爱德华·泰勒所认为的“包括了作为社会成员的人所获得的知识、信念、艺术、道德、法律、习俗以及任何其他的能力和习惯”，综合伊格尔顿、亨廷顿、迈克·克朗等学者所认为文化的核心是价值观及思想观念体系，文化研究的任务在于揭示作为文化符号的一切文化事象的意义这样的共识。

本研究旨在从文化学的角度出发，分析新疆巴扎作为新疆维吾尔族人这个特定群体的表意系统、整体生活方式及其内在蕴含的思维习惯、价值观念、共享意义在塑造民族性与构建地域性方面的独特价值；同时，通过分析巴扎在与异文化接触和交往中所呈现出的新变化，指出作为文化的巴扎由于其特殊的经济学用途和商业价值在自我边界解构、跨文化交往和解域化流动方面具有的深刻影响，进而认为巴扎的文化具有一定的超文化性（超空间性、符号性）。基于前者，本书意在探讨巴扎作为一种具体的文化而存在；基于后者，本书意在点明巴扎也能作为一种普遍的文化而存在。

本研究的总体思路在于，通过对巴扎里所呈现出的结构性要素（时间、空间、行为方式）的具体而全面的描述，探究其背后蕴含的文化动因和意识观念，确立其独特的文化价值体系。

（一）理论意义

这一研究将具有以下五点理论上的启示和意义：

首先，首次梳理并试图构建关于巴扎的文化符号体系，突破了以往对巴扎研究浅描的理论瓶颈，深化了对新疆巴扎知识领域的认识。

其次，揭示了巴扎对于维吾尔族人社会生活的日常性、程式化、周期性、规约性等方面的影响作用，深化了对维吾尔族人研究的日常生活与世俗领域的理论理解。

第三，丰富了中华文化的地域理论体系，通过将新疆巴扎与内地集市进行文化对比分析，标识出新疆巴扎之于中国集市文化的独特性，进而完善中国集市文化的认知视域。

第四，对新疆文化研究的开展具有指导意义。本研究采用的大量质性与定量研究方法，有利于启发并探讨更为有效的新疆日常文化实践方式。

第五，通过解读新疆巴扎隐含的文化意义、不同网络中的意义形成过程，变空间的阅读为民族区域文化的阅读，有助于为民族区域文化研究寻找更具说服力的认知模式，从而转化传统理论领域的狭隘论述为更广义的研究取向。

（二）现实意义

本研究将有助于我们对如下现实问题的解决：

首先，有利于新疆地方性知识谱系的完善、“巴扎志”的文献价值的实现以及对新疆区域文化共识的形成。

其次，对巴扎的参与式观察和调查实践，有利于跨语际、跨族际、跨文化的学术实践的真正开展，进而为促进新疆的知识形态由一元化走向多元化贡献力量。

第三，对新疆巴扎的经济文化解读，有利于为中国市场经济文化提供一个独特的地方案例。

第四，对新疆巴扎历史变迁的现代性解读以及经济动因阐释，有助于在更宽广的学术领域为新疆文化产业研究搭建桥梁。

总之，该选题有利于新疆地方性知识谱系的完善、“巴扎志”的文献价值的实现以及对新疆区域文化共识的形成，揭示巴扎对于维吾尔族人社会生活的日常性、程式化、周期性、规约性等方面的影响作用，也将深化学界对维吾尔族人研究的日常生活与世俗领域的理论理解。

第一章　巴扎历史志

姑娘来到巴扎上

姑娘来到巴扎上，
左顾右盼四处张望，
巴扎上有数不清的人啊，
姑娘的眼睛却能找到情郎！[①]

会说话的眼睛

在巴扎上看到雅尔
灵巧的嘴也变成了哑巴，
只有靠会说话的眼睛，
话儿才能传给雅尔。[②]

从词源学的角度来讲，巴扎（Bazaar）最早为波斯语词汇，原是突厥人采用的一个处所称谓。历史上，突厥人在与汉族人的贸易接触中，这个处所称谓也被译介过来，根据汉语的译音，遂有巴扎、巴札、巴札尔、把撒儿、把咱儿、八栅尔、巴匝尔、把杂尔、八杂、八杂

① 刘发俊、井亚搜集并整理：《喀什噶尔情歌》，新疆人民出版社1979年版，第129页。

② 同上，第131页。

尔、八栅等音译涌现于史料之中。巴扎的涵义，据巴尔托里德称之为“大门前边的事情”①。

追溯巴扎出现的历史，涵盖两个方面的基本内容：其一，词源学意义上的巴扎是何时出现的，其二，物理意义上的巴扎是何时出现的，而其基本方法在于从各种可占据的文献中去打捞含有“巴扎”（包括上述音译变体）这个词汇的语段。在数量不多的文献②查阅中我们发现，现在能够查到的最早出现“巴扎”一词汉文的文献是成书于公元15世纪的维吾尔文与汉文合璧的《高昌馆杂字》（1407年）。在这本书的“地理门”中收有“巴扎”一词，译音作“把撒儿”，意译为“市廛”，维吾尔语读音与现代维吾尔语相同。中亚人谢热甫丁·艾里·叶孜迪（约1360—1440）所著历史小说《艾米儿·铁木尔演义》讲述的是元末明初中亚的历史传说，书中多次提到巴扎。据此推断，“巴扎”一词至迟在元代就流行在中亚民族的语言中了。中亚学者穆罕默德·塔里卜在《真理探寻者之追求》中甚至写道，早在16世纪的中亚，巴扎便可被私人所有。书中提及其父亲所拥有的诸多财产中，含有50座花园和别墅、石砌的宫殿、避暑用的地下室和巴扎，并且在布哈拉、卡拉库尔、塔特

① ［俄］巴尔托里德：《乌兹别克苏维埃社会主义共和国历史》（乌兹别克文版），塔什干，1956年版，第208页。

② 本文中所指的文献既包括传统意义上的文本文献，也包括各种图像、录影文本中可支持巴扎信息的文献。

肯特、库芬、巴里黑等地也有其父的巴扎[①]。

根据李吟屏先生考证[②]，汉文史料中首次出现对巴扎的准确记载，是在明代人陈诚、李暹合著的《西域行程记》《西域番国志》中。《西域番国志》描述哈烈（今阿富汗赫拉特）时说道："乡村多立墟市，凡交易处名把咱儿。每七日一集，以有易无，至暮俱散。"[③] 据李文考证，该文中的"把咱儿"便是巴扎在汉文史料中的最初记载。可见，根据史料可知，"巴扎"一词的提法在元代就流行于中亚诸多民族语言间了，其汉文的首次出现则最早见于《高昌馆杂字》的《地理门》中，而具体的记载则多见于明清时期。据成书于回历 951 年（1544—1545）的《阿布杜热西提汗史记》抄本（抄于回历 1036 年，公元 1626—1627）残页《书面备忘录》记载，叶尔羌汗国时期，新疆共计有"街道市场 424 处"，"巴扎" 198 处)[④]。

---

① 萨曼王朝或布哈拉汗国时期的学者穆罕默德·塔里卜在其著作《真理探寻者之追求》中所论述的内容。该书没有出版，流传至今的抄本不多，乌兹别克共和国科学院东方学研究所保存有它的三种抄本（编号为 1461/I、3757、80），参见［乌］Б. А. 艾哈迈多夫著，陈远光译：《16—18 世纪中亚历史地理文献》，云南人民出版社、人民出版社 2011 年版，第 276 页。

② 李吟屏：《论新疆历史上的巴扎》，《新疆大学学报》（哲学社会科学版）1991 年第 19 卷 4 期，第 55 页。

③ （明）陈诚：《西域番国志》，（明）陈诚、李暹、罗曰褧：《西域行程记·西域番国志·咸宾录》，中华书局 2000 年版，第 71 页。

④ 尼扎木·侯赛因：《中世纪后半期维吾尔文化史话》，载《新疆文化》（维吾尔文版）1988 年 1 期。此备忘录由尼·侯赛因于 1983 年发现于叶城县一教员家，转见于李吟屏：《论新疆历史上的巴扎》。

笔者发现，汉文史料中出现的有关巴扎贸易的史料记载，远在陈诚、李暹记录之前，东汉班勇西域见闻中略有提及，《后汉书·西域传》载：“商胡贩客，日款于塞下”；隋时裴矩执掌西域互市，也有所提及；元初刘郁的《西使记》中更有多处提及，在《西使记》中，刘郁写道：“壬子岁，皇弟旭烈统诸军奉诏西征，凡六年，拓境几万里……出关至阿里麻里城，市井皆流水交贯，有诸果，惟瓜、葡萄、石榴最佳。回纥与汉民杂居，其俗渐染，颇似中国。”

……

“二十八日过塔剌寺。三月一日过赛蓝城，有浮图，诸回纥祈拜之所。三日过别石兰，诸回纥贸易如上巳节。四日过忽章河，渡船如弓鞋然。土人云，河源出南大山，地多产玉，疑为昆仑山……中统四年三月浑源刘郁记。”① 文中虽未出现“巴扎”二字，却以“市井”二字描摹出元时，西域回汉杂居之地集市形式的面貌，以及集市现场果品多样、别具一格的情形来，并指出，此时西域回纥与汉民杂居，其贸易往来之市集颇类中原市井之面貌，更将塔什干的回纥贸易之见闻比作汉人过“上巳节”的记忆经验。中统四年，是公元 1263 年，恰是元初，不难看出元代初期，在汉文史料中便已出现对

① （元）刘郁：《西使记》，转见杨建新、张毅、周连宽编注《古西域行记十一种》，新疆美术摄影出版社 2013 年版。值得一提的是，由于注解版本不同，文中的地名音译也有所不同，比如在有的古籍版本中“兀孙”“塔剌寺”“别石兰”“塞蓝城”“浮图”“忽章河”也被音译为“乌逊”“塔喇寺”“萨兰城”“浮屠”“呼展河”等。

维吾尔族巴扎的早期描写，只是还未正式出现“巴扎”这个汉译维吾尔语的词汇。

诚然，虽则史料可查的关于巴扎贸易的记录集中出现在元明时期，但是，这绝不意味着巴扎在元朝以后才出现。新疆的集市贸易早在公元前便出现了，“又贸迁起于上古，交易行于中世。汉与胡通，亦立关市”[①]，《魏书》中说得很清楚，西域的贸易往来在上古时代便存在了。确实，据考古发现，公元前10世纪前后，于阗的玉石便源源不断地向外运出，而中原的丝绸也出现在了埃及法老的王宫之中。可见，丝绸之路——连接东西方的交通大道，横贯欧亚，其西域诸绿洲城镇作为丝路贸易的中转站和交易地早于公元前10世纪便出现了[②]。彼时，古丝绸之路上的诸多绿洲城镇中，彼此的贸易往来，资源交换一定也是在巴扎这种集市形式中完成的。而在公元以后，自张骞“凿空”西域后，巴扎作为集市在汉人的史书中更是存在的，它被称作“市”“墟”“集”。疏勒作为南北丝路两道的汇合点，在汉代便出现了“市列”。“初，吕光之称王也，遣使市六玺玉于于阗，至是，玉至敦煌，纳之郡府”[③]，文中也记载了于阗集市上的玉石贸易。

汉班超、甘英通西域，所著《西域风土记》虽已佚失，然据范晔《后汉书·西域传》所述，汉时的西域贸

---

① （北齐）魏收：《魏书》卷十八《太武五王列传》。

② 段晴：《丝绸之路与西域经济——十二世纪前新疆开发史稿》，中华书局2007年版，第1页。

③ （唐）房玄龄等：《晋书》卷八十七《凉武昭王李玄盛列传》。

易繁盛，“商胡贩客，日款于塞下”[①]。这些商人贩客集散之地便是今人所称南疆的“巴扎”之地。更不用说，隋初裴矩奉命掌西域互市，必闻之胡商行为规矩，也是对巴扎这种集市形式的侧面记述。

史料显示，高昌、焉耆、龟兹、疏勒、于阗等绿洲城镇在丝路贸易中不仅发挥传输作用，更是丝路贸易的集散市场，其繁盛情况从唐代高昌与西州市场上的女奴交易记载便可窥见一斑。

综上所述，我们虽则不能说出巴扎这种集市形式在西域最早出现的确切时间，但是，从丝路城镇贸易的记载推断其在公元前便出现了，也并非不可。

下文中，我们便结合历史不同时期有关新疆的主要文献中所记述的“巴扎”（包括各种音译变体），梳理一下有关巴扎的文献线索，结合文献分析被历史所叙述的巴扎，以其昔日景象的诸多叙述，为笔者将要进行的实地调研提供背景参考。

第一节　明清文献及外国人记述中的巴扎

谈及文献里的巴扎，其实是在说文献叙述里的巴扎，这些叙述散见于有关新疆的各种文字图像文献中，它们主要以如下三种方式存在，并作为论据支撑笔者在论文里的诸多观点：第一类，方志类文献中所记述的巴扎；第二类，有关新疆的各种游记、散文等文献中所记述的

① （南朝宋）范晔：《后汉书》卷八十八《西域传》七十八。

巴扎；第三类，关于新疆的探险、考古报告与图像照片等文献中所记录的巴扎。

笔者将结合具体的文献整理，分类呈现历史文献中有关巴扎的诸种记述，以期勾勒出巴扎在明清时期的基本面貌。

有关新疆的地方志书，自隋朝裴矩的《西域图记》、唐朝许敬宗的《西域图志》始，首开新疆方志类文献之先河，惜久已失传，直至清代才又续隋唐之传统。据马大正先生考证，新疆的地方志，大多编纂于清代。据《中国地方志联合目录》（中华书局 1985 年版），现存新疆方志有 111 种，除去同书异名本，或同书之不同节印本，尚有 83 种。而从现存的新疆各地方志纂辑时间来看，这些地方文献，距离我们时间最近的是邓缵先编的《乌苏县志》（编于 1921 年），距离我们时间最古的新疆地方文献，则是成书于公元 8 世纪中叶的唐代《西州都督府图经》残卷，另有明代马文升的《石城哈密记略》。除此三种以外，其余全都是清代时所编撰的地方志。在这个文献范围外，笔者能够查阅到的明代出现“巴扎”（而非其他音译变体）这个词的文献，主要集中在《高昌馆杂字》与《艾米儿·铁木尔演义》这两种历史文献之中，在这两本文献中仅仅是作为名词概念出现。

一、明代文献记述的巴扎

在明代，“巴扎”作为一个处所方位词首次出现在陈诚、李暹二人合著的《西域行程记》《西域番国志》里，并且主要被记录于前者所著的《西域番国志》里。在陈诚的笔下，关于“巴扎”主要有以下几段文字：

> 市井街坊，两傍筑屋，上设覆篷，或以砖石拱甃，仍穴天窗取明，晴不畏日，雨不张盖。遇干燥生尘，则以水浇洒。铺店各分行头，若弓矢鞍辔衣服之类（按："衣服"二字，原在"之类"之后，据《文集》本改正），各为一行，不得参杂。少见纷争，如卖马驼牲畜，亦各聚一所。①
>
> 道傍多筑土屋，名郎哥儿（按：原作"郎儿哥"，应正作"郎哥儿"，见注释），以为（按：原本"以为"下有"憩"字，《文集》本无，据删）来往之人留憩（按：原作"憇"，误，应作"憩"），免寒暑风雨（按：原作"祁寒暑雨"，据《文集》改）之患。二十里为一木头，或每木头设土屋一所。又名腊巴儿，内设饮食，以给往来之饥渴者。乡村多立墟市，凡交易处名巴咱儿，每七日一集，以有易无，至暮俱散。②

在上述两段文字中，陈诚通过对中亚名城哈烈的描述，首次提到了"巴咱儿"这个词，他不仅描述了当时街坊市井的外形："两傍筑屋，上设覆篷，或以砖石拱甃，仍穴天窗取明，晴不畏日，雨不张盖"③，而且指出

---

① （明）陈诚：《西域番国志》，（明）陈诚、李暹、罗曰褧：《西域行程记·西域番国志·咸宾录》，第66页。

② 同上，第71页。

③ 此段引文原为陈诚在《西域番国志》中用以描述市井街坊所用，市井内杂有店铺，因其店铺形制与墟市中铺面相似，故笔者认为此段描述也适用于形容巴扎内的店铺外形。

了巴咱儿的集期，自那时起便是“七日一集”。

值得一提的是，明代罗曰褧所著的《咸宾录》，在描写哈烈、撒马尔罕时虽然没有直接写出“巴咱儿”这个词，但其实他笔下所写的“市”“肆”也确实是对于“巴咱儿”的一种汉语表述。《咸宾录》中有关巴扎这个处所的描述有下述三段文字——

描写撒马尔罕时，罗曰褧记述道：“地宜五谷。王居高广，市肆稠密，颇类中原。西南番货多聚于此。”[①] 其中，市肆其实就是巴扎。

描写麦地那时，罗曰褧写道：“蓄二黑狮子守其中门……货物甚多，日中不市，至日落之后方为夜市，盖其日色及热故也。”[②] 其中，提到“日中不市”，“市”便是巴扎（集市）交易。

描写敏真诚国时写道：“敏真诚，国稍大。永乐中遣四十人朝贡。俗日中为市。”[③] 同样提到了巴扎交易。

同样的情形出现在这一时期的维吾尔族著名诗人尼扎木丁·艾利希尔·纳瓦依（1441—1501）的诗歌作品里。其流传下来的诗歌里，大量提到了巴扎里卖酒的处所，不过在汉译本中，被我们翻译成了“酒肆”。

清朝有关新疆的地方志文献里，关于“巴扎”的记述相对多起来，但仍然数量有限，如《新疆图志》卷四十八《礼俗》中载：“市居者，门左右筑土为台，旅陈

---

① （明）罗曰褧撰：《咸宾录》，（明）陈诚、李暹、罗曰褧：《西域行程记·西域番国志·咸宾录》：第 71 页。

② 同上，第 95 页。

③ 同上，第 105 页。

估货，谓之巴扎尔。”[①] 总体分为两大类：一类是清廷官员、文人学士为代表的叙述；第二类是外国游客、使臣、学者文字中记述的巴扎。

二、清朝官员、文人学士笔下的巴扎

提及这类文献，其中最著名的首推清代客居新疆十年的官员、学者七十一（号椿园）所著的《西域闻见录》（成书于1777年），又名《异域琐谈》。《西域闻见录》是七十一在库车时所撰。彼时，七十一认为，当时清代典籍文献里关于西域的记述十分稀少，考虑到自己居西域时逾十年，考究最详，于是不辞冗俚，编成书册。在这部著作里，详细记录了当时新疆的人文地理、风土人情、物产习俗，尤其难得的是记述了巴扎。在他的记录中，巴扎被称作“八栅尔”。他对“八栅尔”有如下几段文字的介绍：

> 日中之市谓之八栅尔，每七日一集。[②]
>
> 地当孔道，以故内地商民、外藩贸易，鳞集星萃，街市纷纭，每逢八栅尔会期，摩肩雨汗，货如雾拥。[③]
>
> 回地当准噶尔横肆之时，闻于秋成之后，辄遣人向回城征收赋税。每回男一人，谓之一户，每户于八栅尔一次，交布一匹，或羊皮数

---

① （清）王树枏等纂，（清）袁大化修：《新疆图志》卷四十八，台北：文海出版社1965年版，第1724页。

② （清）七十一：《西域闻见录》卷七。

③ 同上。

张，或猞猁狲皮一张，通年计算逐次索取。所种米谷菽麦同收刈，先与平分，而后用十分取一之法重征粮税。差来之头目人等，日奉以酒肉妇女，去仍多索赆遗。少不如意，辄纵其从人恣行抢掠。故至今乡曲小回，犹有埋藏米谷财物于地下者。[①]

同日之市谓之八栅尔，每七日一次，服食所需均于八栅尔交易，各乡男妇多入城上礼拜，所用铜钱谓之普尔，径五分厚一分，无孔无文如桃形。[②]

一岁之终皆三百六十四日，其实皆以八栅尔计算，每七日八栅尔一次，每八栅尔五十二次为一年，以故三百六十四日也。[③]

海兰达尔有如内地之香火道人，而娶妻生子，与回子同，但留发作二辫耳，衣衲红蓝相间，帽高顶无翅。每逢八栅尔之期，或回子年节，辄聚数十百人，击鼓跳舞，歌唱喊叫，或在八栅尔上，或入回子之家，募化钱米衣物，回子无不乐施。人死则升亡人屋上念经。译其词曰，有生则必有死，今此人既先死，凡未死者都应当来哭泣。止此数语，反复叫念竟日，其居常之纳马兹，则以夜半所诵之词语，回子

---

① （清）七十一：《西域闻见录》卷七。

② （清）七十一：《异域琐谈》。

③ 同上。

亦不解矣。[①]

在上述的几段文字中，七十一对巴扎有了较之前人更为具体的介绍和描述，至少提供了有关巴扎的这样几点信息：

首先，巴扎在七十一这里被写作“八栅尔”；

其次，巴扎七日为一集期，一般近中午“日中”时，老乡才去赶集；

第三，巴扎日那一天是用来缴税的，并且流行交易用铜钱，铜钱在当时被南疆的“回人”称为“普尔”；

第四，巴扎是一种计算年月的计量单位，通常五十二次巴扎为一年，即三百六十四天；

第五，巴扎是反映一个城镇经济繁荣程度的“晴雨表”；

第六，通过七十一的记述，我们得知在巴扎中有一类名为“海兰达尔”的人群群体。这个群体具有托钵僧的性质，他们在巴扎上通过反复朗诵几句话或者夜半朗诵一些难懂的诗词语句，为人祈福、求雨、治病、消灾。对此，《回疆志》卷二中也有记载：“又有念劝世文，说古人词，求雨、治病、祷灾、祈福之人，名曰海连哈尔[②]。”海连哈尔即海兰达尔，直到近代的文献中，还时有关于“海兰达尔”的记述：“凡祈祷之事，皆由专门行教者任之，呼曰‘海连搭尔’。苟有病症，亦常请阿

---

① （清）七十一：《西域闻见录》之“杂录”条。

② “海连哈尔”又音译为“海连搭尔”“海兰达尔”。（清）永贵、固世衡、苏尔德：《回疆志》，据不著纂修人名氏乾隆抄本影印，转见台北：成文出版社，1968 年版，第 69 页。

洪念经禳解，以求速愈。”[①]

清代喀什噶尔著名维吾尔族历史学家、语言学家、文学家穆罕默德·萨迪克·喀什噶里所写的《和卓传》（1768—1769年成书）中也有关于巴扎的记述：“有一天，有个穆斯林巴扎尔干来到了这个部落，逐家做买卖来到了这个妇女的家。一个维吾尔族商人在伊犁挨家挨户进行交易来到了一个卡勒马克妇女家”[②]；“星期五所有的人从事买卖和做礼拜。准噶尔台吉在喀什噶尔、阿克苏、叶尔羌、和阗等地发行铜币，定期定点开设集市，征收商税”[③]，说明此时南疆的民间贸易主要是在巴扎里，而且最热闹的巴扎（集市）是在星期五；这一天，维吾尔族人不仅要赶巴扎，还要做礼拜。

清末著名维吾尔族学者毛拉·穆莎·莎依然米在其晚年所写的著作《伊米德史》中也有关于巴扎贸易的相关记述：“阿克苏——这里的人们老实、谦虚、胆小，不易团结，没有情感，犹如一盘散沙。他们不知道保存粮食，是一种听天由命而过活的人们，甚至他们不辞劳苦的，不知羞耻的每天靠在市上买食过活。因而这里的饭馆，店铺遍布于每条大街小巷。这里少见手艺人，大部是庄稼人。阿克苏有着丰富的粮食和水果。还有多而美味的大米。这些大米往往被运往其他的城镇出售。这里

---

① 《新疆概述》，独立出版社民国三十六年（1947）铅印本，转见丁世良、赵放主编《中国地方志民俗资料汇编》，书目文献出版社1989年版，第347页。

② （清）穆罕默德·萨迪克·喀什噶里：《和卓传》（维吾尔文），喀什维吾尔文出版社1988年版，第144页。

③ 同上。

有辽阔的草场，肥美的土地。”[①] 在他的记忆中，巴扎里的交易有过一段时间是用土布作为货币来进行交易的。

清代维吾尔族著名诗人阿不都热依木·纳扎尔(1770—1848)，在其代表作《爱情长诗集》中对巴扎有过充满情感的描述：“把自己家里的布，拿到街市上去卖／有的人家里要举行婚礼，他们需要布匹，就可以卖给他们／一些人看到某个人在街市上卖布，很多人就来买他的布／如果有需要布匹的人，他们就会来到出售布匹的商店。”[②]

清代著名学者、史地专家祁韵士（1751—1815）谪居惠远（今伊犁哈萨克自治州霍城县惠远乡）期间，著有《西域释地》（1807 年成书）、《西陲要略》（1808 年成书）等史地巨著，尤其在四卷本的《西陲要略》卷四《回俗纪闻》中，记述了有关巴扎的一段文字：

> 中之市名为八杂尔，每七日一集，交易以内地元宝为贵，否则疑有赝伪。钱以红铜为之，一钱为一普尔，五十普尔为一腾格，量谷麦以帽，数多则用他哈尔，即小布袋也，大者，谓之帕特玛。其人性巧，善雕刻……[③]

在祁韵士的记录中也侧重于交代巴扎的集期（七日一集），日中赶集，还记录了巴扎日里交易所用的货币

---

① （清）毛拉·穆莎·莎依然米：《伊米德史》（维吾尔文），民族出版社 1986 年版，第 667—678 页。

② （清）阿不都热依木·纳扎尔：《阿不都热依木·纳扎尔集》（维吾尔文），民族出版社 1985 年版，第 431 页。

③ （清）祁韵士：《西陲要略》卷四《回俗纪闻》，据清道光十七年（1837）刊本影印，台北：成文出版社 1968 年版，第 168 页。

为铜钱，并记录了详细的钱币计量换算单位。

再如清代哈密办事大臣钟方在《哈密志》（1846 年成书）卷之十四街巷《奥地志·街巷》中也记录有巴扎，不过在他的记述中，巴扎以铺户、街巷的称谓出现：

哈密城“东门外直街一道，向南出东南哨门，直达回子地，向北直上谓之大街，街右旁药王庙，左旁清真寺，再北出东北哨门内外有铺户”①；“西城内正街有南北巷二道，房屋俱兵等居住。西城门外，靠城有南北巷，中亦系民兵杂处。向西转南有清真寺，再南过桥出西南哨门接回王子城。向西北直上谓之大街，街旁有无量庙。再北行，西北哨门内均有铺户居民之家”②。

在钟方的记述中，我们得知哈密城分汉回两城，无论在汉城，还是在回城，都有铺户，而且铺户都接近各自的精神信仰之地，如在回城是在清真寺旁，在汉城则是靠近无量庙。

其实，自清乾隆时期，南疆诸多城镇，维汉便各有巴扎商铺，彼此贸易，相互通商交易：“比栉而居，几天隙地；中国商贾，山陕江浙之人，不辞险远，货贩其地；而外藩之人如安集延……克什米尔等处皆来贸易。八栅尔街长十里，每当会期，货若云屯，人如蜂聚，奇珍异宝，往往有之，牲畜果品，尤不可枚举。”③ 清朝统一新

---

① （清）钟方：《哈密志》卷十四《奥地志·街巷》，民国二十六年（1937）铅印本影印，台北：成文出版社 1968 年版，第 59 页。

② 同上，第 60 页。

③ （清）松筠、徐松等：《钦定新疆识略》，清道光元年（1821）武英殿刻本。

疆后，城镇巴扎有了新的变化，即大的城镇分回（或满）、汉二城。据记载：“初，回俗皆无城。乾隆初定新疆，于回庄旁筑墙及肩，名曰‘汉城’……”①

再比如由清代永贵、固世衡撰，苏尔德增撰的《回疆志》（成书于1772年）②，记述了回疆各城的“天时地理”“山川城池”“官制俸禄”“户口赋役”“民风习俗”“风物特产”是有关天山南路各地著名的通志。该书的“交易”条目也记述了巴扎的相关信息，在文中以巴杂尔的称谓出现：

> 回人交易之市名曰巴杂尔，岁首第一日曰沙木毕（笔者注：星期六，意为休息的日子），第二日曰雅克沙木毕（笔者注：星期日，意为休息后的第一日），第三日曰都沙木毕（笔者注：星期一，意为休息后的第二日），第四日曰赛沙木毕（笔者注：星期二，意为休息后的第三日）③，第五日曰插沙木毕（笔者注：星期三，意为休息后的第四日），第六日曰排沙木毕（笔者注：星期四，意为休息后的第五日），

---

① （清）魏源：《圣武记》卷四《外藩》。

② 清代喀什噶尔参赞大臣管辖南疆八城：喀喇沙尔、库车、阿克苏、乌什、喀什噶尔、英吉沙尔、叶尔羌、和阗，包括今和田地区、喀什地区、阿克苏地区、巴音郭楞蒙古自治州和克孜勒苏柯尔克孜自治州，清代统称之为“回疆”。

③ 有的维吾尔族学者认为“赛沙木毕”，即星期二，20世纪50—60年代的南疆被老人们认为是不吉利的一天。这一天男人不宜刮胡子，女人不宜洗头，商人不宜做生意，旅客不宜出门，一点半以前不宜做乃玛孜，赶巴扎在这一天也不顺。这或许可以解释为何有些地区星期二的巴扎不热闹。

> 第七日曰阿萨那（笔者注：星期五，意为主麻日）。以阿萨那日为期，周而复始，如北方之集，南方之墟。是日，各处之粗细货物俱驮负而来，以及牛羊马匹牲畜瓜果咸备，男女杂遝，言语纷纭，互相贸易，傍晚多醉而归。无经纪牙行，但凭在市众人讲说定价，计量米粮并无升斗，以察拉克、噶尔布尔、巴特满计之；每一察拉克乃十觔，每八察拉克为一噶尔布尔，乃八十觔，每八噶尔布尔为一巴特满，乃六百四十觔。惟察拉克系用挺木一根，两头各系一木盘，类乎天平，却无法马。以普儿钱为准。每普儿钱五文谓之一两，以普儿校准铁石土块为凭。金银、脂粉、绒线、棉花、米粮等项俱以察拉克秤兑。布帛之长短，以定数论之。每布一疋，较之内地尺寸，长一丈六尺，宽一尺五寸，若买零布，每见方谓之叶立木哈斯，即内地一尺，再加一倍谓之倍哈斯，即二尺也，他如买油肉等食物亦以察拉克计之。①

《回疆志》对巴扎内的交易描述得十分详细。在这则史料中，我们得知：首先，在清朝，维吾尔族人将交易的处所称为巴扎（今天也称作巴扎）；其次，在这段叙述中，我们还得知了巴扎交易的周期，从岁首开始，一周七次，日日有集，并且每一天都有一个维吾尔语音译的称谓。作者还专门指出，这一点与内地集市并无不同；第三，特别具有价值的是，作者在记述中详细地描

① （清）永贵、固世衡、苏尔德：《回疆志》。第87—89页。

述了“巴扎日”那天，巴扎里的交易情形，如交易货物的种类、计量货物的单位等等，并且就计量单位与内地计量单位进行了换算与比较。

有关巴扎里的度量衡制度，《西域地理图说》中也有记述：“回人之市，名曰巴杂尔，七日为期，各村之男妇聚各村货物，贸易而退，各得其所，无经纪，亦无牙行，但凭在市之人何讲说，即允而定之。其五谷之多寡，以察拉克计之，每一察拉克，乃十斤之数。棉帛之长短，以几斯论之，每横竖见方（系）为一几斯。油肉之分两，伊等却亦有秤，名伊舍克者，谓之一秤，乃四十两；名尼木舍克者，谓之半秤，乃二十两；名察克萨者，谓之一秤内四分之一，乃十两也。其金银、药味、颜料、脂粉、绒线等类，虽俱凭其天秤兑，然其天平概无大小亦无法码，惟以伊等名普儿之旧制钱文以为准则，每普儿五文谓之一两。”①

此外，七十一的《西城闻见录》中也有对巴扎中交易货币的记述：“日中之市谓之八栅儿，每七日一集，五方之货服食所需，均于八栅儿交易，银贵中国之元宝，散块小锭则谓有伪赝焉。”②

而在王曾翼编撰的《回疆杂记》中则记述道：“每逢七日为大巴扎，犹内地之集期，百货充溢，男女成群，以哈斯量长短，华言尺也；以察拉克较斤重，华言称也。贸易人多系安集延部落，玉佳者，白如脂，薄如纸，云

---

① 清乾隆间满人撰：《西域地理图说》，转见阮明道主编：《西域地理图说注》卷四，延边大学出版社 1992 年版，第 93 页。

② （清）七十一：《西域闻见录》（宽政本）。

是痕都斯坦制也。"①

有关巴扎内度量衡更为详尽的记述见于清代著名诗人萧雄所著的《听园西疆杂述诗》，在写《商贾》一诗的注文里，萧雄对诗歌中提及的巴扎作了一个详尽的解释与介绍：

> 街市名为巴杂尔，又呼八杂，与中国街道相同，有铺面柜台，高只尺许，拦其门，出入必逾其上。其城乡通行，趋为利薮者，则如内地之集场。七日一期，男女杂聚，远近百货俱凑。无经纪牙行，凭众交易。旧例斗量之物，皆以轻重计之。其权用一木条，悬盘于两端，类天平，再按普尔分两，较定十觔（笔者注，同斤，十六两为一斤）重一物为法马，铁石砖土不论。彼中以十觔为一察拉克，以八察拉克为一噶尔布尔（笔者注，即一筛子），以八噶尔布尔为一巴特满，计重六百四十觔，约如内地一石之说，而察拉克与喀尔布尔则犹之升斗也。往年南八城徵粮，均以此例计数为额，斗虽略重，究较兰州之斗重百二十觔者。犹只三分之二，推之千二百觔为一石，此仅及半耳。油、酒、棉花暨各项粗细货物应论轻重者，概以察拉克交兑。布帛无尺，疋之长短，宽窄有定额。若零买则以尺五宽者比成方幅，称为叶立木哈斯（笔者注，即半哈斯），与哈萨克之

---

① （清）王曾翼：《回疆杂记》，转见王茜、李晓琴：《维吾尔近代集市贸易》，《新疆社科论坛》2001年第2期，第76页。

> 档似同而异。哈萨有尺分，为十六寸，约中国（笔者注，指内地）两尺上下，谓之一档。回疆于长短以手约之，于轻重凭土石以估计之，彼此无争，亦见浑厚。自肃清后（笔者注：指摧毁阿古柏政权后），经督办大臣饬局制造斗斛，发至各城分用，而权度亦渐行开，皆准以湘中规额，今为行省，法度备矣。[①]

在上述两段文献记述中，有这样几点关于巴扎的重要信息：

首先，清朝时期巴扎里的基本货币单位流行通用为铜钱普尔；

其次，以往巴扎里的称量全凭乡民自觉，凭土石以察，不够精准，而在清朝为了便于管理南疆各地，便与内地统一了度量衡，遂有了上文所记述的关于巴扎内称量的行为过程与计量单位，统一后的计量换算方法与明代时期中亚诸城相近，如陈诚在《西域番国志》中对于哈烈国的买卖称量方式记叙有“斗斛不置，止用权衡。权衡之制，两端设盘，分中为准，置大小铁石，分斤两轻重于一盘中以为度”[②]，与清朝南疆巴扎内称量方式并无二致；

第三，在萧雄的文字记述中，不仅有对计量单位与内地的换算，还有将之与哈萨克族计量方法的比较，如

---

① （清）萧雄：《丛书集成初编·听园西疆杂述诗》卷三“商贾”条，商务印书馆民国二十四年（1935）版。

② （明）陈诚：《西域番国志》，（明）陈诚、李暹、罗曰褧：《西域行程记·西域番国志·咸宾录》，第 67 页。

“档”等；

第四，在清代南疆巴扎里，统用一种类似天平的“天平”计量重量，并分别以察拉克（约十觔）、噶尔布尔（约八十觔）、巴特满（约六百四十觔，为一石）作为基本的计量单位“察拉克”，又译为“恰拉克”“察刺克”，计有大小两种，一种重十六斤或二十四俄磅，另一种重十二点五斤或十八点七五俄磅[①]；“哈斯”作为基本量长度的单位，相当于两尺，相当于哈萨克族的“档”。

清代学者和宁的《回疆通志》中对阿克苏的巴扎进行了介绍：“阿克苏……人户繁盛……乃回疆第一冲繁要区也。街市交错，茶房、酒肆、旅店莫不整齐。八杂儿街长五里，为南路各回城回达之区。”[②]

此外，清代著名学者徐松在《西域水道记》中记述的巴扎：“七日为市曰巴咱儿，市前一日，男妇入祠堂膜拜……”[③] 在这段记述中，徐松指出男女老少赶巴扎，进行交易还需有民俗礼仪方面的基本要求，比如在赶巴扎的前一日需要去礼拜寺礼拜，这对后来的文献记述中所采取的观察巴扎的视角极具影响。民国时期《新疆概述》中的一段史料中，针对巴扎时做礼拜有这样一段记述：“回教重诵经，家弦户诵，津津不倦，日诵五次。每

---

① ［俄］A. H. 库罗帕特金著，中国社会科学院近代史研究所翻译室译：《喀什噶尔》，商务印书馆 1982 年版，第 56 页。书中记载，所有生活用品计量采用前一种，进口货物、金属与液体采用十二点五斤制，现在的喀什，一察刺克相当于二十斤。

② （清）和宁：《回疆通志》卷八，清嘉庆九年（1804）刊本。

③ （清）徐松：《西域水道记》，清道光刻本。

七日寺中大礼拜一次，赶街子（巴扎）亦于是日。届期，于天明时齐集清真寺，盥洗、诵经、祈祷，午后始散。”①

而在徐松的另一部历史地理著作《新疆识略》卷三记述道：

> 一巴杂尔市集人众所卖粮石，应如旧制，免设牙行，以杜抬价累众也。查回子市集谓之巴杂尔，旧例由阿奇木伯克派委妥实伯克二三名，随同驻扎大臣所派营员弹压市集。其兵民回子买卖米面杂粮，俱系自行讲价，从无牙行代为定价之事。自玉努斯之护卫伊第里斯巴克伊，迎合凶妇色奇纳，先后于叶尔羌、喀什噶尔市集各设回子牙行四名，无论何人卖粮，俱令照伊所定贵价售卖，任意勒取所加价钱代为还债，以致买粮兵民回子，及卖粮回子均受其累。现经两城阿奇木伯克，俱已撤去牙行，永禁添设，饬将前设牙行回子枷号示众。嗣后市集一切循旧，仍令兵民回子自行买卖，其回子市有无添设牙行抬价贵卖之处。每年年终由驻扎大臣咨报军机处理藩院查核外，并严禁阿奇木伯克私派家人护卫弹压市集。违者严参治罪，则兵民回子之累可除矣。②

根据上述两段史料记述，我们知道了清代巴扎的基

---

① 《新疆概述》，民国三十六年（1947）独立出版社铅印本，转见丁世良、赵放主编：《中国地方志民俗资料汇编》，第347页。

② （清）松筠、徐松等：《钦定新疆识略》卷三。

本管理制度，同时也得知巴扎里是有牙行的，这意味着在巴扎的交易中有牙人的存在。事实上，清朝在统一新疆以前，就设有“克勒克雅喇克伯克”，其职掌功能为“商贾贸易，征收其税入”[①]，还有巴匝尔（笔者注：巴扎）伯克，其职掌功能为“管理市集细务”[②]。而在上述史料中，我们看到，为了促进南疆巴扎贸易更加规范，清政府对巴扎进行了进一步严格的管理。据《西域图志》记载，在清朝统一新疆之前，世袭的伯克制度作为维吾尔族人的社会统治机构而广泛存在：“回部为有城郭之国，每城各设诸职以办事”；其中，与巴扎有关的伯克有：“克勒克雅喇克伯克——商贾贸易，征收其税入者”；“巴济吉尔伯克——职理税务”；“巴匝尔伯克——管理市集细务”等等，其中主要管理巴扎的官员是“巴匝尔伯克”。此外，各行业均有自己的阿克沙卡勒（行头），买卖各行各有自己的摊点和行规，具有比较完备的市场管理体系。同时，在巴扎内还设有清廷统治教化臣民的宣讲堂：“遵奉圣谕十六条附律易解暨圣谕广训万言，谕刊以汉……缠合璧文字……地方公举通汉语之毛拉一名，使熟读通解，考以对答如流，月给工食薪粮，随各处八栅日登台敬谨宣讲。”[③]

此外，清朝时期，巴扎上已经有了职业商人，名曰

① （清）傅恒、英廉等：《钦定皇舆西域图志》卷三十，附回部旧官制，清乾隆武英殿刻本。

② 同上。

③ （清）杨丕灼：《洛浦县乡土志》，湖北省图书馆 1955 年油印本。

“搔德格尔”，是在巴扎上专门从事买卖活动的商人。“清朝统一新疆时，在南疆城镇已经存在完全脱离农业和手工业的职业商人，即搔德格尔。南疆的维吾尔商人不仅在城市与乡村从事商业贸易活动，而且许多商人还组成商队，携带大宗货物，越过冰达坂，长途跋涉到伊犁、塔尔巴哈台、哈密和乌鲁木齐等地进行商业活动。比如，乾隆二十七年（1762），阿克苏维吾尔商人迈玛特努尔等人就到哈密进行过贸易。据哈密办事官员三宝说：阿克苏回迈玛特努尔等在哈密贸易变价过：绿红闪缎一十五匹，每匹原本脚价银六两五分零，今变价银七两二钱；红苏花缎一匹，原本脚价银七两一钱五分零，今变价银七两二钱”[①]。

与职业商人相对应的是，清朝时期的巴扎上还出现了行业的分工，这从清代喀什噶尔著名维吾尔族现实主义诗人艾里毕的著作《艾里毕之书》（成书于1841年）[②]中可见一斑。在该书中，艾里毕以各行业的师傅自述，

---

① 满文月折档，乾隆二十七年五月一日折。转引自林永匡、王熹：《清代西北民族贸易史》，中央民族学院出版社1991年版，第516页。

② 该书是艾里毕应当时喀什噶尔阿齐木伯克祖乎尔之请撰写的一部反映社会底层工匠、农民生活的文学作品。这部著作除序诗和尾声外，分36章，分述农作、铁匠业、金银匠、木匠、织布业、烤馕业、铸锅业、皮革业、磨坊业、油坊页、屠宰业、贩卖水果的行业、制陶业、油漆业、皮革染色业、编席业、擀毡业、制肥皂业、裁缝业等35种行业。较为遗憾的是，这部作品没有汉译本。海热提江、乌斯曼在《维吾尔古代文学研究》中认为该书由于其反映的行业内容又被称作《行业的争辩》。转见海热提江、乌斯曼：《维吾尔古代文学研究》，新疆大学出版社1999年版，第197页。

并与其他行业师傅相互辩论，言明自身行业的方式，展现了巴扎上每一种手工行业工作的方式。比如在《铁匠的自述》中，艾里毕描述了巴扎上的铁匠的行业特点，并借铁匠之口自述道："铁匠发动了言辞的攻势 / 向人们宣告自己的品质 / 我们用铁做成了箭簇 / 人们用它把敌军降服 / 我们还造出了剃头的工具 / 剃过了头发干净又舒适 / 我们制造了修胡须的剪子/造出了铁锁，让人们把门锁住 / 我们还制造了战刀和匕首 / 制造了狼牙棒，制造了长矛 / 我们还造出了针，用来缝衣 / 锦绣的华服靠它们来缝制 // 骡马的铁掌由我们造出 / 我们还为磨盘制造铁轴 // 我们还制造了鞋掌和钉子 / 烤肉的杆子也由我们造出 // 我们还制造了鸟铳和火器 / 人们用它来把鸟兽猎取 // 我们还制造了铁锅、炊具 / 帝王、穷人的用具由我们铸出 / 鞋匠的锥子、木匠的刨子 / 也须我们来一一制出//我们的技艺为人们所必需。"①

清代流寓新疆的著名官员、诗人林则徐在其撰写的《乙巳日记》中对巴扎也有下述几段记述：

> 二十四日……又十里，过回庄，曰哈哈里克，居者百余户，并有汉民在此零星贸易。凡回子有贸易处，皆谓之巴咱尔，亦作八栅。其七日一期者，如关内之墟集。此则以地言之，不问何日，皆有食用零物在地摊卖矣。②
>
> 十五日，乙巳（5月20日）。晴。卯刻行，

---

①（清）艾里毕：《艾里毕之书·铁匠的自述》。

②（清）林则徐：《乙巳日记》，转见周轩、刘长明编著：《林则徐新疆资料全编》，新疆大学出版社2009年版，第324页。

> 五里过八栅，曰哈拉哈里。又二十里石子路，涉玉河，水仍小。[①]
>
> 二十四日，甲寅（5 月 29 日）。晴。卯刻行，出东门五里，奕参赞、斋领军同在此相送。又十五里曰希和奈，有回屋一间。又十里曰哈拉哈克，有回户数家。又十里曰索葫芦克，此庄回户百余家；汉民在此开铺面者约二十余家，皆放债与回子，其息甚重，每七日八栅一次，不还本钱则加利息。[②]
>
> 初三日，壬戌（8 月 5 日）。晴。子正刻行，五里山西庙，又五里大桥，又十里名二十里腰站，有土屋数间……此处东边系往来大路，有市肆并旅店两所，且有候馆一所。是日未居停，惟在军台内住……由东边市肆穿过，十里曰头墩，亦有市肆，路旁田庄弥望。又二十里曰苏巴什，有铺户十余家，旅店二所……市肆人家不少。[③]

《乙巳日记》记述了林则徐从伊犁出发到达绥来县（今玛纳斯县）以后，经乌鲁木齐由吐鲁番，再由吐鲁番奔赴南疆，前往喀喇沙尔（今焉耆回族自治县），与办事大臣全庆会合之前的情况。在《林则徐集·日记》（中华书局 1962 年版）所辑录这年正月初一至二月初三

① （清）林则徐：《乙巳日记》，转见周轩、刘长明编著：《林则徐新疆资料全编》，第 327 页。

② 同上，第 328 页。

③ 同上，第 338 页。

共三十三天的日记中，有这一段行旅的完整日记。从林则徐的此次南疆行旅的记述中，我们可以得知这样几个信息：首先，他明确地将新疆南疆维吾尔族人集市称作“八栅”，将汉人集市称作“市肆”，区分称呼，但实则二者在其地域所发挥的功能完全一致，都是商品货物的集散之地，满足居民民生所需；其次，在有回汉民同在的巴扎里，其往来贸易并不受称谓、礼俗的限制。

就巴扎的称谓而言，清朝时期不少外国游客如尼·维·鲍戈亚夫斯基、凯瑟琳·马噶特尼、沙敖等人关于它的叙述，似乎并不受族性、国别视角的限制。比如，在他们的叙述中，有时会用巴扎统称所有集市，如“俄国巴扎”“汉人巴扎”“回人巴扎”（即维吾尔族人巴扎）等。这启发我们思考，关于巴扎以及巴扎音译的诸多变体，其实不过是一个称谓而已。如在新疆汉民比回民多的地区，往往是称作“集市”，而在新疆回民占主体的区域，则多称为“巴扎”，其实指的处所功能并不会因为音译不同而有所差别。如“城里的汉人区和汉人巴扎（即市场）上的情况就是这样。但除此之外，在稍大些的城里，总有伊斯兰教徒的巴扎，即萨尔特巴扎。那里景象大不一样。敏感好动的萨尔特人喧闹着、喊叫着、互相谩骂着、很快地走动着，到处是一片生机勃勃的景象，这在汉人巴扎上是没有的。折利率也有各式各样的商品、商店和作坊，但都另有一种风格，也更粗糙些、便宜些”①。

① ［俄］尼·维·鲍戈亚夫连斯基著，新疆大学外语学俄语教研室译：《长城外的中国西部地区》，商务印书馆1980年版，第75页。

最后值得一提的是，新疆乡土县志中对南疆各个县城乡村记录中所提及的巴扎，被系统整理普遍成书于20世纪初，后来经边疆史地专家马大正先生整理，以《新疆乡土志稿》[①] 为名，由新疆人民出版社于2010年出版，具有非常重要的史料价值。尤其是书后所附《新疆全省舆地图》，其中不少县城地图上都标注有“八栅”，这也是笔者所见清代以来唯一标注有“巴扎”的地图。

三、外国人记述中的巴扎

关于巴扎的记述，还广泛地存在于国外外交官、游客、商人、探险家、记者、学者的文字与影像记述里。下文中我们也简要进行一个介绍。事实上，清代，大量的外国商人住在南疆的巴扎附近，有的靠给当地人放高利贷而生活，“查英国所属有印度、克什米、瓦汉、爱乌罕、巴达什罕等处……有散居本城及一肯苏坡斯坎八栅，专以放债或买卖营生者，其来年月远近不一”[②]，有的靠在南疆巴扎上做生意为生，“在喀什噶尔，俄国、阿富汗、克什米尔等处外商‘全部留宿客店，平时批发，市日设摊，开店者少’”[③] 等，商人的人员构成不仅有英国籍，还有俄国籍、中亚浩罕籍等。由于大量的外国商人出入于南疆的巴扎市集，清政府不得不对这些外籍商人进行管理。清道光

---

① 马大正、黄国政、苏凤兰整理：《新疆乡土志稿》，新疆人民出版社2010年版。

② 中国社会科学院中国边疆史地研究中心编：《新疆乡土志稿》，全国图书馆文献缩微复制中心1990年第1版，第644、645页。

③ 蔡锦松、蔡颖：《日野强及其〈伊犁纪行〉》，《新疆历史研究》1985年第3期。

年间，喀什噶尔回城“每月集场四次，官民回众均赴回城，自行交易。浩罕之呼岱达与来贸易安集延、布鲁特等，均在回城……每逢集场之日，城守营员，派千把总一员，带兵十名，在集弹压而已”①。

这些外国人少有的文字记述中，也有一些提及巴扎的段落或者拍摄的照片。尽管他们的记述中有些表达出于非常时期的非常表述，甚而存在历史性的错误，然而，作为另一种视角中的文献记述，因为其有助于完整我们对巴扎更为全息的历史记忆，因而仍被笔者以文献整理与研究的方式呈现于此。这其中，最为著名的首先要数曾在中国西部领事馆供职达十年之久的沙俄外交官尼·维·鲍戈亚连斯基，他在其代表作《长城外的中国西部地区》（成书于1906年）中，曾很形象地将喀什比作一个从外形上看大型的“巴扎”：“就外貌而言，喀什噶尔是一个典型的中亚城市……街道的有些地方上面有盖，象个屋顶，这是为了挡住南面强烈的阳光。”他认为，新疆“城镇的外貌都互相雷同”，他的表述中其实表明南疆的巴扎市场之多给他留下了深刻的印象，这种巴扎式的外观与中亚各城镇具有趋同性。

同时，他在书中还指出喀什噶尔人乐于经商，并且喜欢商铺经营的方式：“和务农相比，喀什噶尔人更喜欢经商。他们经营的大宗贸易，大商号很少，而小铺子到处皆是，城市里有，农村里有，穷乡僻壤也有。往往一个小铺的货物只值几个卢布，但也算是个买卖。那些

① （清）《筹办夷务始末》卷一，道光三十年癸丑，《萨迎阿奏》。

打馕卖肉、果菜摊贩都是喀什噶尔人，推车叫卖的零售小贩也主要是他们。这类商贩把自己的全部货物驮在一头驴背上（最多也只有两头），就走南闯北，游串起来。比较幸运的，也能从这种小贩上升为铺商，甚至逐步发家。”①

英国人包罗杰（Demetrius Charles Boulger，1853—1928）在其著作《阿古柏伯克传》②（成书于1878年）中对叶尔羌、喀什、和田地区的巴扎也有大量的记述。他先为我们对叶尔羌进行了总体的描述，认为叶尔羌一直都是商业名城：“它（叶尔羌——笔者注）位处叶尔羌河边开阔平原上，它的城墙周长四哩，足证它往日的强盛……除了运进城里来出售的果物和粮食的丰富产品以外，这里还有一宗大规模的、利润高的皮革贸易。叶尔羌对这种商品几乎具有垄断权，它的消费也确实很大。”③

在这部书中，包罗杰引述了他所采访的一位当地人关于巴扎“今昔对比”后的切身感受，对方回答他：“你现在在赶集的日子看见的情况，与‘和台’时代的生活和活动比起来完全不是一码事。今天，庄稼人拿了鸡和蛋、棉花和棉纱、赶着牛羊马匹进城来卖，回去的时候带着印花棉布、皮帽、城里做的靴子和各种他们需要的日用品走，肚子里还有一顿很好的饭菜；我们关上店门，把货品收好，等下个星期赶集的日子我们的主顾

---

① ［俄］尼·维·鲍戈亚夫连斯基著，新疆大学外语系俄语教研室译：《长城外的中国西部地区》，第55页。

② ［英］包罗杰：《阿古柏伯克传》，商务印书馆1975年版。

③ 同上，第6页。

再来。在这期间，我们中间有些人的确也带些东西到乡下的农村市集上转转，可是我们的大买卖是在城里的赶集那天。在‘和台’时代，那就很不一样了。那时候没有大哈孜带着他的六个宗教警察拿着皮鞭打人，要人去做礼拜，把妇女从大街上赶走，那时也没有人因为喝酒和吃禁吃的肉而挨打。那时候还有演小丑的和弄杂技的，算命的和说书的，在人群里来来往往，给人解闷。在店铺门前挂着各种各样的旗子和图画；还有涂脂抹粉，穿着绫罗绸缎的美女接待取悦客人。”[①] 这一段引述，详细地向我们展示了阿古柏统治前后南疆巴扎生活的差异。

同时，这部书中还罗列了巴扎上的一些特色货物，如“和田位处叶尔羌东南一百五十哩，桑株以东约九十哩……在中国人治下时，它是最繁盛的工业中心之一，并由于它是与西藏全部贸易的集散地，市面是很活跃的。中国人称呼它为和田，当地现在仍称为额里齐。它除了有来自西藏的羊毛和黄金以外，它自已也有蕴藏于昆仑山里的金矿，它的麝香、丝绸、玉是四处驰名的”[②]。

与包罗杰对阿古柏时期新疆生活记述相似的文献是阿列克塞·尼古拉耶维奇·库罗帕特金（Alexei Nikolayevich Kuropatkin，1848—1925）在其著作《喀什噶尔》[③] 中的记述。俄国人库罗帕特金于1876年奉命到中国新疆喀什地区搜集情报，以便向阿古柏提出领土要求。

---

① ［英］包罗杰：《阿古柏伯克传》，第7页。

② 同上，第7–8页。

③ ［俄］A. H. 库罗帕特金著，中国社会科学院近代史研究所翻译室译：《喀什噶尔》。

期间，他将搜集的大量情报编撰成一份报告，后以《喀什噶尔》为名于1879年在圣彼得堡整理出版。在这部著作中，也有一些关于巴扎的文字记述，如他记述了星期五巴扎因为与礼拜日是同一天，所以具有节日的气息，如“每周工作五天，每逢星期五（伊斯兰教徒的星期五如同我们的星期日）和赶集的日子都不干活。每人一天织布四匹；一周织二十四。在赶集的日子就把一周的劳动产品卖给城里来的采购商人”①；再如在阿古柏时期，有一类被称作拉伊斯的人代其管理村庄维吾尔族人的各项事务，尤其监督巴扎上女性要戴面纱，商人要讲信用，并通过教鞭来构成威慑：“教鞭是拉伊斯的权力标志。他随身带着教鞭，不论白天或黑夜，可以随时在村庄里巡视，并有权进入每家住宅。男人、妇女和儿童全都归他管辖。他监督的事有：家庭内不准争吵，甚至儿童也要去做规定的祈祷，儿童们应去上学，他检查铺子里的秤量是否准确，察看集市上出售的货物的质量是否好，监督妇女们不戴面纱不许上街。此外，他还督察居民们在晚上八、九点钟都得躺下睡觉。对于犯过错或只有犯错嫌疑的人，拉伊斯就在他们的背上、肩上甚至头上无情地鞭笞。此外，对犯某些罪行的人还规定了要抽多少鞭子。例如，一个出售土布的织布工要是一匹布短于规定的长度就得挨三十九鞭子。”②

库罗帕特金还描述了巴扎上出现的大量商品与货物，

① ［俄］A. H. 库罗帕特金著，中国社会科学院近代史研究所翻译室译：《喀什噶尔》，第74页。

② 同上，第37—38页。

其中还提及了巴扎上出现的大量外贸商品“在我们访问过的所有城市的集市上，俄国纺织品都占优势。而从印度（经过拉达克到叶尔羌）渗透到喀什噶尔的英国货物，目前还不能与之竞争。我们搜集到的英国印花布样品，花纹很美，但不结实，易褪色，并且价格比俄国布高。印度的细纱推销得相当厉害，在中亚到处都是。最近从印度向喀什噶尔输出的茶叶也开始增加了。向印度输出的主要商品是鸦片和成锭的银子（元宝）”①；与此同时，在他的文字记述中我们还看到了清朝节日时，巴扎上人们的穿着打扮：“节日里，在中亚各城市的集市上，经常可以遇到许多人穿着阿德里亚斯（一种半丝织物）的，绸子的，甚至锦缎的袷袢；很多穷人也穿印花布的袷袢。在喀什噶尔，大多数人穿的袷袢的面是用染过的土布（当地产品）做的，用印花布做的很少见，用绸缎挂面的更是例外。”②

在上述两位外国人的文字记述中，我们能够确认四点：

首先，这两种文献出版先后只差一年，而两位作者共同关注的是阿古柏时期中国南疆人民的日常生活，因而具有高度一致性，比如他们以不同的方式提到阿古柏委派专人管理宗教，并利用宗教赋予的神圣权力委派专人管理巴扎，并因在管理细节与惩罚措施上的过于严苛所激起的民怨；

---

① ［俄］A. H. 库罗帕特金著，中国社会科学院近代史研究所翻译室译：《喀什噶尔》，第 28 页。

② 同上，第 29 页。

第二，两种文献都极其关注巴扎上所交易的货物尤其是外贸，这使我们思考，清朝时期新疆人民跨国的贸易往来与文化交流确实是依托巴扎开展的；

第三，出现了因地产货物而闻名的巴扎，如和田的玉石巴扎；

第四，提到了城里巴扎与乡村巴扎的巴扎体系内的二元组织结构。

俄国地理学家、植物学家彼·彼·谢苗诺夫曾于1856—1857年来新疆天山进行地理考察，他在《天山游记》中记述了自己在伊宁巴扎的体验："我在伊宁市，在好客的领事家里住了一个礼拜左右，详细了解了中国的城市、商店、集市和寺庙"[①]。可惜的是，并未看到更详细的记述。

澳大利亚人乔治·厄内斯特·莫里循（G. E. Morrison）(1862—1920)，作为英国《泰晤士报》驻北京记者，于1910年的1月至7月，对中国西北地区进行了为期半年的旅行考察，拍摄了大量的照片，其中在喀什、叶尔羌等地拍下了珍贵的巴扎照片。这些珍贵的历史照片经过整理，被编为名为《1910，莫理循中国西北行》[②] 的图集，由福建教育出版社2008年彩印出版。在这部图集中，他拍下了如下的几张巴扎照片，为我们了解一百年前巴扎的具体形制提供了依据。

---

① ［俄］彼·彼·谢苗诺夫：《天山游记》，转见魏长洪、何汉民编：《外国探险家西域游记》，新疆美术摄影出版社1994年版，第9页。

② ［澳］乔治·厄内斯特·莫里循著，窦坤、海伦编译：《1910，莫理循中国西北行》，福建教育出版社2008年版。

1. 1910年6月的一个黄昏，莫理循在喀什库鲁普（音译）的巴扎上，拍下了一位维吾尔族老乡收顶棚的瞬间。这一时期的巴扎主要以顶棚与摊位为主，一般临近城门或者旅店。有驴马交易与草席交易。维吾尔族人喜穿白色。

图1-1　1910年6月19日，喀什库鲁普一位摊主正在收起一架顶棚

2. 1910年6月，在喀什的白萨瓦巴扎上。这是一个

图1-2　1910年6月20日，喀什，一群老乡在白萨瓦巴扎

乡村巴扎，赶巴扎的老乡们正在忙碌。骑着毛驴去巴扎仍然是主要的行走方式。牛羊饲料应该有很大的市场，不少老乡正努力使其变成摊位上的商品。

3. 1910 年 6 月，喀什市巴扎，在城前广场，临街而设。我们在相片中看到的是几位老乡正在卖土布，前景处，一位维吾尔族老乡正在努力支起顶棚。这个顶棚是如何被支起的？现在的南疆集市还多见这样的顶棚，在“巴扎与空间”一章里，我们有详细的分析。从支顶棚的行为判断：巴扎才开市不久。中景处一位买主正在向卖主问价，在这位卖主的身后一位老大爷正在打布上的灰，使其平整。远景处，几位逛巴扎的人在聊天。

图 1-3　1910 年 6 月，喀什市巴扎，卖布匹的摊主们在支顶棚

4. 喀什老城巴扎的正面镜头。画面右侧是草叶、藤蔓与杨树枝做成的顶棚，在它所划出的阴凉空间里，摊主们或坐或躺地在经营生意。一位维吾尔族老乡正向镜头走来。在他身后是络绎不绝的人群，充溢着一个个被顶棚所支起的货物世界。

图 1-4　1910 年 6 月，喀什市巴扎，一位老乡在赶巴扎

5. 在绥宁（笔者注：伊犁）城外，莫理循拍下了一群在路边摆放临时摊位的随机商人，其实就是各个巴扎里的流商。在这批商人队伍里，我们看到大量汉族商人，他们主要以地摊的方式经营生意。

图 1-5　1910 年 5 月，伊犁路边的投机商人

英国外交官马嘎特尼（笔者注：中文名字马继业）的夫人凯瑟琳·马嘎特尼于 1898 年随夫来到喀什噶尔，

住在英国领事馆（秦尼巴克），开始了她十七年的新疆生活。她1914年回到英国，1931年出版了她在喀什生活的回忆录，名为《外交官夫人回忆录》[①]。她在这部回忆录里多次提及巴扎，是外国人中记述巴扎较多的[②]，主要有这样几段：

> 喀什噶尔回城的街道狭窄，肮脏不堪，地面坑坑洼洼，而且由于每天毛驴驮的水桶和运水车把水洒落在地面上，使其泥泞难行。街道两旁布满了阴暗的店铺，在有些街段，人们把苇席搭在街道上空，形成凉棚遮挡阳光，这样街道和店铺就显得更阴暗了。店主们蹲在货物中间，似乎并不因为有顾客光顾他们的店铺特别在意。[③]
>
> 那些狭窄的巴扎街上总是人来人往，非常拥挤，特别是在星期四这一天，更是人山人海，拥挤不堪，因为这一天是巴扎天。在巴扎天，赶巴扎的人得在熙熙攘攘的人群中挤出一条路来，行走非常缓慢。街上的人摩肩接踵，有的打着赤脚，有的骑着驴或马；牲畜驮着饲草，驮得太多了，人们只能看清楚它们的鼻子和四

---

① ［英］凯瑟琳·马嘎特尼著，王卫平、崔延虎译：《外交官夫人的回忆》，新疆人民出版社1997年版。

② 除此之外她的继任者戴安娜·西普顿（喀什英国领事馆的最后一位主人的夫人）后来出版的《古老的土地》中对巴扎也有大量记述（详见民国后的文献整理）。

③ ［英］凯瑟琳·马嘎特尼著，王卫平、崔延虎译：《外交官夫人的回忆》，第53页。

蹄，由马匹和骆驼组成的驮队，驮着捆得硬硬实实的大棉花包在人群中穿行着。驼铃清脆悦耳，总使我想起英国星期日清晨教堂里那叮当作响的铃声；坐在秦尼巴克的花园里，聆听着河边传来的阵阵悦耳的驼铃声，我闭起眼睛，感到似乎就在英国的家中，似乎那铃声告诉我现在正是上教堂的时刻了。①

在巴扎或其他地方，两个男人做一笔买卖马、牛或其他任何值钱东西的交易，看看他们的交易过程是极其有意思的。他们先走到一起，伸出右手，再放到对方的袖子里。接着在他们之间做了一些很神秘的暗示性动作，如伸出多少个手指头就表示出价多少，或是拍打一下各自的手臂，拍多少次也表示出价数目。我可从来没能发现他们到底通过什么方式才能把买卖做成，只看到两个人紧紧地站在一起，盯着对方的脸，摇摇头，或是点点头，样子极为庄重，最后价格就确定了下来。紧接着，他们又抽回各自的手，捋捋自己的胡子，把钱交给卖方。这样，一桩买卖就成交了。虽然旁边站着一大群人看着他们两个，买卖却又是秘密地进行着。②

我刚到喀什噶尔的时候，巴扎上几乎见不到外国货。除了那些非常富的巴依们穿着华丽，

---

① ［英］凯瑟琳·马嘎特尼著，王卫平、崔延虎译：《外交官夫人的回忆》，第 53 页。

② 同上，第 59 页。

绝大多数人都穿着本地产的红色布做的衣服。实际上，那时候回城里找不到俄国的日用品，糖也很缺。所以，想一想这座城市多少个世纪以来一直保持着老样子，它的街道，它的巴扎，都古风依旧，让人感到这一切真实美妙极了；人们的穿着打扮，衣食住行，与他们的祖先们的相比，并没有多大的变化。而我们自己到这里的旅行方式，也和马可·波罗在13世纪到忽必烈汗的王廷时路过这一带的方式一样，这一切同样也让人感到真是妙不可言。①

（笔者注：在汉城）终于，我松了一口气，我们看到了汉族人的村舍和正在田里干活的农民。很快，我们又看见了城墙，城墙上矗立着塔式城楼。走了没多久，我们就到了一个人头攒动的巴扎，巴扎通向我们的骡车要穿行而过的城门。过了城门，我们就来到了汉城。②

不久，我们就感到自己非得养上一头奶牛才行，因为从巴扎上买来的牛奶味道太糟糕了，当地人把羊奶和牛奶混在一起，即使把这种牛奶放在最浓的咖啡和茶中，也压不住那股可怕的羊膻味。③

然而，我却总是永远忘不了喀什噶尔的那

---

① ［英］凯瑟琳·马嘎特尼著，王卫平、崔延虎译：《外交官夫人的回忆》，第60页。

② 同上，第61页。

③ 同上，第73页。

> 些夏天的傍晚，夕阳西下，美丽异常，整个大地都沐浴在金色的暮霭中。暮色越来越深，直到夕阳坠入群山之后，整个天空一片桔红，夜幕完全降临时它才慢慢褪去；天空中飘逸着花香，回荡着蛙声和蟋蟀声交织而成的音乐；远处，巴扎上人们弹奏着乐器，他们的歌声断续传入耳际。就是在这种时候，你会体验到乡村生活的真谛。一旦体验到它，永世不会忘记。[①]

碍于篇幅，该书中还有几段关于巴扎的叙述，本文中便省略了，它们分别在该书的第 53 页、61 页、64 页、143 页与 145 页。

凯瑟琳·马嘎特尼作为 19 世纪喀什英国领事馆的第一位女主人，在喀什生活了十七年。清朝以来，从没有哪位官方背景的外国女性在喀什生活过这么久。她见证了那一段历史，并用文字记述了下来。或者是性别视角的差异，在她之前，我们从未在哪一篇文字记述中看到"巴扎"能占据这么多的篇幅，能引起这么多的感慨。它既是凯瑟琳购买日常物资的空间处所，又是她了解维吾尔族民间文化与生活的重要"田野"，更是她进行身份认同、体察英国文化与维吾尔族文化差异的重要场所。尤其是最后一段，她将要离开喀什时，对巴扎的记述，将其定义为一种新疆乡村生活的典型形态。与此同时，她将汉族人与维吾尔族人的集市都称作巴扎（Bazaar），至少在她看来，二者间并无区别。

---

① ［英］凯瑟琳·马嘎特尼著，王卫平、崔延虎译：《外交官夫人的回忆》，第 76 页。

英国商人沙敖（R. B. Shaw，又译作罗伯特·沙敖，1839—1879）在其著作《一个英国“商人”的冒险——从克什米尔到叶尔羌》中记述了他作为一位商人，在一个非常的年月，穿越了一条非常的路线，进入新疆塔里木盆地南部的叶尔羌、喀什噶尔等地游历的见闻。其中有几段对巴扎的文字记述：

他们告诉我，这里与被称为戈壁亚洲的中心沙漠——“塔克拉玛干”大沙漠相通，向东伸入中国。但很快我们到了哈尔哈里克镇（笔者注：叶城）附近的村子，并且从那儿前往叶尔羌。我们经过了一个布满村庄的富庶的地区，没有一点沙石及荒地。其间时不时竖着高高的标志杆，表明沿途的距离，其长度单位是“塔什（tash）”。我估算了一下，它大概相当于我们的5英里。当我们离开哈尔哈里克时正好是集市日，有四五英里长的地方都是熙熙攘攘的人流，年轻的、老的、男的、女的，都从周围的村庄拥入（大部分都骑着马）这里。他们或是来买东西，或是来卖东西，以换回他们一周的必需品。有的带着鸡或满满的一篮篮鸡蛋，有的赶着羊和牛，其他人赶着满载棉花及其田里的其他产品的驴前来兜售。我看见好几匹漂亮的马被人领着来找买主。事实上，光看这些人的衣服，你或许会感觉这是在英格兰的某些农村小镇的集市日上；当那男人们正忙于农事时，那些长着红脸颊的农夫的妻子们便会带上孩子前来赶集。这些村子，甚至它们周围的果树园及吵闹的鸡群，都让我想起了家乡。但这儿没有英格兰农舍的那种高高的山形墙及许许多多的门窗，代替它们的是环绕院落的没有门窗的围墙及看不见屋顶的低矮的建筑，让人想起了一个又秃又瞎的人。这儿没有树篱，但房屋周围及河流沿岸都种着一排排树木，使这个地区看起来不像法国的某些省份那样呈现出光秃秃的面貌。整个地区都散布着两三间房屋一组的数不清的小村，说明了这儿处于一个长期稳定的政府的治理之下，也证实了这儿居民生活安定。①

除了哈尔哈里克，我们还经过了另外两个小镇，一个较小，一个稍大一些。它们很像印度的小镇，只不过这儿的巴扎街道为了遮阳防尘完全隐蔽起来——在这个时节不大必要的一种预防措施，因所有的储水池都冻得坚硬。它们与印度城镇在外观上最大的不同就是这儿的居民看起来更富足。他们的衣服如此华丽，剪裁得如此合体，一点也不像邋遢的印度人那样在身上松松的裹上几块布即可！这儿也没有傻乎乎地直盯着你看的那种苦力阶层；每个人看起来都很体面，既精神又聪明。②

在穿过城外的一个小巴扎之后，我们便从

---

① ［英］罗伯特·沙敖著，王欣、韩香译：《一个英国“商人”的冒险——从克什米尔到叶尔羌》，新疆人民出版社2003年版，第96页。

② 同上，第97页。

> 泥墙里的一个门进去，据我估计，该城墙高度在20—30英尺之间，到顶端渐渐变窄，有10—12英尺宽。走了几步便来到第一条街上，我们从曾见过的那个台子下经过。它从一个结实的建筑物的屋顶上竖起，我猜想这是叶尔羌人的死囚监房。我们走的路线不经过城里最繁华的地带，但我们看见街道上人流熙熙攘攘，各种店铺林立。大部分的店主是妇女，在好几处我都看见里面放着形状很规则的婴儿摇篮，母亲用双脚摇晃着它。这对有把他们的幼儿挂在导水管槽下让其入睡的习惯的西姆拉（Simla）山民来说，是一个明显的进步。不久，我们经过了第二道高墙，我把它当成另一面城墙，但发现其仅仅是一所学院的围墙。街道有10—12英尺宽，有些房屋有上下两层。①

除此之外，该书第107、145页仍然有关于巴扎的记述。在沙敖的记述中，他难得地将号称中亚繁华集市的叶城巴扎与英国的乡村集市、印度的集市进行了简单的对比，在他看来，巴扎的交易状态能反映出一定时期统治者的治理水平。与此同时，他写出了巴扎上乡民的生活状态。

芬兰人马达汉（Mannerheim）1906年8月24日来疆考察，8月28日到达喀什噶尔，陆续考察了南疆的叶尔羌（今莎车）、和阗、阿克苏和北疆的伊犁等地，于

---

① ［英］罗伯特·沙敖著，王欣、韩香译：《一个英国“商人”的冒险——从克什米尔到叶尔羌》，第106页。

1907年7月24日抵达乌鲁木齐，又继续考察了奇台、吐鲁番、巴里坤、哈密等地，经兰州北上，1908年抵达北京。在北京，呈交了一份调查报告，并整理好日记，誊清草图。该调查报告的第二章以及马达汉拍摄的大量照片，于2009年以《百年前走进中国西部的芬兰探险家自述——马达汉新疆考察纪行》[①] 为名出版。在这部书中，辑录了马达汉对于巴扎简易的文字记述以及一些由马达汉拍摄的关于巴扎的照片。

1. 马达汉拍摄的都先拜巴扎依城而设，主要靠摆设摊位、设置顶棚。前景中两个孩子看着镜头，在他们身后，一位摊主用自己的货箱在原地圈出一个摊位的空间。

图1-6　1906—1908年都先拜集市

---

① ［芬兰］马达汉著，马大正、王家骥、许建英译：《百年前走进中国西部的芬兰探险家自述——马达汉新疆考察纪行》，新疆人民出版社2009年版。

2. 清朝时期南疆巴扎里的称秤行为。这张照片非常珍贵，这就是我们在此前许多文献中所见到的买卖双方交易时称秤的过程。前景中卖主手里的秤下面挂着一个很大的秤砣；后景中，两个人担起一根横木，下坠着货物，正在估量重量；在他们旁边，三五个老乡在观看。

图 1-7　1906—1908 年集市里买卖双方在称秤

3. 叶尔羌老城外的巴扎里，老乡们接踵摩肩，正在逛巴扎。他们三两成群，中景处几位老乡正在闲聊。前景处有两位妇女。在他们二人中间，一位老乡背着货物，光着脚穿梭于巴扎中。

图 1-8　1907 年 9 月叶尔羌老城外的集市

对于这里的巴扎，马达汉描述道："撒尔特人（笔者注：维吾尔族人）的城市大同小异，描述了一个城市就能代表其他。商业街的交通特别繁忙。街道两旁小商贩的地摊排成长长的一溜儿，商贩们都坐在各自的地毯上，后面是他们的小商店，或者更准确地说商品仓库。叶尔羌的街市要比喀什噶尔的热闹得多，人声嘈杂，熙熙攘攘。批发交易在住所的院子里进行，在一帮帮塔吉克、阿富汗和印度商人中可以看到一些衣着华丽的人物。在叶尔羌，俄国与英国之间的商业竞争十分激烈。"[①] 马达汉在他的文字记述中简略却又不失细节地描述了叶尔羌老城巴扎的集市景观。

图 1-9　1907 年 5 月伊犁巴扎

4. 伊犁的巴扎。根据照片，我们看出这是一个乡村巴扎，顶棚和铺位将一条乡间小道隔成一条街市，后景

---

① ［芬兰］马达汉著，马大正、王家骥、许建英译：《百年前走进中国西部的芬兰探险家自述——马达汉新疆考察纪行》，第 37 页。

处，一辆牲畜拉车停在原地，在它身后拖出两道长长的车辙。前景画左，一个小桌子上摆放着馕。

5. 喀什老城外的巴扎。马达汉拍摄的这张照片与莫理循拍摄的前后相差时间不久，都是清末时喀什老城外的巴扎景象。我们在这张照片里看到卖瓜的摊主用西瓜齐整地切割出一个空间，还可看见群聚的维吾尔族人常见的蹲着的身影。

图 1-10　1907 年 5 月伊犁巴扎

马达汉还在书中记述："跟新疆的其他地方一样，喀什噶尔的汉人和撒尔特人（维吾尔族人，译注，下同）都分别住在各自的城市区内，或者更正确地说，住在各自的城里。因为它们相距很遥远，足有几十公里的间隔。从外表来看，撒尔特人的喀什噶尔与俄属突厥斯坦的城市非常相似。同样的街市，同样的商店，同样的手工作坊和单层的泥土平房构成了市容的特点。两庹（成人两臂伸直的长度约 5 尺，庹读 tuo 上声——译注）半高的牙刷状土城墙把城区和四周不断扩展的郊区分隔开来。街上人都涌入城里购物……我相信，街市和街谈巷议的生活代表了撒尔特人乐观向上、热爱生活的特性。他们的住房是用晒干的土坯垒起来的，很松脆；泥土地面，平屋顶，表面抹了一层掺了稻草的粘土。”①

6. 奥什巴扎。我们在这张照片中可以看到今日新疆许多大型的巴扎的基本空间结构。几根大的横木横穿穹顶，搭建成一个大型的顶棚雏形。在前景横木上，竟然还放着一个马灯，说明这个巴扎经营的时间段很长，黄昏后仍然有人光顾。主干道两侧，我们看到了店铺的初级形式。三三两两的摊主正在闲聊。有意思的是，这张照片反映的巴扎情景，我们可以从后来来疆的艾米尔·特林克勒的笔下找到印证。

图 1-11　1906 年中亚名城奥什巴扎

在马达汉的记述与拍摄的照片中，有这样几个信息值得我们关注：

---

① ［芬兰］马达汉著，马大正、王家骥、许建英译：《百年前走进中国西部的芬兰探险家自述——马达汉新疆考察纪行》，第 25 页。

首先，他将清末新疆的城镇形态与中亚进行了对比，虽然寥寥数语，但他的观点与俄国人库罗帕特金一致，认为巴扎的空间结构所影响下的新疆诸城与中亚城镇相差无几；

其次，他将撒尔特人（维吾尔族人）与汉族人进行了简短的对比分析，并认为前者的生活更为放松，这从他们在巴扎上喜欢闲聊的行为便可判断。

总之，明清至民国，有大量的新疆地方文献记述了新疆，在这些记述新疆的文字中总有一小部分会提及新疆的巴扎。这些文献作者在提及巴扎时所采取的视角、印象以及由此生发的即兴的观点，对于本书的研究极有价值，与此同时，它们为我们勾勒出自明代“巴扎”这个词（而非其他音译变体）首次在文献中出现，自明清至民国有关它的一个文化概念史、空间变迁史，尽管关于它的历史没有更为细致的时间脉络与事件表象，但它仍然客观地存在于新疆历史的进程中，并日渐显示出对于新疆的历史意义。

最后，我们看几则关于清末新疆喀什地区巴扎的数据统计，以便于我们对清朝新疆巴扎的总体情况有一个直观的了解。据不完全统计，清道光年间，“喀什噶尔四街共有大字号铺 20 家，小字号铺 69 家，小杂货铺 20 家，烧房 11 家，各项艺匠铺 76 家，大车店 6 座，字号店 10 家，小店 35 家。回、汉两城（今疏附、疏勒）共有商人 1968 名。每年来贸易的约几千人”①；疏附县

---

① 段锟、李德华、刘星主编：《新疆与内地关系史》，新疆人民出版社 1992 年版，第 173 页。

“农村有集镇7处，每逢巴扎日，工农产品源源上市，各方群众买卖货物”[①]。这与叶尔羌汗国时期《书面备忘录》[②] 中所提供的巴扎计有“198”个，铺面计有“889”座的说法相比，数量有所下降，或许真像有些文字记述无意中所透露的那样，他们中的不少人在旅行途中看到了许多巴扎的遗迹，不少历史中的巴扎消失在历史的洪流之中，而在巴扎消失的地方，却不断地有新的城镇在兴起，并延续记忆般以该地曾经存在过的巴扎的名字加以命名（参见下文表1—2）。

另外，在清朝出现了许多维吾尔族知名商人，他们靠做外贸发家，这个传统延续至今。“至清末，喀什维吾尔商人阿洪巴依有10万银元商业资本及大量房产和牲畜，开设吾买尔洋行，充当英国买办，同时还有杂货店、棉花店、羊毛店、印度货店、和田货店等商业网点，在南北疆和内地开展贸易，资本发展到30万银元以上，是南疆乃至新疆的头号富商”[③]。

---

① 喀什地方志编纂委员会：《喀什地区志》（上），新疆人民出版社2004年版，第721页。

② 《书面备忘录》是从回历951年（1544—1545）撰写的手抄本《阿布都热西提汗史记》中摘录而出，回历1036年（1626—1627）赛依德家族的第七位皇帝艾合买提汗之子阿布都力提甫汗时代由穆罕买提·尼亚孜阿訇抄写发放。转引自尼扎米丁·玉赛因：《中世纪后半期维吾尔文化史话》，载《新疆文化》（维文版）1988年第1期。

③ 喀什地方志编纂委员会：《喀什地区志》（上），第718页。

第二节　民国以来文献记述的巴扎

民国至今的文献中有关巴扎的记述数量很少，它们以两种方式存在，一是散见于各种国内外名人关于新疆的游记、回忆录以及探险报告中；二是见于建国以来修订的地方县志里。对此，我们也进行一个简要的梳理。

一、游记、探险日记、调查报告中的巴扎

如果说，清代林则徐对南疆地区的观察日记，并未能提供更多有关巴扎的记述，那么，民国时期，时任新疆财政稽查大员的谢彬，在考察南疆时，对南疆的巴扎作了更为详尽的记述，主要体现在《新疆游记》[①] 的叙述里。我们将其中的记述以表格形式加以整理后会发现（详见附录二，表1—2），在谢彬笔下，对巴扎具有较之以前其他国内文人记述更为具体的描述以及复杂的功能体现。

在谢彬的记述里，首先，巴扎作为南疆农贸交易的主体而存在，并各自有了实在意义的称谓，如“托胡列克八栅”“科什巴思塘八栅”“茄列克八栅”“阿拉巴哈奇八栅”等等，虽大多仍是以地名来命名，但并未一概统称为巴扎；其次，有了对不同巴扎类型的描述，如“黑八栅”，指的是批发商贸的集市，不从事零售。事实上，“黑巴扎”早在清朝时期就已出现在莎车地区。据

① 谢彬：《新疆游记》，新疆人民出版社1990年版。

《喀什地区志》载，“山、陕、江、浙之人，不辞险远，货贩其地，印度及中亚一带的商人也多来此贸易，均设市集。至光绪十二年（1886），内地来的商人在莎车回、汉两城之间修建市场，场内设店铺百余间，通道顶端用木板盖顶以挡风遮尘，时人称为‘黑巴扎’”[①]；第三，记述中有更多对巴扎里具体地产货物与食用方式的描述，如喀什地区的特殊烟叶“塔玛果”，食用时名曰“纳丝”；第四，在谢彬的记述中，有了对南疆巴扎地理方位更为精准的描述与记录。

值得一提的是，对照谢彬文字中对巴扎的描述，参看《新疆乡土志稿》[②] 中所辑录的清宣统元年绘制的《新疆全省舆地图》，我们能够发现更多地理处所上的呼应关系（见本书附录一表1—1）。

艾米尔·特林克勒（Emil Trinkler）在其著作《西域探险——未完成的探险》[③] 中有对巴扎的相关记述。根据杨镰先生的考证，特林克勒进入塔里木时间为1927年，1928年7月离开哈尔噶里克（今叶城），带着驼队来到列城市的集市，其探险历程历时一年零十余天，1931年《未完成的探险》在伦敦出版。在这部著作中，他提到了和阗的集市。哈尔噶里克历史上毗邻叶尔羌汗国地界，在清代就以巴扎商贸繁盛而著名，在《喀什地

---

① 喀什地方志编纂委员会：《喀什地区志》（上），第720页。

② 马大正、黄国政、苏凤兰整理：《新疆乡土志稿》。

③ 杨镰：《最后一个独行侠》（代序），转见［德］艾米尔·特林克勒著，赵凤朝译：《西域探险——未完成的探险》，新疆人民出版社2000年版，第3页。

区志》中这样写道："清代，南疆战乱平息后，哈尔嘎里克（今县城）作为叶尔羌（今莎车）一带的主要巴扎之一，集市贸易频繁，仍发挥着商品集散地的作用。"①

> 没有什么使我能联想起欧洲。在喀什噶尔、叶尔羌和列城，我们都遇见过欧洲人。在喀什噶尔有英国和俄罗斯政府的代表；在叶尔羌以及喀什噶尔有瑞典传教士师团；在列城，夏天那几个月里，除了英国专员外，还有毕晓普·彼得、贝利上校以及在这个地区正在打猎路过的其他欧洲人。和阗的孤立无疑是由于一个欧洲人的到来引发的骚乱所致，因为很少有欧洲人来到此地。除了集日之外，集市总是充满安宁的气氛。这种宁静永远不会被车辆往来所干扰，如同在叶尔羌和喀什噶尔，在那儿，轿车在人群中驶过，伴随着驾驶者告诫人们让开的叫喊声。由于车辆和骑马的人川流不息，这些县城的东方安宁已经离去。在和阗没有人匆匆忙忙，也没有像在叶尔羌和喀什噶尔的那种叫喊声，因为和阗是一个县城，在那里每一件事都是在平和有序的氛围中进行。②
>
> 临近黄昏，集市的大街上点起了油灯，除了它们不是放在屋内的壁龛之内，这些路灯与我们的很相似。两侧都有胡杨的宽敞大街把该

---

① 喀什地方志编纂委员会：《喀什地区志》（上），第724页。

② ［德］艾米尔·特林克勒著，赵凤朝译：《西域探险——未完成的探险》，第131页。

> 城分开。如果不是集市日的话，大街出奇的安静，只是偶尔被赶驴的人或者驮队所打扰，在此地我们很少见到骑马的人。①

在和阗，“我们总是对一个美国商人凯拉肯·莫尔多沃克（Keraken Moldovak）——一家地毯和丝绸厂厂主——进行友好的交谈产生美好回忆。在集市的主要大街的他的小房子里，我们第一次拜访他时，使我们大吃一惊，发现他是一个具有欧洲人生活习惯的受过教育的人。他能够讲法语和英语，他有一个小图书馆，藏书主要是关于战争方面的。见到我们他特别高兴，因为他又可以获得有关欧洲的第一手资料。他没有这方面的信息已有一段时间了。他带我们去参观工厂，我们感谢他送给我们一些考古标本。地毯和丝绸对和阗来说是重要的出口商品。恰恰同一天，一个旅行者在和阗得到很好的丝绸工艺品，特别好的是袷袢，丝织成的服装，遗憾的是居民现在很少穿。刺绣看上去是机制的，像是链状针迹，全是用一种叫做 ilmek 的特殊钩针手工制作的”②。

在哈尔噶里克（笔者注：叶城），“集市上总是有大量的牲畜熙熙攘攘，所有准备沿着这条艰难路线穿越喀喇昆仑山口去拉达克的大驮队都在这里汇集。给马梳洗，钉蹄铁，最后喂饱这些牲畜。有病的牲畜得到特别的照顾，很有可能了解到一些马的情况”③。

---

① ［德］艾米尔·特林克勒著，赵凤朝译：《西域探险——未完成的探险》，第 134 页。

② 同上，第 136—137 页。

③ 同上，第 185 页。

> 最终，7月7日早晨7点钟，我们能够离开哈尔噶里克。这几天，集市上有许多东西要买，因为在这儿买东西是必要的，这里是我们到列城之前的最后一个大镇。我们不得不为哈比巴再买一匹马，他的马已遭如此悲惨结局。”①

艾米尔·特林克勒的上述六段对巴扎的记述，我们通过对这时期的巴扎又有了新的认识：首先，巴扎的存在容纳了许多外国人与外贸商品，从情境营造的角度来讲，它使得它所栖身的地域（喀什、叶尔羌）与欧洲建立了联系；其次，巴扎的功能更像是驿站与客栈，许多穿越昆仑山的世界游客都必须在巴扎上购买代步工具与物资，他们所构成的世界网络在巴扎上缔结了一种新的地域性；第三，这一时期的巴扎上已经有了车辆，这与清代的巴扎有所不同。新的代步工具的出现，虽不至在短期内影响当地乡民的生活，然而其对巴扎将来的影响可以预见，将来是否再无一个地方可以被命名为“地方”？这种担忧在两次来疆的瑞典人贡纳尔·雅林博士的文字中得到了印证。

瑞典人贡纳尔·阿尔弗雷德·雅林曾两次来到新疆的喀什，这位懂突厥语的学者，对喀什怀有深刻的情感，在他的著作《重返喀什噶尔》② 中叙述了他在喀什的两段生活：

---

① ［德］艾米尔·特林克勒著，赵凤朝译：《西域探险——未完成的探险》，第186页。

② ［瑞］贡纳尔·雅林著，崔延虎、郭颖杰译：《重返喀什噶尔》，新疆人民出版社1994年版。

第一段时间在 1929—1930 年，他感到来到那时的喀什“就如同从现代回到中世纪，就像回到为拍摄电影《一千零一夜》所设置的场景中。这里既没有汽车，也没有摩托车，甚至连自行车都没有见过”[①]，“有钱人和贵族们骑着气度不凡的马，马鞍子上蒙着绣有精美图案的毯子，在熙来攘往的人群中穿梭而过。那些不太富裕的人骑在毛驴上，而穷人们——他们是这座城市人口中的大多数——则步行”[②]；

第二段时间是时隔近 50 年，1978 年重返喀什噶尔的生活。在这部书中，有感于人们以往对喀什巴扎的遗漏，他感慨道：“不幸的是，对古老的喀什噶尔却没有人写出令人满意的著述来。没有人描述过这里的巴扎，也没有人描述过围绕着这些巴扎而组织起来的生活。”[③]因此，他写下了大量关于喀什巴扎的文字，是目前笔者能够掌握的外国文献资料中对巴扎记述最多的，具有非常重要的文献价值。

碍于篇幅所限，笔者仍以表格的形式对书中每一段落提及巴扎的主要信息进行罗列，而对原文不加引述（详见附录三表 1—3）。

在文中所记叙的 19 段关于巴扎的记述中，贡纳尔·雅林为我们了解 1929—1978 年的巴扎提供了珍贵的文字资料。在他的文字所隐含的情感认同中，“巴扎”几乎

---

① ［瑞］贡纳尔·雅林著，崔延虎、郭颖杰译：《重返喀什噶尔》，第 58 页。

② 同上。

③ 同上，第 60 页。

就等于是喀什噶尔，他会梦到喀什的巴扎，他不止一次地表达自己对旧日“巴扎”景象消失的一种担忧；其次，他比之前的记述者们都更为细致地描述了巴扎里各种行业人士的行为状态，并进行了相应的评估；第三，出于专业需要，他第一次提到巴扎里所卖的突厥语书籍，并指出这些书籍重要的文献价值；第四，他试图在巴扎里的空间与人之间找寻一种对应关系，比如，他认为妇女在巴扎上有其专门聚集的场所，同时有些货物也只能在相应区域才能买到。

英国人戴安娜·西普顿作为英国驻喀什最后一位外交官夫人，在其著作《古老的土地》中记述了1946—1948年期间，她与丈夫在喀什的生活。文中对巴扎也有较多的描写。

> 在古代，列城是来自西藏、印度和中亚的商贾云集之地。在巴扎上，你可以看到各种各样的人混在一起进行交易的热闹场面。”①
>
> 我们自己养了一头奶牛，几只鸡，而且还有一个相当好的菜园子，因而从巴扎上只须买回面粉、大米和肉。由于喀什噶尔的通货膨胀日益严重，有时候物价隔一个小时一个样，所以我尽可能不在当地买东西。我们需要的其他东西一般都从印度订购。②
>
> 喀什噶尔的娱乐活动很少，英国总领事馆

---

① ［英］戴安娜·西普顿著，崔延虎译：《古老的土地》，转见《外交官夫人的回忆》，第209页。

② 同上，第234页。

要免费放电影的消息经巴扎很快传开了，而我们的守门人竟然没有采取任何把这些人挡在大门外的措施。听到消息的商人们也赶来了，卖馕的，卖糖的，卖瓜的，早已把摊子摆开了，昏暗的小油灯闪烁着，小贩们的叫卖声此起彼伏，一声高过一声。气氛狂热。[①]

喀什噶尔的高大城墙上，隔上一段就竖起一个巨大的城垛，起堡垒的作用；监视着在它一旁的巴扎上的任何不轨行为，也监视着另一边各种各样的道路上和田野里的悠闲的生活活动。只有城门前的吊桥，以及在头顶上的拱门，还有那在城里的汉族式的庙宇，以其特有的那种翘边倾斜屋顶，清楚地表明是谁在统治着这里。在特殊的日子里，当城里的建筑物上插满了中国式的旗子，当红色的横幅悬挂在拱形城门上的时候，当用漂亮的方块汉字书写的标语出现在旗帜上的时候，这种统治才会被人注意得更清楚一些。[②]

离喀什噶尔旧城 6 英里以外的地方，汉族人在那里修了一座新城，人们叫它汉城……城里有一些汉族式的建筑物，有一些汉族人开的店铺，汉族店主站在标准的柜台后面；在有些店铺外面，挂着纸做的灯笼和用汉字书写的招

---

① ［英］戴安娜·西普顿著，崔延虎译：《古老的土地》，转见《外交官夫人的回忆》，第 242 页。

② 同上，第 344 页。

> 牌；比起旧城来，这里街上的汉族人要多一些。汉族妇女穿着她们那种特有的直筒式的标准蓝色棉布衣服。[①]
>
> 到了乌帕尔绿洲，我想事情应该向好的方向转化了，然而，除了从一块瓜地里买了些西瓜解渴，恢复精神外，一切都还是那么倒霉。骆驼的主人们下决心要到乌帕尔的巴扎上去，他们说，如果我们在路边的什么地方扎营，他们就不管我们了。[②]

戴安娜·西普顿的上述文字记述里，为我们了解这一时期的巴扎提供了更多信息。比如，这一时期的巴扎上可以放映电影。她还描述了巴扎上的市声以及讨价还价的行为。同时，她对汉城里的店铺以及人们的着装进行了描述。

德国著名考古学家、民族学家阿·冯·勒柯克为“德国第四次吐鲁番考察”（1913—1914 年）写的纪行式报告，结集出版名为《中国新疆的土地和人民》，其德文本于 1928 年在莱比锡出版。该书对库车的巴扎有这样的描述：“所有这些小居民点都可以被视为最不起眼的村落，都是由几十间简陋的房间组成，有一条小巴扎街，每周一次集市，身居不毛之地的农民来到这里满足他们那无法再简朴的需要。这里的沙漠和耕地都是循规蹈矩般地被分开。任何一小股苦水，除了原来的绿洲，都允

---

① ［英］戴安娜·西普顿著，崔延虎译：《古老的土地》，转见《外交官夫人的回忆》，第 345 页。

② 同上，第 403 页。

许一些农民用来在荒芜的土地上（我们称之为 Sahara 撒哈拉）满足要求不高的条件。要了解贫困和极其艰苦生活条件的真实情况就得看看这些居民点。对我们这些来去匆匆的过客来说最不能忍受的是缺少令人满意的水。这个地区所有的水只能和呼尼亚迪—亚诺斯（Hunyadi Janos）相比有同样的功能。但是我们已熟悉这一地区，我们带了足够的甜水。”①

文中只是将巴扎作为一个处所进行了简要的描述，同时指出了巴扎的集期为一周一次。

民国至今，旅居新疆的外国人文字记述中的巴扎，与清朝时期有所不同。这一方面是由于巴扎在历史发展中所遭遇的工业现代化的外在境遇，对于希冀在中亚大陆寻找欧洲乡村生活体验，借以“寻根”的“他者”们造成的情感冲击所致；另一方面与清朝政府统治结束后，新疆重新调整自身在中亚格局中的政治、文化身份，乃至调整自身在世界—中国体系中涉外交流的功能也有关联。

需要指出的是，由于种种限制，笔者罗列的上述文献中难免有所缺失，资料整理中不免挂一漏万。同时，笔者深信，还会有更多涉及巴扎的文献资料将在今后的整理中渐次浮出历史地表，它们对本书研究的问题具有十分重要的参考意义。

二、地区志里记述的巴扎

在这一时期的新疆区域志里，涉及对巴扎历史进行

---

① ［德］阿·冯·勒柯克著，齐树仁译，耿世民校：《中国新疆的土地和人民》，中华书局 2008 年版，第 28 页。

梳理和回顾的概论性文字非常少见，大多志书多从自身区域经济贸易方面着手，附带提及巴扎作为区域贸易交易、实现经济发展的平台与载体，这使得确立巴扎历史地位的研究难以开展。这一方面的资料，较具代表性的是《新疆通志》之《商业志》《喀什地区志》。下文中，我们也简要地进行一个梳理。

《喀什地区志》[①] 第十六编“商业”条中，对喀什地区的巴扎进行了一个粗略的历史线索的梳理，提供了一些数据信息。经笔者研究，认为其以喀什市、莎车县、疏附县、疏勒县、英吉沙县、泽普县、叶城县、麦盖提县、岳普湖县、伽师县、巴楚县等地为例，在统计巴扎数量变化以及商户数量变化的数据上，反映了民国至2004年间南疆巴扎的数量变化，具有一定的参考价值。

经笔者整理，如下图所示：

表 1-4　喀什市商户数量变化图

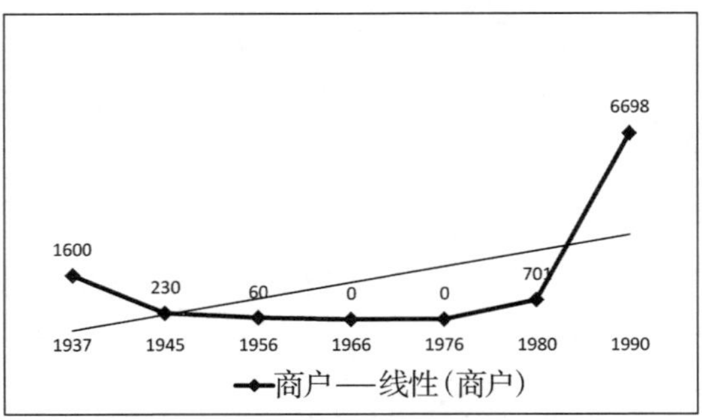

1. 喀什地区商户数量变化图（根据《喀什地区志》整理）

① 喀什地方志编纂委员会编：《喀什地区志》（上）。

表 1-5 莎车县商户数量变化图

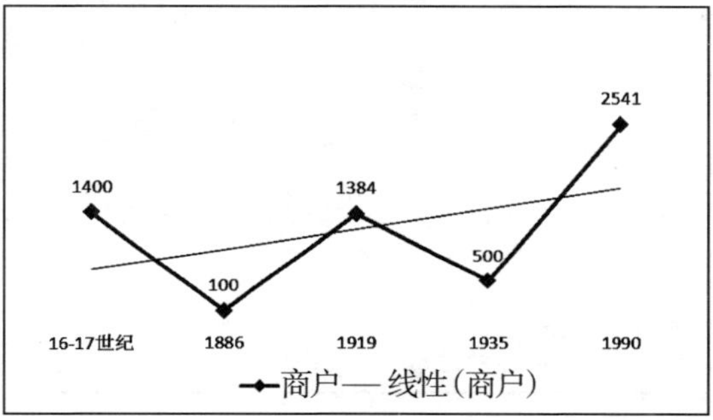

表 1-6 疏附县商户数量变化图

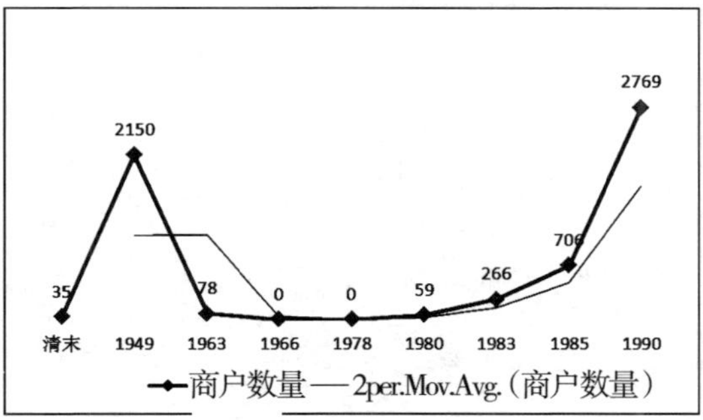

表 1-7 疏勒县商户数量变化图

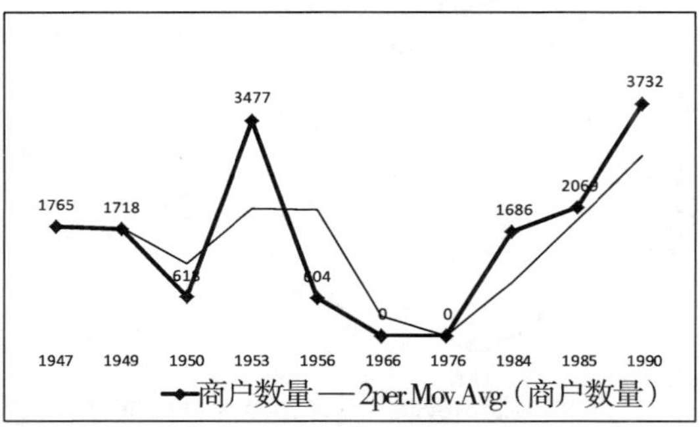

表 1-8　英吉莎县商户数量变化图

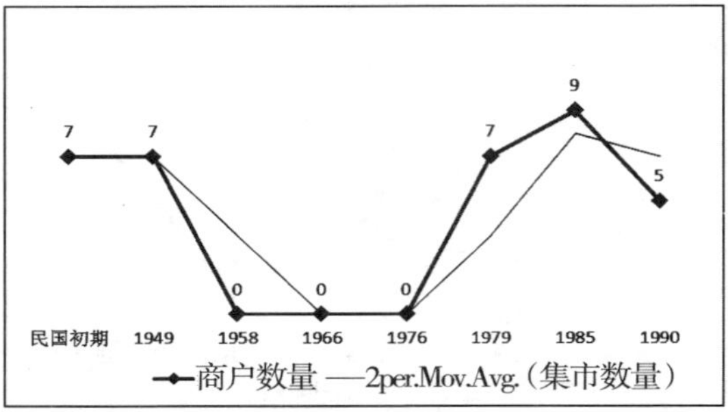

表 1-9　泽普县商户数量变化图

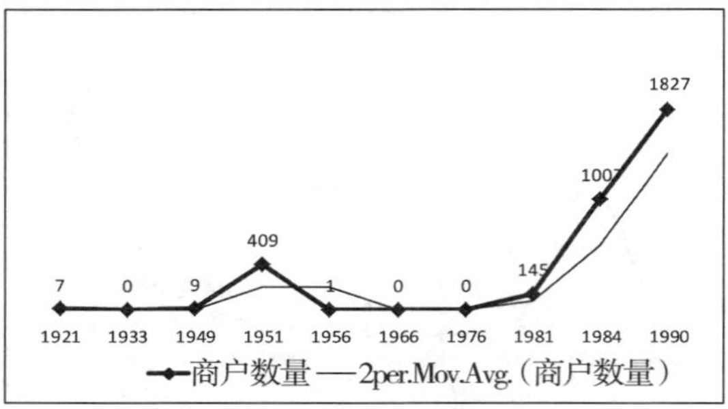

2. 喀什地区巴扎数量变化图（根据《喀什地区志》整理）

表 1-10　莎车县巴扎数量变化图

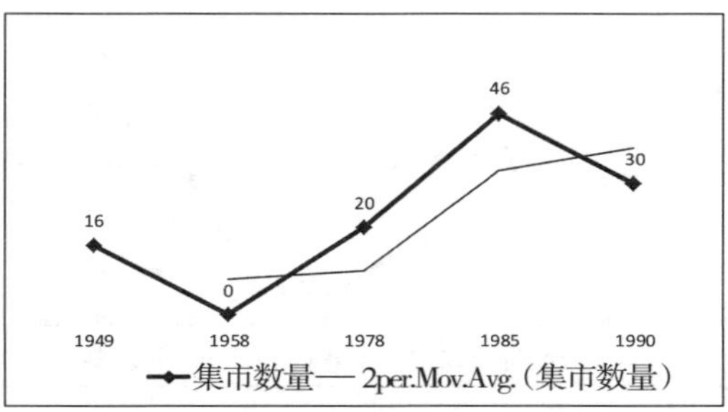

表 1-11　疏附县巴扎数量变化图

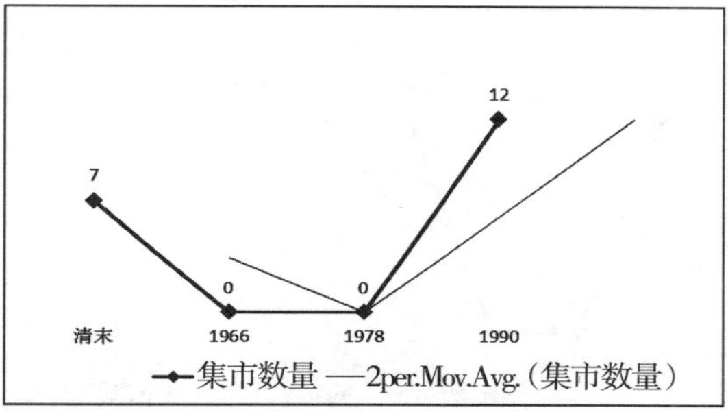

表 1-12　疏勒县巴扎数量变化图

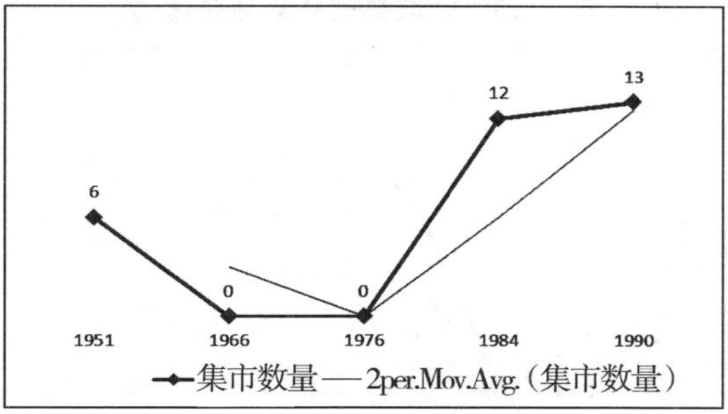

表 1-13　英吉沙县巴扎数量变化图

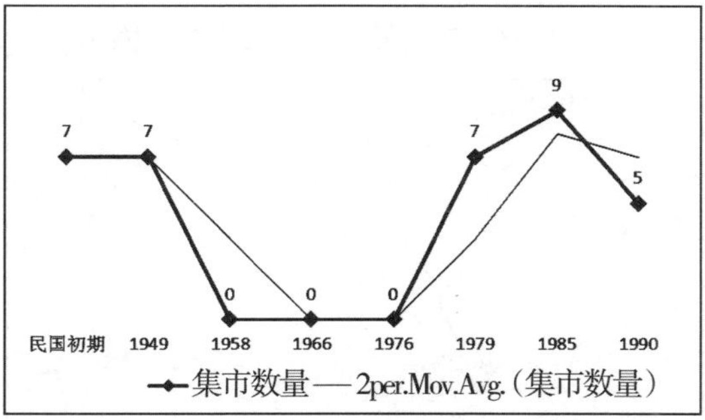

表 1-14　泽普县巴扎数量变化图

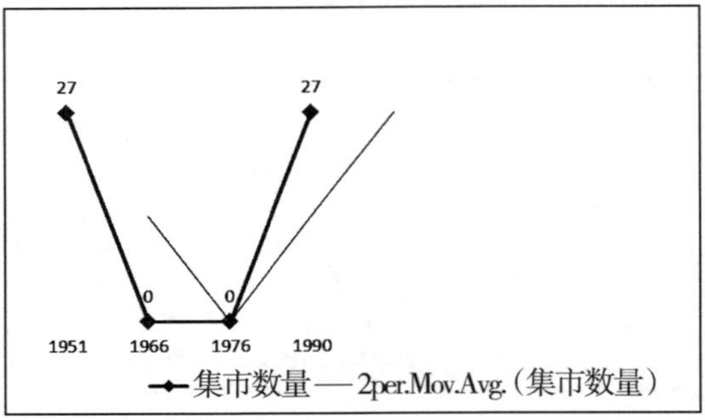

表 1-15　叶城县巴扎数量变化图

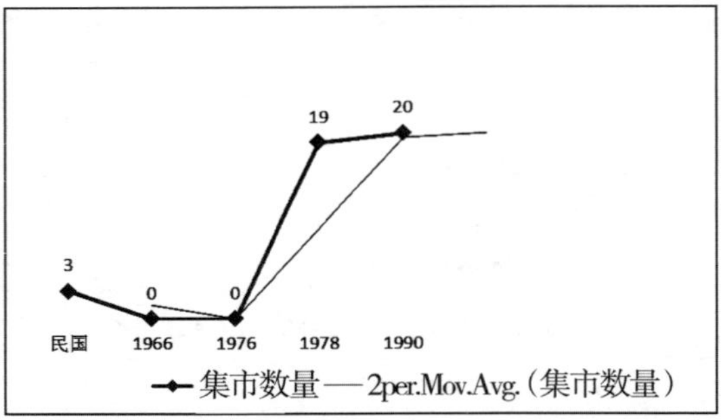

表 1-16　麦盖提县巴扎数量变化图

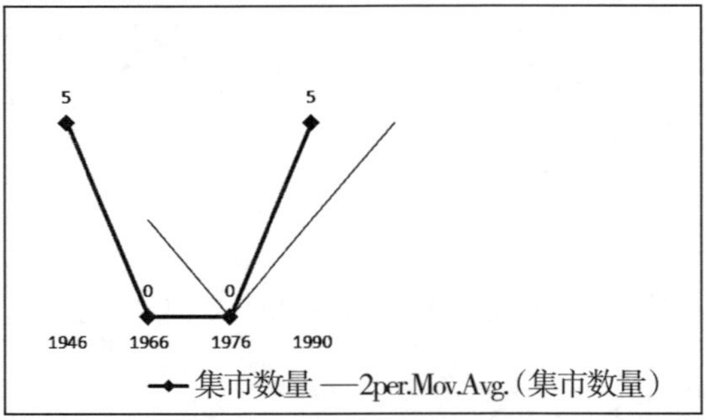

表 1-17　岳普湖县巴扎数量变化图

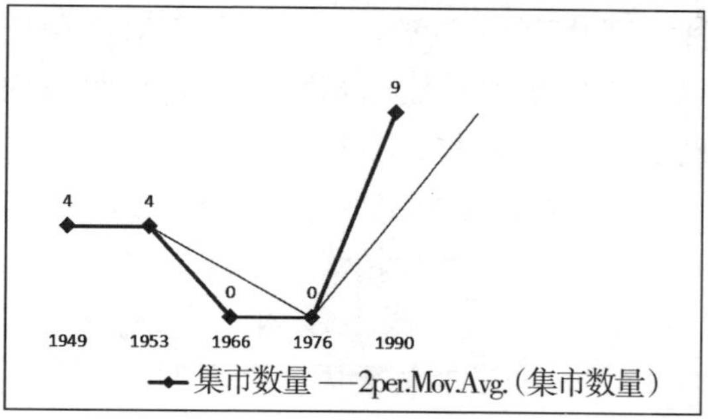

表 1-18　伽师县巴扎数量变化图

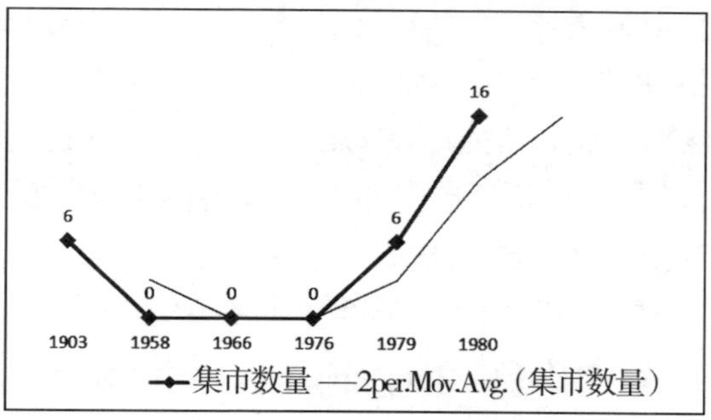

表 1-19　巴楚县巴扎数量变化图

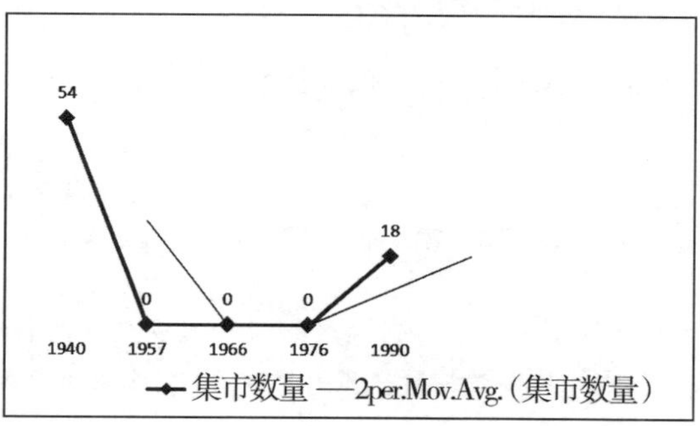

以上数据显示，民国以来，以喀什地区为例，巴扎与商户数的变化有三个重要节点，分别对应历史上三个重要时期，一是新中国建国初期，巴扎与商户数量较之民国时期要么保持持平，要么有大幅度滑落；二是20世纪50—70年代初，受特定的政治环境与社会变动的影响，巴扎与商户数量有所起伏，总体发展迟缓，部分县巴扎萧条，商户零落，甚至进入了发展停滞期；三是1978年中共十一届三中全会后，随着改革开放，南疆的巴扎贸易逐渐繁荣起来，巴扎数量与商人数量稳中有升，发展态势良好。

《新疆通志》[①] 第六十一卷《商业志》出版的年代要早于《喀什地区志》，其中对新疆巴扎也作了一系列的描述，然而也仍然是对南疆几个县城的巴扎进行了简短的描述，罗列了部分巴扎农贸市场主要商品的交易量(但也仅限于对有数据提供的地区，如喀什地区，并且仅罗列了1979年与1985年两年的交易量)，就数据所反映信息的参考价值而言，较之《喀什地区志》略微逊色。

新疆维吾尔自治区丛刊编辑组《中国少数民族社会历史调查资料丛刊》修订编辑委员会编的《南疆农村社会》[②] 中对南疆墨玉县、和田县、皮山县、叶城县、莎

---

① 新疆维吾尔自治区地方志编纂委员会《新疆通志·商业志》编纂委员会：《新疆通志》第六十一卷《商业志》，新疆人民出版社1998年版。

② 新疆维吾尔自治区丛刊编辑组《中国少数民族社会历史调查资料丛刊》修订编辑委员会：《南疆社会》，民族出版社2009年版。

车县、温宿县、阿克苏市、库车县、英吉沙县、伽师县、疏附县等地的情况进行了简单的调查介绍，尤其是杨廷瑞、法海汀所撰写的《南疆的集市》中对南疆的巴扎有一个总体的介绍，其中大量数据和信息来自于1953年的采集，对我们了解60年前的南疆巴扎具有一定的参考价值。如据其调查："南疆的每一个县都有几个到十几个集市分布在全县各地，一般乡村中在往返一日的路程之内，都有一个集市。"① 值得一提的是，该编委会编辑的另一部调查报告《维吾尔族历史》② 中对和田地区农业生产的调查中，也有一些对巴扎的记述。

中国社会科学院民族研究所编的《墨玉县维吾尔族卷》③ 中有一章"维吾尔族农村巴扎贸易研究"④，对南疆的农村巴扎进行了专题介绍，这是笔者所查阅大量文献中对南疆乡村巴扎进行系统记述的为数不多的调研报告。它对我们了解墨玉县巴扎的基本信息提供了帮助。

综上可知，无论历史还是现在，巴扎都是南疆农贸经济得以展开的重要窗口和平台，它既是南疆维吾尔族乡民的传统交易方式，也是乡民们的一种日常生活实践。与此同时，巴扎的存在，集中反映了新疆绿洲生活的一个历史流变过程。这从今天的新疆许多乡镇地名（如表

---

① 杨廷瑞、法海汀：《南疆的集市》，载《南疆社会》，新疆人民出版社2009年版。

② 新疆维吾尔自治区丛刊编辑组《中国少数民族社会历史调查资料丛刊》修订编辑委员会：《维吾尔族历史》。

③ 中国社会科学院民族研究所编：《墨玉县维吾尔族卷》，民族出版社1999年版。

④ 同上，第258—266页。

1-20 所示，计有 20 处）都被称作巴扎的事实便可得知。在这个被命名为巴扎的地名称谓里，我们既能看到历史中作为交易处所的巴扎其地理结构的相对稳定性，也能看到在昔日作为商品集散地的巴扎在交易功能外逐渐被历史赋予了更多的社会功能，从而使其完成了从巴扎发展到乡村，再由乡村进化为城镇，进而发展为城市的一个历史过程，或者说一个未来的历史进程。

表 1-20 以巴扎命名的新疆地名

序号	名称	含义	所属乡镇	居住人数	族别构成
1	阿热硝巴扎	碱滩中的集市	泽普县古勒巴格乡人民政府驻地	338	维吾尔
2	阿拉买提巴扎	特别好的集市	莎车县阿拉买提乡人民政府驻地	1768	维吾尔、汉、回
3	喀群巴扎	困难的地方的集市	莎车县喀群乡人民政府驻地	800	维吾尔、柯尔克孜
4	喀尔赛巴扎（库拉买里）	泉水滩集市	墨玉县喀尔赛乡人民政府驻地	284	维吾尔
5	奎牙巴扎（赛先拜巴扎）	奎牙的集市（星期二巴扎）	墨玉县奎牙乡人民政府驻地	450	维吾尔、汉
6	阔纳巴扎	老集市	1. 巴楚县英吾斯塘乡人民政府驻地 2. 阿图什市格达良乡人民政府驻地	2534 936	维吾尔
7	排先拜巴扎	星期四集市	新和县排先拜巴扎乡人民政府驻地	1584	维吾尔、汉、回

续表

8	琼库尔恰克巴扎	洼地上的集市	巴楚县琼库尔恰克乡人民政府驻地	2941	维吾尔
9	赛先拜巴扎	星期二集市	疏勒县疏勒镇洋大曼乡	787	维吾尔
10	唐巴扎	两地中间的巴扎	巴楚县巴楚镇阿克萨克马热勒乡	673	维吾尔
11	铁热克巴扎	杨树街	轮台县轮台镇铁热克巴扎乡	150	维吾尔
12	卧里托格拉克巴扎	胡杨密林中的集市	伽师县卧里托格拉克乡人民政府驻地	959	维吾尔
13	先拜巴扎	星期六集市	疏勒县疏勒镇英尔力克乡	140	维吾尔
14	先拜巴扎镇	星期六集市	于田县辖镇	1870	维吾尔
15	也克先拜巴扎	星期日巴扎	岳普湖县也克先拜巴扎乡人民政府驻地	510	维吾尔
16	英巴扎（海力派艾日克）	新集市	阿克苏市拜什吐格曼乡人民政府驻地	614	维吾尔
17	扎瓦巴扎	繁荣的集市	墨玉县扎瓦乡人民政府驻地	1020	维吾尔
18	阿孜乃巴扎	星期五集市	1. 岳普湖县巴依阿瓦提乡人民政府驻地 2. 巴楚县阿拉格尔乡人民政府驻地	300 732	维吾尔

资料来源：本图表根据冯志文、吐尔迪·纳斯尔、李春华、贺灵石、晓奇等编著：《西域地名词典》（新疆人民出版社 2002 年 10 月版）整理而成。

结　语

在本章中，我们从文献叙述的角度对记述巴扎的文献进行了总体梳理。从明清以来的文献里，我们从国内、国外不同视角的记述中打捞巴扎在历史中的身影，把握它的历史脉络。经过文献考察，最终得出结论：巴扎作为一种物理形态的存在至迟从公元前便出现了；史料可查的关于巴扎贸易的记录集中出现在元明时期，而其在词源称谓上的正式出现（巴扎而非其他音译变体），最早见于成书于公元 15 世纪（明代）的维吾尔文与汉文合璧的《高昌馆杂字》，具体见于明代人陈诚、李暹合著的《西域行旅记》《西域番国志》中。大量文献与数据显示，巴扎作为新疆绿洲生活的一种基本方式、南疆维吾尔族人日常生活的重要处所，在历史与当下都发挥着重要的社会功能与文化功能。

在第一节中，我们通过对明清时期新疆地方志书中记述巴扎的文献的考察分析，结合大量文字，指出两大类文献资料都证明了巴扎在明清时期南疆生活中，对于乡民们不可替代的功能作用，同时也是外国人对新疆南疆维吾尔族人生活认知的形象代表，是明清时期外国人与中国人在喀什地区文化交流与往来的重要平台。

在第二节里，我们通过对民国以来地区方志、探险日记以及调查报告中记述巴扎的文献的考察分析，指出这一段历史时期，巴扎作为地方经济发展的重要实践空间，大量地存在于南疆乡村县镇，一如既往地发挥着其对于乡民们商品集散与物资储备的民生作用。

结合这两节的文献梳理，综合所有记述者对巴扎的记述，笔者认为，巴扎在以下几方面对新疆南疆人民生活发挥着不可替代的作用：

1. 作为多种商品集散地，发挥余缺调剂的功用，既满足南疆乡民们衣食住用行等日常生活中的基本物质需要，同时也满足其精神文化的需要；

2. 作为信息交汇的处所，为完成乡民共同体间的亲属实践提供空间，即它是乡民们进行信息交换、联络情感的场所；

3. 是群体交往的空间，即巴扎为群体间相互交往（如维吾尔族人群体与汉民族群体，汉民族群体与外国人群体间）提供空间环境；

4. 民族民俗展演的窗口，即南疆的巴扎是维吾尔族人展示传统手工技艺、食品、服饰等民俗生活百态的窗口，因而在历史上也一直发挥着其对外文化交流的功能。

总之，小小的巴扎，却涵盖着新疆南疆地区乡土社会的全部内容。

尤其需要指出的是，综合大量历史文献对巴扎的记述，对巴扎的研究有如下几点需要引起我们的重视，同时也启发笔者在后续的实地田野调查工作中注意调整研究角度：

1. 巴扎就称谓而言，有其区别于内地集市的差异性，但就其实质功用而言，与集市、墟、场、街子没有实质差别，甚而其与乡民们之间相互作用背后的逻辑结构与内地相比都具有一致性，因此，我们可以在民族学的层面去探讨巴扎对于维吾尔族人生活的意义，但不宜扩大为一种与他民族间本质性的区别；

2. 在历史的发展中，巴扎已经变成一个多民族聚集的场所，研究时应透过民族性的表层结构，深入到巴扎内各种群体间的交往实践中，探讨巴扎对于赶巴扎的人更为普遍性的意义；

3. 就处所位置而言巴扎有城乡之分，但就其功能而言，却无此二元对立的必要，城市巴扎与乡村巴扎不过是各自语境里相对而言的一种提法，甚至，我们可以直接将城市巴扎换成城市超市，辩证地看，巴扎也不过就是乡村的超市。

在接下来的章节中，就让我们结合笔者在南疆巴扎的田野调查日志——一方面，作为对历史文献中所记述巴扎内容的亲身验证，另一方面，作为对当下发展中巴扎的实际信息的即时采集——进入对巴扎本体的内部研究范畴，探讨其与空间、时间、人群间的关系。

第二章　巴扎空间志

第一节　空间的结构

并不是有人，此外还有空间；因为，当我说“一个人”并且以这个词来思考那个以人的方式存在——也即栖居——的东西时，我已经用“人”这个名称命名了那种逗留，那种在寓于物的四重整体之中的逗留。即便当我们与那些并不在可把捉的近处存在的物发生关系时，我们也在物本身那里逗留了。我们不仅仅在内心中——正如人们所教导的那样——表象遥远的物，以至于只有作为遥远之物的替代品的关于物的观念在我们内心和脑袋里穿行。①

你在什么位置，在什么时间——你就是什么。②

① ［德］海德格尔：《筑·居·思》，孙周兴选编：《海德格尔选集》，上海三联出版社 1996 年版，第 119 页。

② 韩子勇：《浓颜的新疆》，新疆人民出版社 2008 年版。

若你是一位游客，慕名前往南疆的乡村巴扎，在逛完巴扎后，脑海中是否能准确地浮现出这个巴扎的地图？若你是当地的乡亲，当被问及你所熟悉的乡村巴扎时，你会如何加以描述？若被要求绘出你所熟悉的乡村巴扎的地图时，你会先画什么？在疏勒县巴合齐乡，一位老乡开着货车，来到巴扎里并未固定划分区域的位置，在一片空地上支起了容纳自己货物的顶棚；在喀什老城巴扎的街边，一位老乡摊开一张麻袋，用以摆放地里收割的新鲜蔬菜；在疏勒县木什乡，剃头师傅利用巴扎入口处树木与围墙间的夹道，划出自己的手艺工作区；在喀什市伯什克然木乡，一位铁匠用地上搭起的三根横木，限定了自己的工作范围；在疏勒县塔孜洪乡，卖杂货的女摊主用杂货盒齐整地切割出自己与邻位摊主间的工作区域……在笔者的南疆乡村巴扎田野调查记录里，巴扎上这些细节无一不启发我们对巴扎空间问题的深入思考。

与此同时，我们要如何来到一个巴扎？行走或者驱车的位移本身即是一种空间的无形切割，它划出我们去往巴扎的位移轨迹，隐形地指出通往一个个巴扎的私属通道。这条通道中，主体的印象与感受依然涉及对巴扎空间范畴的细致考量。

有趣的是，当我们初次来到一个巴扎，往往会理所应当地以为，巴扎里所有可见空间都是不言自明地陈列在其“应在”的位置上的。事实不然，它的确是通过人为的“切割”（有意与无意）传递出空间所属的信号，并在日复一日的惯性积累中，演变成我们当下所看到的空间摸样，而这其中涉及的“人—空间”系统正是理解巴扎的空间结构的核心要旨。正如在一个庞大的超市，我们总以为货柜上的货物就应该在它当下出现的位置，货物的分区也是其“目前恰好”的布局形态，而总是忽略这些布局与货物位置是如何呈现成当下的结构，更不会去深思是什么使得白菜出现在白菜“该有”的位置上，是什么使得食品区与洗涤用品区相互区隔。

如果说，超市的布局是顾客购物的导购图，意在帮助人们更高效率地购买到所需商品，那么巴扎的空间布局，便是绿洲乡村生活的说明书，在为乡民提供购物便利的同时，更多是为了提供消遣冗余、增进乡里情感时间的空间去处。

更值得一提的是，巴扎里的空间，绝不仅仅是其表层结构可视的纯物理空间①，而是一个包含着诸多主体意识、行为逻辑、心理成因的复杂的混合空间结构。

总之，巴扎是一系列空间的集合，它的表层结构就像一个巨型的俄罗斯套娃，每拆开一个，里面还有一个；每一个套娃的颜色、神态与表情都不一样，其中蕴含的意义亦即深层结构，正是我们将要关注并进行阐释的。在这一章，我们将结合对巴扎表层空间结构的系统梳理，探讨其深层结构的文化意义。

---

① 这里所说的处所空间相当于列斐伏尔所谓的表象空间，亦即苏贾所谓的第一空间。在苏贾的著作《第三空间》中，他将世界分为作为客观物理空间的第一空间、主观精神性的第二空间以及超越所有空间混合物的第三空间，参见包亚明主编：《现代性与空间的生产》（列斐伏尔专辑），上海教育出版社 2003 年 1 月版；参见［美］爱德华·苏贾著，陆扬等译：《第三空间》，上海教育出版社 2005 年版，第 79 页。

巴扎作为一种定时定点有形的空间集合，是由若干空间子集构建而成的。我们不妨将这些空间子集称作处所或者场所。这些处所由可见与不可见的边际所划定，可见的边际如支架、绳索、桌椅等可支撑物，不可见的边际如气味、位移等空间轨迹。

从巴扎内部的空间构成来看，它往往由顶棚、地摊、主干道、围栏、“档”、边界、缝隙等空间元素所组成；从巴扎与巴扎之间的空间构成来看，它由巴扎与巴扎间的网络（巴扎环）、公路与客运站等构成。正是这些位于巴扎中，散落于巴扎间的局部处所、物的表象共同构成了巴扎的整体空间体系，如同一张区域方位图，连同其蕴含的各种“人—空间”关系，敞明其自身意义。

一、巴扎里的空间

（一）顶棚

周四的疏勒县巴合齐乡巴扎上，摊主热介甫正在搭一个顶棚。他先用一根相对较粗的立木杆套上一个T型的有四个金属端口的接口，再分别在相向的两个端口处接上两根细长弯曲的木杆，与立木杆一起置于地面成一个“伞骨”状，接着在金属接口的另外两个相向的端口接上另外两根弯曲细长的木杆；之后，他便慢条斯理地从身后的小型拖拉机车厢里扯出一卷类似西瓜红的篷布，再将篷布的四角逐一绑定在四根弯曲细长的木杆顶端上。至此，一架顶棚的基本装置便完成了。最后，他以这架顶棚的立木为支点，一使劲儿，便将整架顶棚立了起来，棚架下面的空间，摆放着他当日要卖的菜蔬。①

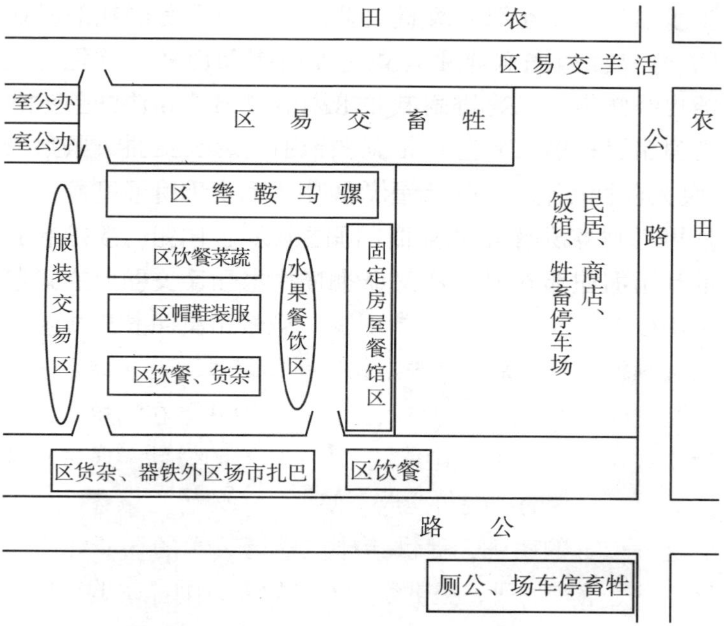

图 2-1　疏勒县巴合齐乡巴扎空间结构图，图中伞状标识为其顶棚区

巴扎上的一架顶棚如何被支起？这些顶棚有着怎样的形状、颜色和装置？它是如何在空地上划出摊主的售卖空间的？它在巴扎的“人—空间”系统中又扮演着怎样的角色？对这些问题的思考将引导我们更深入地观察

① 摘自笔者的《南疆乡村巴扎观察日志·疏勒县巴合齐篇》，本章中涉及田野调查所记述的人名均为化名，下同，不赘述。

巴扎的空间系统。

在笔者的南疆乡村巴扎田野调查 DV 实录中，许多乡民在简易的图绘巴扎地图的邀请里，不约而同地先画出了顶棚，在他们的潜意识里，顶棚似乎是巴扎的标志物。而在许多作家与画家的笔下，提及巴扎，首先交代的也必然是令人印象深刻的顶棚。一架架顶棚连起来，切分出巴扎里的特色长廊，一方面遮阳蔽日，挡雨遮尘，另一方面指引人们识记铺位和店面，并诱使赶巴扎的人们用行动将顶棚所划定的空间填满。在摊主的顶棚装置设计与面积考量中，暗含着他对货物形象吸引力的辐射范围以及自我空间延展的期许。

顶棚，首先是巴扎内空间体系的基本单元。在它未被拼装之前，它所圈定的空间位置和范围并不在那里，借由摊主对自己交易空间范围、大小、功能的设计，通过对顶棚大小、高度的拼装与摆放，使得这一位置得以存在。随着这一位置的明确，提供给摊主进行买卖的场所才有可能。正是这个场所，提供给赶巴扎的人以纳凉选购、闲聊攀谈的空间，并在分化出“出售区”与“购买区”的同时，作用于人的视觉感官，为主体留下有关巴扎的深刻记忆。俄国人尼·维·鲍戈亚连斯基认为：“就外貌而言，喀什噶尔是一个典型的中亚城市……街道的有些地方上面有盖，像个屋顶，这是为了挡住南面强烈的阳光。”①

早期的巴扎顶棚，其形制并非是篷布与木杆的架构，而是依托于树木，再张上网，铺上芦苇与枝条，形成一

---

① ［俄］尼·维·鲍戈亚连斯基著，新疆大学外语系俄语教研室译：《长城外的中国西部地区》。

个棚顶。许多游记作家与探险家在对新疆的叙述中都曾描述过。德国人勒柯克在《新疆文化的地下宝藏》中描述道："为了遮挡阳光，街道两旁都种着白杨树或柳树。在那些柳树和白杨树之间拉着一张网，再在网上铺上芦苇或细枝条。这样，骄阳就被遮挡住了，商业活动可以在这一片荫凉中进行。"瑞典人[①]贡纳尔·雅林在其著作《重返喀什噶尔》中，更是有过详细的描述：

> 喀什噶尔的巴扎都有顶棚，每一条小巷都有在白杨树干上面覆盖着的用树条、树枝和草搭成的顶棚。太阳光照不进巴扎和这些小巷子，在夏天气温上升到40℃的最炎热的日子里，在顶棚下的荫凉处令人非常舒服。现在，在我的记忆中还有那么一条巷子，半明半暗，但处处都有阳光从顶棚的缝隙中射了进来。在斜射的光线中，你可以看见一缕缕浅蓝色的烟——这一缕缕浅蓝色的烟来自于食品市场的炉火，来自于工匠的铺子，来自于人们抽的烟草和一种印度大麻中。烟和鼻子闻到的各种各样的气味混合在一起，变成了一种香味，不管在世界任何地方，只要我再闻到它，我会马上辨认出来。[②]

在这部书中，贡纳尔·雅林将其对喀什噶尔的记忆浓

---

① ［德］阿尔伯特·冯·勒柯克著，陈海涛译：《新疆的地下文化宝藏》，新疆人民出版社1999年版，第42页。

② ［瑞］贡纳尔·雅林著，崔延虎、郭颖杰译：《重返喀什噶尔》，第59页。

缩为对巴扎的记忆，而在对巴扎的记忆中，印象最深刻的则是白杨树干上覆盖着的顶棚，它让人突然感到有了栖息之所，进而对其所切分的区域产生了认同感与归属感。

巴扎上形形色色的顶棚，其功能大多一致，主要是切分区域，划分摊主的空间所有权。作为巴扎的标志性空间，其形制却千差万别，既有像摊主热介甫这样手工装置的伞状顶棚，也有贡纳尔·雅林笔下描述的用树条和草搭成的顶棚，更有覆于铁架上相互交错捆扎而搭出的篷布走廊。这些顶棚不仅出现在乡村巴扎中，它们和它们的变体还广泛地存在于城镇夜市、商贸客栈以及城市各类农贸市场与批发市场中。在喀什疏勒镇的小型广场上，甚至树立起一架白色顶棚的建筑物，作为该镇的地标景观。可见，顶棚对于巴扎的空间体系而言，不仅是其物理空间的有机构成，更是其整体形象的外化表征。

（二）主干道

周五上午十一点左右的光景，一位年轻的维吾尔族小伙子牵着一只羊，羊的脖颈上拴着一根棕色的套头绳索，埋着头，不紧不慢地沿着巴扎入口的石子小道走了进去，走不远，向右拐进了牲畜交易区；一位维吾尔族老太太，卷着包裹袋，微驼着背，慢悠悠地踱着步，走走停停，一路左拐进了瓜果杂物区；两位维吾尔族老乡背着手，一路闲聊着，先后坐在了巴扎入口处右侧的剃头区，其中一位老乡脱下外衣，顺手将其挂在路旁一株小树空出的枝桠上。小树上已经挂有两件顾客的衣服，他另一手摘下帽子，犹豫了一下，将其挂在衣服斜上方空出来的小树枝桠上，接着，便坐在了刚好空出的剃头椅子上。以全景的模式来看，这个巴扎的入口，是一个下坡，地势较缓，这个季节，枯黄的落叶铺在细石子路面上，两侧种植的杨树，一字排开，延伸出去，规整地切割出一条主干道来，老乡们陆陆续续沿着这条主干道，漫不经心地进入自己想逛的场区。①

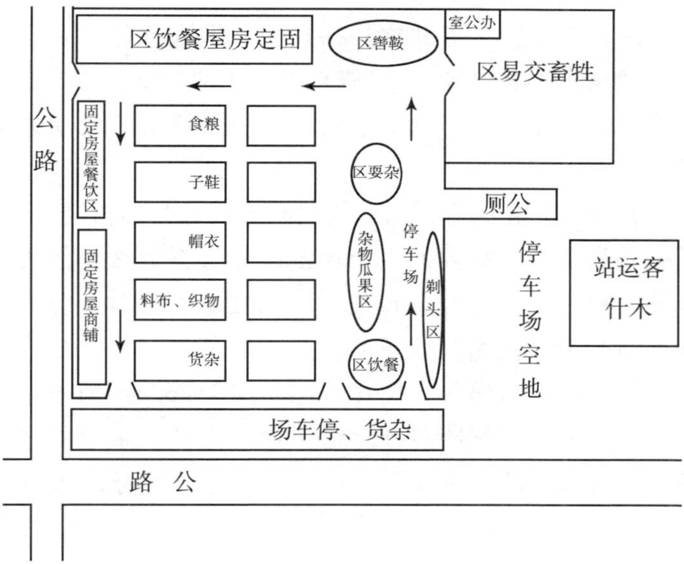

图 2-2　疏附县木什乡巴扎空间示意图，箭头标识的为主干道

主干道是巴扎空间体系中的主导元素。乡民们正是

---

① 摘自笔者的《南疆乡村巴扎观察日志·疏附县木什篇》。

通过主干道的导引，进入巴扎的不同分区。对于大多数接受巴扎印象地图绘制的被访者而言，他们在图纸上往往会先绘出一两架顶棚，接着便绘出一条主要道路。特定的主干道首先会由于空间地理原因变成重要的巴扎特征，因此具有可识别性。比如疏附县木什乡巴扎，它的主干道两侧种植了大量的杨树，为巴扎切割出完整而明确的主体道路；疏附县乌帕尔乡巴扎，它的主干道临河蜿蜒，左右两侧划分出杂货区与菜蔬果品区域；塔孜洪乡巴扎，它的主干道内铺满了鹅卵石般的石头，装饰出醒目的白色走廊，除此之外，它的外围附近还有一座被称作“穆斯林的指针”的清真寺，用以标记方位[①]；喀什市伯什克然木乡巴扎，它的主干道延伸进一个巨大的河谷。

其次，巴扎的主干道还需具有连续性与相对通畅性。试想若是一个巴扎内的主干道断断续续，那么其作为方位导引的功能便会完全丧失，乡民在逛巴扎时，会为选择如何顺利出入哪个区域而发愁；而若是一个巴扎内人流总被行车所阻隔，乡民在逛巴扎时的选购行为便会总被行车绕道的困扰所打断。为了保证巴扎主干道的连续性与相对通畅性，便有了入口、出口与“档奇”区（停车区）的区分。由于巴扎主干道的可识别性、连续性与

---

① ［英］罗伯特·沙敖在其著作《一个英国商人的冒险——从克什米尔到叶尔羌》中将沿途看到的清真寺称作“穆斯林的指针”（Kiblahof the Mussulmans），认为是指示方向的最佳路标，言及在突厥斯坦，被用来以南代表西。转见罗伯特·沙敖著，王欣、韩香译：《一个英国商人的冒险——从克什米尔到叶尔羌》，第 145 页。

通畅性，乡民们在逛巴扎时，才不会将注意力分散在辨识道路中，而有余暇能够边走边聊、左右张望或是低头沉思；而游客在乡村巴扎逗留的空间感才会是热闹却缓慢，嘈杂却安逸的。

第三，巴扎的主干道还需有明确的起点和终点。巴扎主干道的起点与终点通常对应的便是入口与出口，它的空间形态意味着人从哪里来，又能前行向何处。大多数巴扎主干道的入口处附近都会有客运站作为标识，为游客与乡民提供方位感，而巴扎的出口处则相对隐蔽，或者平行于巴扎入口处（如疏附县木什乡巴扎），或者在入口处相反的位置（如疏勒镇巴扎），或者在与巴扎入口垂直处（如喀什市伯什克然木乡巴扎），或者在各个分区的终点处各自开辟一个出口（如疏附县巴合齐乡巴扎）。巴扎主干道的起点与终点就像是一张数据地图的开关系统，点击开始，便进入入口，点击结束便退出系统，它完整地将整个巴扎与公路切割开，却又通过乡民的散点位移，而与乡村内部的大街小巷，乡路阡陌整合交叉，和谐一体。

巴扎的主干道正是通过自身形象的连续性、主题的可识别性以及起点与终点的明确性，使得乡民对巴扎的记忆构成了一个整体的意识系统，并能帮助乡民利用自身的位移与活动，感知整个巴扎的空间结构；促使乡民通过自身在巴扎内的位移，将沿途积累的各种相互关联的视觉、听觉与触觉片段糅合成一种验证自身存在的空间图式。

（三）铺位

坎土曼巴扎位于喀什市阿热亚路上，入口

> 处立着坎土曼巴扎的标示，整条街道由铁匠铺子与木匠铺子组成，曲折蜿蜒在老城区的街角，而我住的速8酒店就位于这些店铺之上，从早到晚，铁匠铺子的打铁声，此起彼落，错落有序。铁匠店铺外摆着几个货铺，铺子上放着各种形制的坎土曼，按大小依次排列，银光闪闪，还有其他如锯子、铁炉、铁钩、门环等小的铁制品，琳琅满目；木匠铺外的货铺上整齐地或摆放、或悬挂着各种规格和形制的木艺加工品，如门上的装饰物、小摇床、木柜、木碗等生活木制品。大多店铺内会单独开辟出手工作坊区，一般采取家族作坊的模式，工匠们正在加工制作买主们定做的各种铁制品和木制品。制作过程中，火星四溅、木屑横飞，工匠们聚精会神，丝毫不受干扰。他们在各自有限的空间经历里，通过制作另一种空间形态的物品，生产出一种相对永恒的时间形态来。①

店铺是巴扎空间体系中最基础的空间单元，店铺以固定的立面，相似的材质、色彩、装饰与轮廓线，将店铺内的空间与店铺外的空间截然分开。店铺有时候会与顶棚组合成一个空间系列。对此，英国人凯瑟琳·马噶特尼曾有过如下描述：

> 喀什噶尔回城……街道两旁布满了阴暗的店铺，在有些街段，人们把苇席搭在街道上空，形成凉棚遮挡阳光，这样街道和店铺就显得更

---

① 摘自笔者的《南疆巴扎观察日志·喀什市坎土曼巴扎篇》。

> 阴暗了。店主们蹲在货物中间，似乎并不因为
> 有顾客光顾他们的店铺特别在意。[①]

马嘎特尼夫人笔下一个多世纪前的喀什巴扎日常状态，与现在并无太大区别。在现在的巴扎店铺里，我们还是能经常看到打盹的店主，无比安心地摊开手中的生意，借着顶棚与店铺划出来的私有空间，酣然入睡。相形之下，靠一块麻布划分出买卖空间的摊主对商品交易要显得更为热衷一些。正是从这一点上讲，我们可以判断店铺是摊位的高级形态，而摊位是店铺的初级形式。

作为初级店铺空间形式的摊位[②]。在巴扎上，经常会见到一间店铺旁边是临时摆放的摊位，这些摊位往往由一两块麻布铺在地面划分而成。摊主借由一块麻布而将本来无属的空间“据为己有”，并在标明自身所属的空间上，出售可供维持继续占据该空间的货品物资。与店铺比肩而立的摊位的存在，证明了巴扎在原本客观的物理空间划分上，实则存在着社会性的等级区分。因而，“裸摊”的主人往往要比拥有店铺的店主花费更多的时间、精力与热情经营生意，以期进入店铺空间的行列。

作为高级店铺空间形态的商业街区。当一间店铺发展得足够成熟，其家族作坊的手艺规格和影响力逐渐开

---

① ［英］凯瑟琳·马噶特尼著，崔延虎、郭颖杰译：《外交官夫人的回忆》，第 53 页。

② 巴扎上的摊位形制与内地集市差别不大，内地集市的摊位明清以来也分为有店铺形制的“茅屋数椽”与无店铺形制，摆地摊的“间起小集”，即无茅屋等建筑外观的摊位，前者为定期贸易，后者聚散无常，多为不定期贸易。参见《康熙新郑县志》卷一，《建置志·市集》，中州古籍出版社 2013 年。

始扩大，便会汇聚从事相近手艺的作坊扎堆，经过店铺群的形式演化，进而进化为售卖相同手工艺制品的商业街区。喀什市区的坎土曼巴扎便是同类店铺扎堆高级转化的结果。该巴扎原来并非只经营坎土曼类商品，还销售马鞍辔头、牲畜牛羊、菜蔬杂货，但随着坎土曼店铺聚集经营的规模越来越大，特色经营便成为其发展趋势，进而便有了由店铺群落转化为特色商业街区的规划与演变结果。店铺的演变说明在巴扎的空间体系中，各空间区域间的确存在空间可以进行转化的诸多形态，而在诸种空间形态转化的背后，更多取决于差异主体的努力。

（四）围栏

周六的喀什市伯什克然木乡巴扎上，维吾尔族大叔买买提赶着羊群来到早已用围栏划分好的牲畜区的空地上，在围栏间一个个绑好并预留好空间的绳索圈套中，为一只只羊脖子拴好脖圈，使它们紧密地头挨着头排成一队，集体头朝外，尾巴朝内，形成一排羊的栏杆。接着，他拿出一件红色的篷布，爬上围栏的横栏，将红色的篷布覆盖在围栏的顶端，又大力一扯，将篷布摊平，再逐次将篷布的四角绑定在围栏的四个顶端上。不多时，一间由简易的围栏与顶棚组搭而成的羊棚便临时搭好了。大叔又拿出剪子，自左向右，开始为棚内的羊群修毛美臀，积极为即将到来的生意做好准备。[①]

① 摘自笔者的《南疆乡村巴扎观察日志·伯什克然木篇》。

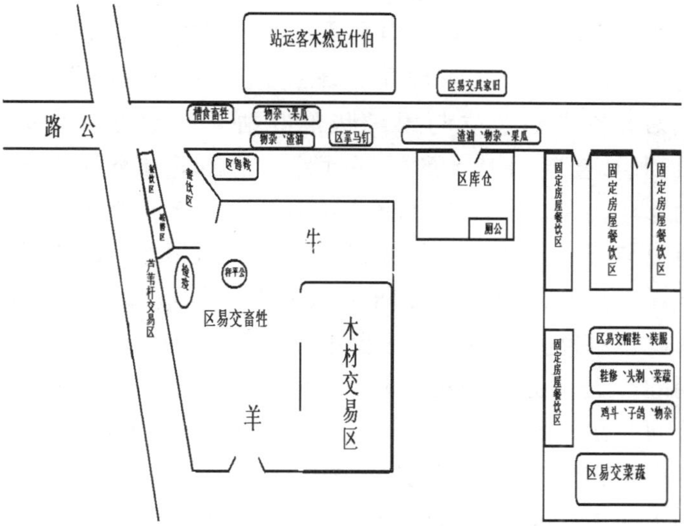

图 2-3　伯什克然木乡巴扎空间结构图

围栏在巴扎的牲畜交易区普遍地存在着，偶尔也出现在“档奇”区，指引人们停放车位。它通常由数根木桩与木杆组成，它们插入地中，搭出一个简易房屋的框架，根据牲畜群的数量和规模平地划分出一个较大的空间。围栏是巴扎空间体系的基本元素之一，它的产生基于这样一种空间现实：对于卖主而言，他需要一个属于自己并能保护和限定自己牛羊牲畜活动范围的空间，但是他在巴扎中的社会化要求，又决定了他必须把他者——其他卖主与买主的活动空间也纳入自己的视野。换言之，他既需要有一个自己的空间，又需要有一个与自己截然不同的他者的空间，两个空间之间还需要有一定的透明度形成“人—空间”系统的可交流平台，围栏正是基于这种空间现实的产物。

可以说，围栏是基于与其他卖主以及买主的空间协商所产生的空间产物。当买买提将巴扎内的空地用木桩与木杆进行分界，又将羊群聚拢站成一排进行分隔时，在第一排围栏竖立与第一队羊群站立的地方，就有了“巴扎社会”最基本的辩证过程。正如学者童强所指出的那样，在一个鲁滨逊的世界中，鲁滨逊完全无需采用历史与习俗已经认可的标识，划出他的领地。因为没有他者，他的行为以及任何标识都失去了被领会的对象。因此，对鲁滨逊而言，他根本无需向任何人标明他对空间的占据，也无需得到他人对自己占据空间的认可①。然而，在一个以交易为目的的巴扎空间内部划分空间，并在与其他卖主协商的同时标识出所有权，既是同时活动于一个有限空间区域的个体与群体谋求某种秩序的基本要求，也是巴扎交易功能得以实现的基本条件。

也可以说，围栏是基于对买卖双方身份进行定义的空间分界行为。当买买提将羊群绑在一起，集体头朝外，尾朝内，并将顶棚捆绑好以延伸出遮阳避雨的阴影时，他清楚地划定了自己与买主可以活动的空间。当他拿起剪子在自己的活动区域开始修剪羊毛时，他清楚地标识出自己对于这片空间的主人身份，也向所有来购买羊只的买主传递出自己作为该空间买卖协商对象的明确形象。因此，在巴扎上，有的卖主会像打扮自己一样，精心装扮自己的围栏，在挑选用以搭建围栏的木杆材质、覆盖木杆的篷布颜色、编制羊群队伍的绳索结扣上巧花心思，

---

① 参见童强：《空间哲学》，北京大学出版社2011年版，第137页。

以示与其他卖主的区别，进而吸引买主。

甚至还可以说，围栏不仅是一种“主客”区隔的行为，还是邀请买主与卖主进行价格谈判的谈判桌。当买买提在围栏的内侧，一边剪着羊毛，一边回应买主对于他所看中的羊只价钱的问询时，围栏真正的目的得以彰显，即将界限两边不同主体基于巴扎交易的社会关系纽结在围栏划定的固有空间平台上。从这个意义上讲，围栏既区分界限，又缔结关系。在巴扎上，往往可见卖主与买主隔着围栏进行议价，他们的身体往往被围栏分隔在两个区域，然而，他们的手会握在一起，发挥其“手心议价”、联络情感、达成交易、握手称和等诸多协商功用。

最后，同顶棚一样，围栏往往会根据划分主体自我的形象定义与交易内容而呈现出不同的外观界面，它还拥有不同的空间组合模式与变体。比如，在巴扎上，一般而言，圈羊只的围栏相对简单，羊只被牢牢地绑定在围栏上，卖主不需要向买主展示羊的运动过程，而圈牛的围栏则包含有门的设计，在门与围栏所圈定的范围内，牛可以自由活动，便于让买主看到牛活动的动态过程。围栏多出现在巴扎的牲畜交易区，在很多巴扎上，围栏正逐渐被围墙等分界墙体所取代。

（五）“档”

周一中午的疏附县乌帕尔乡巴扎上，在河流与杨树划分的夹道辖域里，摊主阿合奇阿洪仔细挑选了一片靠树的位置。接着，他将毛驴从拖车上卸下，使其面对拖车，与闲置的拖车

> 形成 120 度左右的夹角，又将缰绳捆在了树上。随后，他从拖车上一一取下今天要卖的衣帽杂货，捆成几个大包，一个背在肩上，两个提在手中，便向夹道旁的巴扎中心大步走去。不一会儿，空无一物的拖车上静静地飘落几片落叶，显示出主人离开拖车已有一段时间。阿合奇阿洪的这只毛驴与它所看顾的拖车率先占据了河道旁相对阴凉，地势较为平坦的区域。随后，又有陆陆续续的驴车进来，依次停靠在它们的周围，主人们相继离去，余下的毛驴与拖车们安静地休憩在原地，共同构成了乌帕尔乡巴扎上的“档”（dang），即停车场。[①]

档（dang）是巴扎上停放畜车的地方，也是巴扎空间体系中的一个基本单元。它往往由赶巴扎的人的车位构成。车位空间的划定有两种基本模式：第一种模式是由车主根据巴扎内空间布局自主选定，自发停靠。比如摊主阿合奇阿洪在乌帕尔乡巴扎河道附近空闲之处，选择了停放自己驴车的空地，接续而来的摊主便陆续将驴车停靠在他的车位附近，这个本来空闲的空间便成了摊主们车位的集散之地。档的第二种模式由档奇（即档的主人）统一管理，采取向摊主们统一收费的形式。档奇大多是由摊主兼职而来，很可能是第一批像阿合奇阿洪这样寻找到了好的停车位的摊主，划定了其车位附近的区域，并通过占据该空间，向后续到来者收取停车管理费。

---

① 摘自笔者的《南疆乡村巴扎观察日志·疏附县乌帕尔篇》。

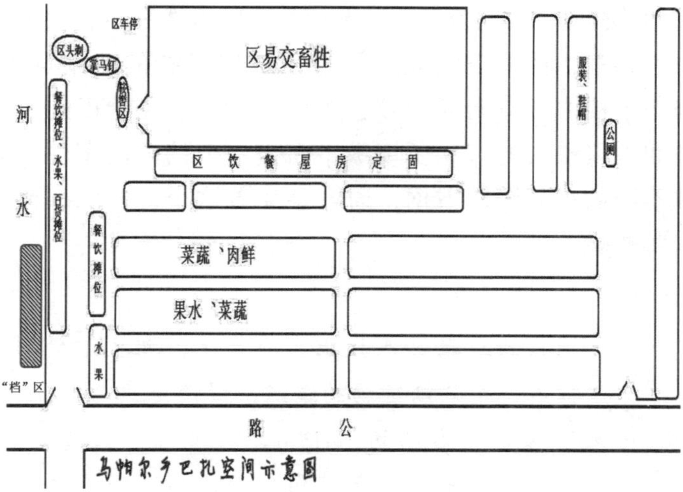

图 2-4　疏附县乌帕尔乡巴扎空间结构图，图中斜纹理填充区域为“档”区

首先需要指出的是，档是依附于巴扎而产生的，它的形态与功用随着当地巴扎的景况变化而变化。在空间占地较大的巴扎内，档在巴扎的空间布局中有两种存在方式：一种是零散地散落在巴扎内的各种空地，另一种则是与顶棚进行组合成为摊主的摊位空间的有机组成部分。对于后一种情况而言，大多见于蔬菜、水果、杂货铺摊主的摊位。

其次，在空间占地较小的巴扎内，档往往会与巴扎的交易空间区隔开来，通常在与巴扎的交易空间相平行之处，或者位于巴扎交易空间的对街，与公厕一起构成对巴扎交易空间的补充。比如在疏附县木什乡巴扎、疏勒镇巴扎上，它们的档便在交易空间外作为单另的空间补充而存在。而在疏勒县巴合齐乡巴扎、疏勒县乌帕尔乡巴扎上，它们的档则在交易空间内，与交易空间浑然一体。

第三，档的空间充盈程度反映出巴扎的热闹程度。当一个档内的空间通通被驴车所占满，意味着巴扎交易空间也将被人的行动所填满；而当一个档内的车位空间被不同的车频繁地占据，通常意味着这个巴扎内人流的频率较高。

（六）边界

> 周日的疏勒县巴扎上，一大早，摊主沙的克江扛着一个装满货物的编织袋慢慢走进巴扎，他选了入口靠右墙的一个角落处坐下。接着，他将各种样式的鞋，如皮鞋、旅游鞋、布鞋等四十余双逐一从一个大的编织袋中取出；随后，他将编织袋放在地面摊平，再将那些鞋分成三排，一双双排好顺序放置在编织袋上。在他身后不远有一架木制梯子，斜靠在墙上，一个男人正从墙的那一边翻墙而过，又慢慢踩着梯子下来。当他经过沙的克江的摊位时，后者则下意识地回头看了看那架梯子。不一会儿，又有一个男人绕过沙的克江的摊位，爬上那架梯子，向墙那边翻过去；过一会儿，还是同一个男人，又从墙那边翻跃而过，踩着梯子下来。原来，沙的克江背后的这个梯子通向巴扎外的公厕。①

边界是巴扎的空间体系中的一种特殊空间元素，广泛地存在于巴扎的空间中，很难被人的一般视角所观察。

---

① 摘自笔者的《南疆乡村巴扎观察日志·疏勒县篇》。

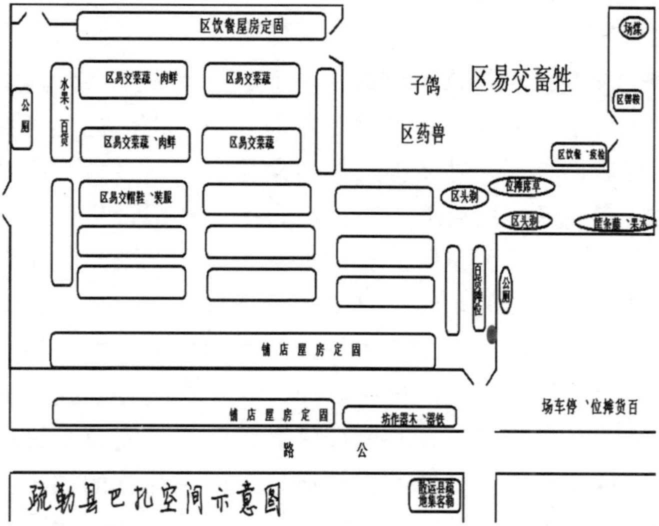

图 2-5　**疏勒县巴扎空间结构图，图中圆点处为摊主沙的克江所在处**

就空间形式而言，它首先是一种线性空间要素，容易与道路相混，但它却是两个空间部分的边界线，是一个完整而连续的空间过程的线性中断。如巴扎内蔬菜店铺区与牲畜交易区的分界，档与交易区的边界、围墙，公厕与交易区间的梯子等。有时边界也会表现为栅栏，二者或多或少互相交叉渗透，同时将一个整体的空间切分、区隔开来。巴扎中的这些边界，对许多人而言不易察觉，在空间结构中或许不如道路那么重要，但却具有重要作用，借助于它，巴扎的各个空间既能被有效分离，也能被按需衔接。

其次，从功能角度而言，巴扎内的边界也非常像是道路，更像是主干道的分支或者岔口。一方面，它切割并划分巴扎内的空间区域，它的存在像是在一个完整的网页界面插入了许多窗口，又像是在一个网站的主页链接了许多独立页面。它指引人们通过它的划分与切割，进入另一个区域或者另一个界面。如它将巴扎自身与周围环境切分，同时又将巴扎内交易空间划分为诸如杂货区、餐饮区、蔬菜瓜果区、剃头区、日用百货区、牲畜交易区、公厕区、档区等基本空间单元。当沙的克江在巴扎内沿着墙的切线，寻找到属于自己的摊位时，墙线作为将巴扎内百货交易区与公厕区相互区分的边界而发挥了其边界的功用。另一方面，它也在缝合巴扎内沿线的两个差异空间，有时也会借助辅助边界完成与另一个空间的缝合。比如沙的克江摊位后倚墙而立的梯子，就在疏勒县巴扎交易区与公厕区间建立了接缝的边界，使得巴扎内的人能够在两个区域间进行自如切换。

在南疆的乡村巴扎上，服装贸易区中被摊主有意摆放、垂落于地面的各种头巾所形成的天然幕布，牲畜交易区门口被摊主摆放出宛如墙线般圈养动物的绳索，还有临河巴扎若隐若现的轮廓线等等，这些边界都是巴扎空间体系里的线性空间要素，它们帮助巴扎内各空间区域间相互有效区分的同时，也在促使空间之间建立更好的联系。

（七）缝隙

周六的的疏勒县塔孜洪乡巴扎上，摊主库尔班江提着他装有两只花公鸡的笼子，安静地坐在剃头区与蔬菜区之间的角落空地上。他托着下巴，目不转睛地看着眼前的空地，发呆出神。只有当有人经过他的面前，问及笼子中花

> 公鸡的价钱时，他才慢腾腾地回复一声，眼睛却仍然舍不得离开不远处他正盯着的地方。①
>
> 周四的疏勒县巴合齐乡巴扎上，摊主李师傅在日用百货区通往牲畜交易区的拐角角落里立起一个招牌，上面用汉和维吾尔两种语言文字写着“专祛鸡眼、瘊子、黑痣、肉丁、肉刺”。接着，他在面前摊开一张绘有“取鸡眼”图示的布袋，又从编织袋里取出一个充当医药箱的鞋盒子，放在布袋上。在这个医药箱里，有酒精、医用棉球、挖取鸡眼的各种刀具，还有各种消炎药罐罐。摊子还未完全摆开，一位维吾尔族老乡便坐在摊位旁的凳子上，脱下鞋袜，伸出了脚。②

诚如社会空间中多余的人与角落那么普遍一样，巴扎内也存在各种各样多余的空间与角落，我们不妨将其称为缝隙空间。一般而言，只要有相互分隔的空间，便会在两个空间之间形成缝隙。想要消除缝隙，只能取消空间之间的分隔，而想实现这一点，又显然是不可能的。如果说巴扎的店铺、顶棚所组成的交易区是巴扎的中心空间，那么这些散落在巴扎空间体系内各个犄角旮旯的缝隙空间，便是相对于中心空间的边缘空间。缝隙之于主体空间，如同桥洞之于桥梁一般，是一种必要的无用空间。“必要”是说其对于巴扎空间而言不可消除。在

---

① 摘自笔者的《南疆乡村巴扎观察日志·疏勒县塔孜洪乡篇》。

② 同上。

巴扎的空间里，但凡有边界的重叠、缝合，便有缝隙的产生，“无用”则是说其在巴扎的空间体系中并没有实际重要的功用，不能用作正规空间的规划而被提及。比如疏勒县巴合齐乡巴扎里，百货区与牲畜交易区的缝隙处，李师傅放置了他的祛鸡眼摊子；疏勒县塔孜洪乡巴扎里，剃头区与蔬菜区的缝隙处，库尔班江摆放了他的花公鸡笼子。这些处所，都是巴扎中典型的缝隙空间。

缝隙空间首先是被巴扎中的边缘群体开辟出来，言明自身身份的空间平台。他们往往挪用巴扎空间内闲置的各种边际角落，用于小生意经营。这些被弃置空闲的缝隙被库尔班江和李师傅这样的游走行商所占据，用以吸引巴扎主体空间盈余剩下的人的行动与注意力。他们通过依附在主要空间边际，如带顶棚的剃头区和蔬菜摊位角落、有店铺的日常用品区边界，更加明确地意识到自身所处的边缘位置。

其次从功能上讲，巴扎里的缝隙空间，其作用相对而言是缺失并且不明确的。区别于巴扎里其他空间的明确功能指示，缝隙空间的功能需要通过占据者的行为而判定。然而，通常的情况是，占据缝隙空间的人四处游移，行踪不定。他们的占据行为具有随意性，追赶着各个巴扎里的缝隙空间，“见缝插针”地摆放自己的临时地摊。这就使得巴扎里的某个缝隙空间头一天可能是用于容纳“花公鸡”等家禽的交易空间，第二天就变成空无一物的空闲之地，第三天仍然可能是空闲之地，第四天又会成为容纳医药摊的空间容器……因此，其功能模糊甚至是不明确的。

第三，巴扎里的缝隙空间与时间间隙相配合，脱离于巴扎时间的主线，构成其不同于巴扎主体空间的时空节奏和行动策略。当库尔班江悠然地盯着自己面前的空地发呆时，他的注意力并不在公鸡的买卖上，而是沉浸于一个完全自我的时空，也可能他在想，如何在下一个要去的巴扎上，寻找摆放自己花公鸡的冗余空间。像库尔班江这样的行商，有可能在一天的若干个时间间隙里奔赴了不同的巴扎缝隙，他的行动节奏与巴扎里拥有固定摊位和固定友邻的摊主不同，一般而言是难以确定、不可预测、灵活机动的。

第四，缝隙空间具有一定的趋中间性。所谓“趋中间性”就是尽可能减小边缘空间与中心空间之间的客观距离①。缝隙空间作为边缘空间的地位是相对于主要空间或曰中心空间而言的，中心空间往往会造成中心空间拥有者虚幻的中心地位。从权力与资本关系的角度看，任何一个中心空间都会造成边缘空间地位的恐慌，任何一个边缘空间占据者也无一不在心里希冀，有朝一日能够成为中心空间的占据者。最典型的例子便是在巴扎中的行商与“赤脚大夫”们，如库尔班江和李师傅等，他们最希冀的莫不是在巴扎上拥有一间自己的固定铺位，用明确的空间形态投资明确的明天，收获更清晰的希望。因此，缝隙空间又具有一定的“趋中间性”。

如上所述，巴扎里的空间体系正是由顶棚、主干道、铺位、围栏、档、边界、缝隙等一系列具体的空间结构组合构成，这些表面看来具有具体形式的空间，其界限完全是人为行为轨迹的结果，也是社会化的产物，是人

① 童强：《空间哲学》，第350页。

的意志的外在物理形态。在巴扎的空间体系中，这些空间元素并非孤立存在，主体空间往往由顶棚与铺位组成，由边界来限定范围，通过道路导引方可在其中自如穿行，并通过顶棚作为标志物来加深巴扎空间的图示印象，各个元素间有规律地互相重叠、交叉、补充，共同生成一个有关巴扎空间体系的统一印象。

二、巴扎之间的空间

在上文中，针对巴扎的内部空间结构，我们结合南疆乡村的田野调查日志，分析了构成一个巴扎整体空间集合的诸多空间子集，梳理了巴扎内空间的基本构成以及这些空间子集、处所如何组合成了巴扎内的空间体系。事实上，从外部来看，巴扎自身也是一个相对于其内部各空间子集更大一点的空间单元，它与某一片区域的其他巴扎一起作为更大的空间容器中的空间单元而存在，服务于当地居民的日常生活。这让我们不由自主地思考：巴扎与巴扎之间的空间结构又是怎样的？

在笔者看来，巴扎与巴扎之间的空间结构由三部分空间元素构成，它们分别是巴扎与巴扎间的网络系统（“巴扎环”）、公路与客运站（本部分的插图均采自百度网）。

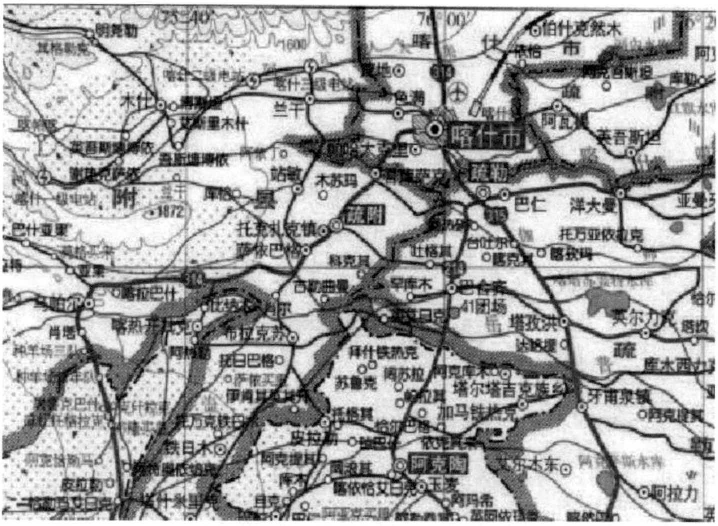

图 2-6　喀什市与疏附县、疏勒县地图

(一)“巴扎环”

周六早晨，李师傅骑着摩托车从疏勒县城出发，一路向东，不多时，来到喀什市伯什克然木乡巴扎。他先将摩托车停在巴扎入口行人必经的主干道上，接着，他在地上摊开一张大的塑料布，又解开摩托车后座固定捆绑的绳索，取下一个小凳子，再从后座卸下一个大纸箱子。他打开纸箱，先从箱子里拿出一根被砍得七零八落的木头，随手扔在塑料布上；又从箱子里拿出一个便携式耳麦与扩音器，戴在身上，打开开关，再取出一个小型音箱放在小凳子旁边；紧接着，他将箱子倾斜，倒出一地的货物，当他侧过身，塑料布上躺着几十把用塑料袋密封了的家用不锈钢菜刀，箱子里最后倒出来的是一个小型的磨刀器。他将一地的刀具摆放齐整，便弯下腰坐在小凳子上；稍顷，他微欠身，左手拽过那根木头，右手就近拿起一把菜刀，又用嘴巴咬开塑料封口，再取出菜刀，就着那根木头砍了下去，边砍边扬声喊道：“切土豆、砍木头，海里马斯，瓮块！”① 他反复重复这句话，声音透过扬声器，很快引起了老乡们的注意。渐渐地，人群由远及近，三三两两，围拢在他的地摊前。

图 2-7　喀什市与疏附县、疏勒县一周主要巴扎图

李师傅这一天非常忙碌。若是菜刀销得不好，没有卖完，下午三点多光景，他还需骑摩

① 维吾尔语汉语音译，意即：一共十元钱。

> 托车赶到疏勒县的塔孜洪乡巴扎上；若是在那儿赶散集时仍没有卖完，他将出现在第二天也就是周日的疏勒县城巴扎上。有趣的是，在周一的疏附县乌帕尔乡巴扎上，我再次见到了李师傅，他又增加了几十把菜刀的数量。由此可以推定，他前两天生意还不错。①

巴扎上，像李师傅这样随着巴扎日的转移而参与不同巴扎的周期性贸易的行商不在少数。他们熟悉并掌握一片地区里每一天的巴扎信息，根据自己当日的交易情况，驾轻就熟地在巴扎与巴扎之间的空间穿梭往来，不仅用行动将一个巴扎内的某个空间填满，还积极争取能用行动与位移填满相邻巴扎内的不同空间。由他们的位移轨迹所串联起的巴扎与巴扎之间的网络空间结构，就是“巴扎环”（Bazaar ring or market-place ring）。“巴扎环”其实也就是“集市环”，是集市间的循环圈，也是艾劳（Alao）所说的“服务于一个特定区域并有一个已知的移动次序的统一集镇群”②，它是“点—线—点”间的空间聚合，至少由两个巴扎以上的空间组合才能够构成，而“巴扎环”与“巴扎环”之间网络交织，便形成了一个地区整体性的巴扎网络。

在南疆的乡村巴扎间，“巴扎环”普遍存在。各种像李师傅这样的行商、摊主、买主以及形形色色赶巴扎

---

① 摘自笔者的《南疆乡村巴扎观察日志·喀什市伯什克然木乡篇》。

② RobertH. T. Smith，(1979) “*Periodic market-place and periodic marketing：review and prospect*”，progress in Human Geography. Vol. 3. No. 4.

的人，一周内围绕着一个或者两个“巴扎环”进行贸易往来，更甚者，一日内围绕着一个“巴扎环”完成点对点的位移。总之，他们需要追着“巴扎”跑。仍然以卖刀具的李师傅为例，他周六上午赶喀什市伯什克然木乡的巴扎，下午又去赶同是周六开集、距离不远的疏勒县塔孜洪乡巴扎，第二天周日再去赶疏勒县疏勒镇巴扎，周一赶疏附县乌帕尔乡巴扎。以此类推，我们假定他迫于交易量的压力，每日都有巴扎要赶，那么，以他所居住地疏勒县城疏勒镇作为“赶巴扎”位移的起点，围绕其居住地所形成的“巴扎环”便如下图所示：

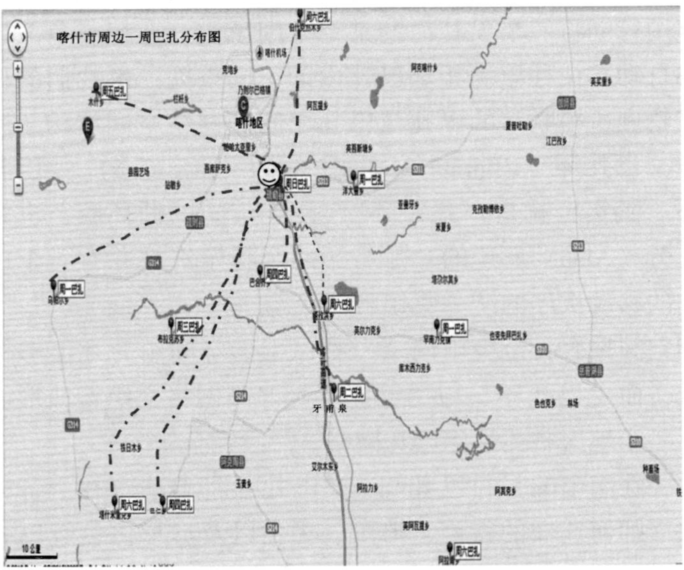

图 2-8　以疏勒镇为中心，对李师傅的选择而言，相对完整的“巴扎环”地图

如上图所示，以疏勒县城疏勒镇为出发点，李师傅每周逢周一会去疏附县的乌帕尔乡巴扎、疏勒县的洋大曼乡巴扎，逢周二会去疏附县的牙甫泉镇巴扎，逢周三会去疏附县的布拉克苏乡巴扎，逢周四会去疏勒县的巴合齐乡巴扎，逢周五会去疏附县的木什乡巴扎，逢周六会去喀什市的伯什克然木乡巴扎、疏勒县的塔孜洪乡巴扎，逢周日会守在居住地，去赶疏勒县城巴扎。换言之，这是一张属于李师傅个人一周的“巴扎环”地图。当然，它同时也是其他居住在该“巴扎环”附近的人赶巴扎时的备选方案之一。

从李师傅赶巴扎的个案中，我们对“巴扎环”至少可以作出如下理解：

其一，从数量与结构的关系来看，“巴扎环”一定是至少两个以上的巴扎空间组合后形成的产物。正如单一的个体无所谓社会一样，单独的巴扎也无法成为“巴扎环”。作为构建更大规模的巴扎网络的基本空间单元，它们彼此间有着微妙的时空协同规则，如巴扎 A 与巴扎 B 间必须保证通行畅通、商品流通畅通；同时在巴扎日的时间约定上需要彼此错开，像李师傅那样一天赶两个巴扎的情况并不多见。通常的情况，仍然是一天赶一个巴扎，每一个巴扎与一周内的某一天固定捆绑。

其二，从商品的空间布局和流通而言，“巴扎环”的出现，尤其是时间相近、空间相邻的“巴扎环”的出现，使得当地老乡在就近贸易的空间与时间选择上具有更大自主性，并有利于区域巴扎网络的形成，使得区域商品流通实现优化配置，更有利于发挥不同巴扎间的空间优势，取长补短。诚如有些研究集市问题的专家所指出的那样："集市时间的周期性与商家有很大的联系。若一个单独的市场区域所包容的需求量不能足以提供商家维生的利润，那么在一组相联系区域内的市场就会形成一个循环的市场周期"①。对喀什地区的乡民而言，每一天，都有巴扎可赶，行商、摊主、买主与游客们可以从周一到周日在各个巴扎间往来巡回，利用邻近的巴扎的服务，巴扎被赶巴扎的人以一种综合的空间系统的方式结合了起来。他们的行为轨迹将会打通各个巴扎之间各自独立的空间壁垒，促使相互间的交流与关联成为可能。

第三，从赶巴扎的人的主观能动性来看，不必每周都做这样完整的"巴扎环"，常见的情况是可以根据自身实际情况选择临近的巴扎做小的循环（至少两个巴扎）。仍以李师傅为例，一周内，李师傅并非每天都赶巴扎，他可能只是像笔者调研实地所观察到的那样，一周内仅拿出三天的时间赶巴扎，周六赶两个巴扎，上午赶喀什市伯什克然木乡巴扎，下午赶疏勒县塔孜洪乡巴扎，周日赶疏勒县疏勒镇巴扎，周一赶疏附县乌帕尔乡巴扎。我们可以把上图中完整的"巴扎环"暂时称作"巴扎环"A，将李师傅实际上赶的巴扎空间数所构成的"巴扎环"，称作"巴扎环"B（即伯什克然木乡巴扎、塔孜洪乡巴扎与乌帕尔乡巴扎）。

① 张跃、王晓艳：《少数民族地区集市的文化内涵分析——透视昙华彝族"赶街"》，思想战线》2010年第6期，第123页。

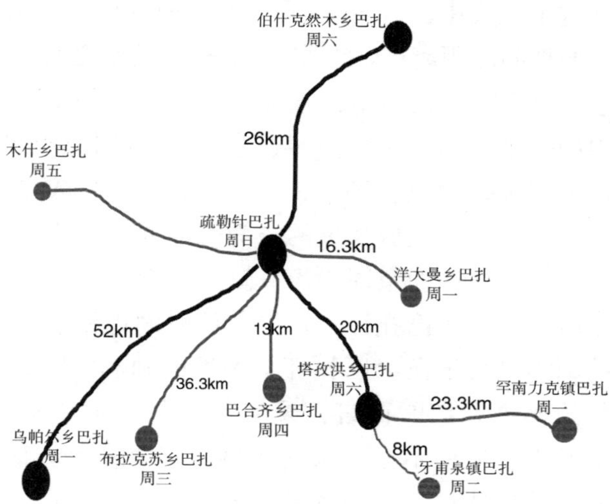

图 2-9　对李师傅而言相对完整的“巴扎环” A

这期间，是什么决定了李师傅选择“巴扎环” B 而非“巴扎环” A 呢？仅仅是因为“巴扎环” B 比“巴扎环” A 小吗？或者因为在“巴扎环” B 里的刀具销量比在“巴扎环” A 里更好？还是因为“巴扎环” B 的公路系统更为发达，比去“巴扎环” A 更节省交通成本？又或者仅仅是因为临时起意，心情作祟？美国学者齐普夫（G. K. Zipf）曾提出过一种最小努力原理或者可以用来更科学地解释这种现象①，根据他的原理，一个人在有效组织自己的生活时，会遵循一个公式：

$$I_{ij}=k\,\frac{P_iP_j}{d_{ij}^2}$$

① 参见［英］约翰斯顿著，唐晓峰等译：《地理学与地理学家》，商务印书馆 1999 年版，第 137—140 页。

在这个公式中，P_i 和 P_j 是 i 和 j 两地的人口数量，d_{ij}是 ij 两地间的距离，k 是系数，I_{ij}是 ij 两地之间相互作用的量，这个公式揭示出尽量减少空间位移是最小努力原理中的一个基本原则。参照这个公式，我们就会明白李师傅为何选择“巴扎环”B 而非“巴扎环”A 了。因为在“巴扎环”B 里位移过的空间距离要远远小于“巴扎环”A 中位移过的空间距离，这使得李师傅支出的劳务量锐减，他在“巴扎环”B 里单位时间内销售的刀具获得的利润要大于在“巴扎环”A 里的利润。因此，对赶巴扎的摊主和商贩而言，秉持着“最小努力原理”，通常情况下，他们不会一天内赶两个巴扎[①]，也不会在熟悉的区域内选择一个完整的“巴扎环”，而是会选择一个位移距离更小的“巴扎环”，进行常态的商品交易。

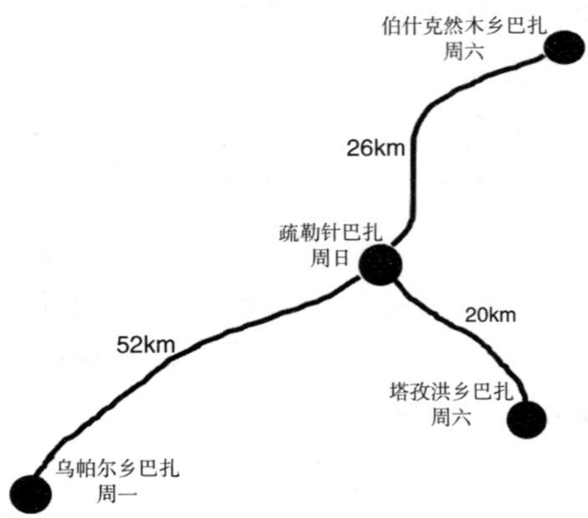

图 2-10　对李师傅而言实际选择的“巴扎环”B

---

① 这个推理完全吻合笔者在巴合齐乡进行田野调查时，摊主吐尔洪江所说的“我们一般不会在一天内赶两个巴扎”的情况。

（二）公路

公路是“巴扎环”整体空间系统中不可或缺的空间元素，它的本质在于连接。作为连接巴扎 A 与另一个巴扎 B 间的纽带，它是巴扎 A 与巴扎 B 得以组合成一个最小“巴扎环”的必要空间元素。当赶巴扎的李师傅带着他一箱子的刀具货物，骑着摩托车，从巴扎 A 赶往巴扎 B 时，在他的脑海中一定有一条巴扎 A 到巴扎 B 的公路选择。该如何来看待公路在“巴扎环”中的功能与意义呢？

首先，从公路与巴扎的关系来看，在一个“巴扎环”内，公路作为巴扎的辅助空间形态而存在。如果我们将巴扎视作第一空间系统，标记为空间 1①，其功能在于促使巴扎与巴扎间相互区隔，彼此独立，那么公路就是相对于第一空间系统而言的第二空间系统，不妨标记为空间 2，其功能在于串联不同的巴扎，交织成环。需要指出的是，公路与巴扎所组成的基本空间关系，其实不过是巴扎内各处所空间与主干道之间空间组合的高级变体（在一个巴扎内，则表现为一个顶棚 / 摊位 / 铺面+一条主干道段的空间聚合形式）。

其次，一条公路段与两个巴扎所构成的空间聚合关

① 参见童强：《空间哲学》，第 142—147 页。在该书中，童强将空间分为两种类型，第一种类型空间，即空间 1，译作 SpaceI，其结构形式是一种封闭或半封闭的空间，房屋是其中典型的代表；而第二种类型空间即空间 2，译作 SpaceII，其结构形式多为线状空间，各种通道是其中的典型代表。在二者中，空间 1 与人的主体性和身份相联，而空间 2 则是工具性的，从属于空间 1。

系，可以视作“巴扎环”内的基本空间单元，即巴扎 A 与巴扎 B 的有效空间组合，再增加一个巴扎 C 便可构成一个最小“巴扎环”，如下图所示：

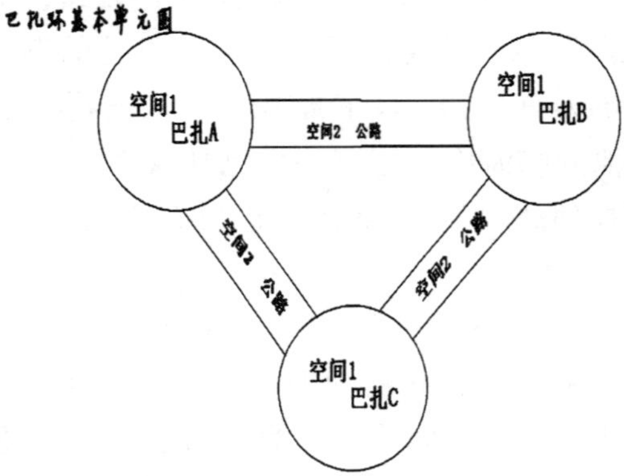

图 2-11 “巴扎环”的基本空间单元与最小“巴扎环”

在这张图中，我们可以清晰地看到，任何一个赶巴扎的人，在一个“巴扎环”内会循环经历空间 1 与空间 2 间的切换。巴扎作为空间 1，为赶巴扎的人提供逗留空间并暗含交易愿景，它的相对封闭性、独立性与交易功能的显在性为赶巴扎的人们提供明确的交易指示，而公路作为空间 2 在衔接空间 1 之间起到了必要作用，它在不提供交易空间的同时，使得人员、物资、信息与其他文化因素在巴扎环内得以流通。

第三，公路邻近巴扎的地段，往往会因为人为的因素而具备趋近空间 1 的性质和功能。作为第一空间系统的巴扎与作为第二空间系统的公路，二者之间的功能也并非截然对立，偶尔也会混同。我们仍回到李师傅的例子上，区别于大部分摊主将摊位摆在喀什市伯什克然木乡巴扎内的行为，他将摊位摆在了伯什克然木乡巴扎的入口公路上，也就是说他将本来应该摆设在空间 1 中的商品，放置在了空间 2 中，这使得本来作为空间 2 而存在的这条公路段兼具了空间 1 的部分性能，而与空间 1 混同起来，并因为他的招呼而同样提供给人以“逗留”与“暂停”的空间。换言之，这条公路段因为李师傅人为的空间划定，其作为空间 2 的功能被改变，被设计为两种空间相互融合后的场景，从而有了趋近空间 1 的性能。在这种看似无意的空间设计里，作为买主和游客的人也许仅仅是路过，仍然遵循公路作为空间 2 的诸多行为逻辑，觉得自己仅仅是在路过时，随便看一看。然而，这种貌似无意的商品邂逅与摊位巧遇，以一种伪装成空间 2 的面貌，成功地发挥其趋近于空间 1 吸引人逗留并交易的功能，其实质不过是人为设计后的一种“空间的必然”。

这样，我们就明白了，李师傅为什么会把摊位摆在巴扎入口的公路段，而不是摆在巴扎内。他并不想让自己的摊位看起来具有在巴扎内那么明确的交易目的，他仅仅是想让人在行走、位移向另一个交易场所的同时，“顺便”买买他的刀具。

（三）客运站

周日的疏勒县塔孜洪乡客运站附近，热依罕在等去疏勒县城的短途客运车，她上身穿了件桃红色的毛衣，下身着黑色长裙，头发挽在橘黄色带小黑点儿的头巾里，发顶用一个带小水钻的塑料小卡子固定住，以防头巾滑落，右手提着一袋周六才从塔孜洪乡巴扎上买的土鸡蛋。她计划坐车去疏勒县城疏勒镇巴扎与姐姐热娜碰面，之后，再在疏勒县城巴扎逛逛，晚上便留宿在姐姐家里，第二天再坐车回塔孜洪乡。在她身后还有几位等车的老乡，他们静默地蹲在原地，正午的阳光将他们的影子集中为地上的黑点儿。①

在一个“巴扎环”内，有了公路作为巴扎间联系的枢纽外，还需有运输工具，除了人自身的步行位移，往来穿梭于“巴扎环”内，大部分的老乡赶着毛驴车往返于巴扎间。而客运站的出现，则加速了“巴扎环”内各巴扎之间的互通有无。在喀什市周围，几乎每一个巴扎都紧邻客运站或者公交站而设置，如伯什克然木乡巴扎在伯什克然木乡客运站附近，木什乡巴扎在木什乡客运站附近，乌帕尔乡巴扎在乌帕尔乡客运站附近，疏勒镇巴扎在疏勒镇客运车站附近等等。因此，当热依罕选择在塔孜洪乡客运车站等车时，她其实是选择了她的“巴扎环”中两个巴扎间最简单有效的位移方式。我们该如何认识客运站这种空间元素在“巴扎环”中的作用？经过简单归纳，至少有如下三种作用：

首先，客运站在“巴扎环”中作为空间变量质素而存在，它维系着巴扎环内赶巴扎的人的位移速度，它的使用加快了巴扎间的贸易往来频率与人流频率。它作为加速空间 1 与空间 2 衔接的粘合剂，促使“巴扎环”得

---

① 摘自笔者的《南疆乡村巴扎观察日志·疏勒县塔孜洪乡篇》。

以实现更有效的缝合与更大空间区域的扩展——这有一点像一种程序的激活，最终为特定区域内巴扎网络的建立提供了必要条件。

其次，客运站的使用压缩了“巴扎环”内各巴扎间的距离，并使得跨巴扎范围的个体关系的联盟成为可能。因为有了客运站，在“巴扎环”中彼此相邻却相距很远的乡民之间的接触、联系、交易甚至通婚将成为可能。施坚雅认为，市场的范围即是婚姻的范围[①]。从这个意义上讲，巴扎的范围也是婚姻的范围。热依罕的姐姐热娜从塔孜洪乡嫁到疏勒镇这一事实，正是通过她的“巴扎环”才得以实现，借由婚姻，她由一个乡民的身份迅速变为一个城里人，这期间促使她完成这一身份改变的“巴扎环”，它的快速“激活”，即实现其中巴扎与巴扎间的联络，正是通过对客运站的使用。客运站出于提高赶巴扎的人的位移速度的要求而出现，用以缩短一个“巴扎环”或者一个巴扎网络内巴扎与巴扎之间的距离。事实上，空间的压缩势必会造成时间的缩短，这也正是哈维所说的“时空压缩”。这一点作用在热依罕姐姐的身上表现得极为明显，而热依罕正是凭着使用客运站，继续实现她在姐姐的“巴扎环”中的位移，如此便预约了一个相对她而言更大的空间活动，并终有可能在她身上也发生类似其姐姐一样的某种身份的改变。

第三，客运站更多时候是容纳游客与买主的空间。一般而言，坐短途客运车在“巴扎环”内往来的人大多

---

① 参见［美］施坚雅著，史建云等译：《中国农村的市场和社会结构》，中国社会科学出版社1998年版。

是买主与游客，很少会有摊主，行商则更为少见。对于在巴扎上有固定摊位的摊主而言，他们偶尔会迫于“赶巴扎”的时间压力，乘坐巴扎间的短途客运区间车，而大多数老乡则是赶着自己的驴车、小货车，或者像李师傅那样骑着摩托车或开着自己的家用货车、拖拉机在“巴扎环”内穿梭。

客运站作为“巴扎环”的空间变量因素，的确极大地方便了“巴扎环”内不同巴扎间的人员流动，更新了本地居民对周遭空间的范围认知。但同时，它也会模糊人们对空间界限的判断。当热依罕坐上开往疏勒镇的客运车时，过快的速度将塔孜洪乡与疏勒镇的空间连成一体，将两个空间之间原本清晰的空间界限淡化，并将路途中经过的空间片段抽象为沿线的站名与模糊的即时印象。一方面，它会扩大空间之间的联系，拓宽空间的范围；另一方面，它也使得往来于其间的人最终将彼空间与此空间的感知印象叠加，降低其对任一空间的空间感与认知感。

在未来，通过庞大的公交系统与客运站服务，更多的巴扎将与其所处的“巴扎环”相重叠，更多的“巴扎环”将与其所处的巴扎网络相重叠：在塔孜洪乡巴扎上，我们所吃到的土鸡蛋，也能在疏勒镇巴扎上买到；在疏勒镇巴扎上出现的招徕生意的方式，也散见于塔孜洪乡巴扎的各个摊位与角落。或许，“本土”与“全球”的辩证关系也同样适用于巴扎与“巴扎环”之间，适用于“巴扎环”与巴扎网络之间，从这一点来看，穿越空间也就是穿越时间。

第二节 空间的变迁

因着她秀发和脸庞离别我日夜悲鸣，
酒保啊，斟酒，我在哪里哪里纯净。酒肆老板啊，将我投进酒的江河，
即使我沉入水里，还有你这艄公。我在酒肆街头，日夜喝着美酒，
处处酒肆大门洞开为我放行。①

无论是从历史上巴扎的功用来看，还是结合笔者田野调查时的实地观察以及新疆巴扎被言说和体验的当下现实来看，都不难发现，在赶巴扎的人与巴扎之间，基于行动与处所空间的联系所形成的“人—空间”关系模式。它们首先是物理性的、处所性的，却又不单单是物理表象间的单一联系；它们还是文化性的、交互性的空间联系，更是生产性的、意象性的空间联系；它们既是新疆乡村田园生活自然发生的一种空间形态，能够容纳维吾尔族人传统生活的诸多层面以及更多“赶巴扎”的人群的诸多行为，同时，也是传达新疆绿洲生活方式的

① 引自艾利希尔·纳瓦依著，铁依甫江·艾里耶夫整理，张宏超译：《纳瓦依格则勒诗选集》，新疆人民出版社2001年版，第213则。尼扎木丁·艾利希尔·纳瓦依，维吾尔族诗人、思想家，生于1441年，卒于1501年。是维吾尔文学史和思想史上最富盛名的卓越代表。

一个意象系统、符号系统，能够在时代变迁中通过媒介方式的转变，通过多种路径被生产与再生产，具有空间语义可被解读的多种范式。

一、物质空间[①]

巴扎作为一个空间一经产生，它的处所功用便要求它作为容纳诸多文化事象的空间而存在，这一点也是古今皆同。作为“大门外面的事情”[②]，它首先是产生各种有形的商品往来、资源流动、人际交流和无形的文化传播、权力制衡的空间。比如它是维吾尔族人商品交换和贸易往来的固定地点，有着固定的时间和周期。新疆大大小小的巴扎自古均七日一集，集日与集日通过星期天数而彼此区别。许多县镇，一周七日均是满集。乡民们

---

① 值得一提的是，根据联合国教科文组织有关非物质文化遗产申报文件中的相关精神指示，“巴扎”完全吻合该文件中所涉及的对“非遗”意义上的“文化空间”的标准判断，在《联合国教科文组织宣布人类口头及非物质遗产优秀作品》中，对“文化空间”提出了如下几个标准，第一，表明其深深扎根于文化传统或有关社区文化历史之中；第二，能够作为一种手段对民间的文化特性和有关的文化社区起积极作用，在智力借鉴和交流方面有重要价值，并促使各民族和各社会集团更加接近，对有关的群体起到文化和社会的现实作用；第三，能够很好地开发技能，提高技术质量；第四，对现代的传统具有唯一见证的价值；第五，由于缺乏抢救和保护手段、或加速的演变过程、或城市化趋势、或适应新环境文化的影响而面临消失的危险，新疆的乡村巴扎完全符合上述对“文化空间”的概念描述。转见陈虹：《试谈文化空间的概念与内涵》，《文物世界》2006 年第 1 期，第 45 页。

② 维吾尔谚语说：“巴扎是父亲，巴扎是母亲。”而在波斯语中，“巴扎”直译的意思是“大门外面的事情”。

通过商品物资的交换，以各自物资需要为前提，通过有形的商品交换，实现人际间无形的情感交流以及个体间文化信息的传递。对此，纳扎尔的《爱情长诗》中描述得十分形象："把自己家里的布，拿到街市上去卖。有的人家里要举行婚礼，他们需要布匹，就可以卖给他们。一些人看到某个人在街市上卖布，很多人就来买他的布。如果有需要布匹的人，他们就会来到出售布匹的商店。"[①] 正是通过巴扎的交易平台，维吾尔族乡民将商品的聚集之所变成了情感交流与民俗礼仪活动的交流之地。

巴扎是维吾尔族人手工业产品的加工和集散地，是各种维吾尔族传统手工艺匠人与文化艺人聚集的空间。对此，《艾里毕之书》中曾详细形容过：18—19 世纪的巴扎上可见的各种手工行业，其行业门类繁多，大多在今日的乡村巴扎上仍可见到，如铁匠业、金银匠业、木匠业、织布业、烤馕业、铸锅业、皮革业、磨坊业、油坊业、屠宰业、贩卖水果的行业、制陶业、油漆业、皮革染色业、编席业、擀毡业、制肥皂业、裁缝业等 35 种行业；赶巴扎的人在巴扎上不仅能够买到自己所需的商品，还能够亲眼见到这种商品是如何被生产制作出来的，特别是有些手工行业往往会集中经营，最后由一个巴扎中小的行业经营区演变为一种特种巴扎，比如喀什市阿热亚路的坎土曼巴扎便是一个典型的例子；在巴扎上，大多数手工艺品仍采取一种家族作坊的形式，工艺品的买卖其实质便是一种家族技艺的传承，而其位于巴扎里

---

① （清）阿不都热依木·纳扎尔：《阿不都热依木·纳扎尔集》，第 431 页。

的作坊，其本质便是一种家族技艺展示的窗口。与此同时，在巴扎中还有许多的民间艺人，他们在巴扎的空地开辟出属于自己的技艺展示空间。笔者在喀什疏附县的木什乡进行田野调查时，便见到民间杂耍艺人们聚集在巴扎内果品菜蔬区的空地，向围观的人群展示杂耍技艺，而在疏勒县城疏勒镇巴扎上，则有放映电影的商贩穿梭往来于巴扎的各个角落。

巴扎是一个聚集了传统节庆与乡民集体活动的空间。巴扎会随着维吾尔族人传统节日的来临产生交易量的起伏波动。每逢古尔邦节前后，巴扎上人潮涌动、车水马龙，围绕着穆斯林的传统节庆，巴扎里各个处所空间摆满了为欢度节庆，人们在吃穿用行方面所需的各种商品物资。

2012 年古尔邦节前，笔者在南疆做田野调查时，适逢叶城县乌吉热克乡周四的巴扎日。在占地 12 亩，建筑面积 5000 平方米的乡村巴扎上，不管是蔬菜瓜果区、肉禽区、手工作坊区还是服装鞋帽区、生产工具区，近 150 个摊位都摆得满满当当。通过访谈调研，笔者发现，南疆其他地区的乡村巴扎在节庆期间也会随人流量的激增而出现交易量的增加。换言之，节庆将赶巴扎的人与巴扎更加紧密地联系起来，进而使得巴扎无形间成为传播民俗节庆的平台与窗口。相应地，节日期间，巴扎里的商品因为增加了节日纪念的附加值而蜕变为一种民俗节庆的纪念品，而此时的巴扎适时演变为一种节庆教育的空间，有助于观念中对传统节庆文化内涵的理解，传统生活通过这种方式得以被延续。

巴扎是贩夫走卒、观光游客们聚集的处所，是形形色色的人群文化接触和文化交流的空间。在巴扎上，不仅有形形色色的商贩、手工艺商人与买主，还有古今中外、天南地北的观光客。在他们的笔下，巴扎不仅是交易空间，也是他们考察他者文化的田野，更是他们进行文化接触、开展文化交流的空间。历史上著名者[①]如明代的陈诚、李暹（著有《西域行程记》《西域番国志》）、清代的七十一（号椿园，著有《西域闻见录》）、清代的徐松（著有《新疆识略》）、清代的林则徐（在《乙巳日记》中提到八栅）、清代的祁韵士（《西陲要略》）、清代的萧雄（著有《听园西疆杂述诗》）、民国的谢彬（著有《新疆游记》）、德国的勒柯克（著有《新疆的土地和人民》《新疆的地下文化宝藏》）、俄国的尼·维·鲍戈亚连斯基（著有《长城外的中国西部地区》）、瑞典的龚纳尔·雅林（著有《重返喀什噶尔》）、英国的凯瑟琳·马噶特尼与戴安娜·西普顿（著有《外交官夫人的回忆》）、澳大利亚的乔治·厄内斯特·莫理循（拍摄有新疆巴扎的照片[②]）、日本的佐口透（著有《18—19 世纪新疆社会史研究》）等等。他们一度在新疆的巴扎上逗留、观光，以一种他性文化的眼光，打量另一个差异主体所拥有的空间，并通过商品交易、价钱协商与身份置换，经历一种作为“异样消费者”身份的被承认过程，再经由他们的文字与

---

① 大部分的东方学家与西方探险家的著作中较多地提及新疆的出土文物、历史遗迹。他们的著作中，仅以少量的篇幅提到了当地的巴扎，并或多或少涉及对巴扎场景的描述。

② ［澳］乔治·厄内斯特·莫理循著，窦坤、海伦译：《1910，莫理循中国西北行》。

影像记录，实现对差异文化的传播[①]。

笔者2012年在阿克苏地区阿瓦提县巴扎调研时，更遇见两位韩国游客，他们在巴扎上购物、拍照、休憩，之后消隐在喧闹的人群里。在民风日渐开放的县镇巴扎上，外来观光游客的出现早已不是稀罕之事，伴随着这种观光或者“科考”性质的异文化接触行为，对于有的县镇而言，巴扎作为物理空间的边界或许会随着城镇规划的开展逐年内缩，但其作为文化空间的边界或曰触角却会在这种接触中伸向更远。

第三，巴扎作为文化空间的属性，与其作为物质空间的属性是截然不可分割的，这一点不仅可以由我们置身巴扎与人群交往的实地经验加以佐证，还可以从人们对有关巴扎的各种印象性的文字描述中得到验证。如对有的人而言，巴扎仅仅是商品、社交与娱乐的空间：“每一个巴扎，无论城镇巴扎还是乡村巴扎，至少具备以下的功能和内容：商品博览会，人流和物流集散地，乡村学堂，社交场所，麦西来甫剧院，新闻与小道消息发源地，美食展示会，手艺人的舞台，毛驴音乐会，孩子们的游乐园，乞丐们的节日，恋人们的约会地……”[②]；对有的人来说，巴扎则是散步、休闲与聚会的空间：“整天，从一清早到关城门时，萨尔特人的巴扎上挤满着人。大多数人是根本没事干的，但每个人都觉得非来走走不可。对东方人，特别是对萨尔特人来说，巴扎是个俱乐部，在这里他们可以打听

---

① 在本书的“巴扎行为志”一章，笔者将详细分析巴扎上人群的类型，如观光客的行为模式与文化传播过程，此章节不加赘述。

② 沈苇：《喀什噶尔》，青岛出版社2008年版，第95页。

各种新闻，会见朋友和熟人，并且成为他们的一种娱乐，这种娱乐虽不那么丰富多彩，但对他们的要求来说，也算够了。所以这里才总是熙熙攘攘，人来人往”[①]；还有的人会觉得巴扎是一个观察人群、体验热闹的空间[②]，进入巴扎，不过是为了体验一种休闲的生活方式，借以消磨时间，“我有幸一次次地走进老城巴扎。我不买什么东西，也没啥要卖的。我和那些喜欢逛巴扎的维吾尔族人一样，只是逛一种闲情。看哪儿人多、热闹，就凑过去。并不是每个人上巴扎都做生意，每个巴扎都是一个盛大节日”[③]。可见，虽然不同的经验结构会决定不同人对巴扎这个空间的认知意识，但从人们切身的共性体验来看，巴扎作为物质空间的属性天然地便与其文化属性不可分割。

同时，这一点，也可由各种文献中记载的人们借由巴扎／贸易中商品的流通，判断某个地域的地方感或者某个地方人的地方性得以求证。这个文化逻辑与丝路城镇集市交易过的丝绸，传入西方，刺激了罗马人对“赛里斯国”的兴趣，也刺激着罗马作家对东方这片地域的浪漫遐思，并引发了罗马作家们对“赛里斯国”人性格和民族性如出一辙的猜想。如罗马著名的地理学家老普林尼（Gaius Plinius Secundus，23—79）在他的名著《自然史》第六卷里说：“人们在那里所遇到的第一批人就

---

① ［俄］尼·维·鲍戈亚连斯基著，新疆大学外语系俄语教研室译：《长城外的中国西部地区》，第78页。

② 周涛：《周涛散文·游牧卷》，新疆人民出版社2009年版，第299页。原文提到，“七十年代，余在南疆，每逢巴扎常凑热闹，不买东西喜欢看人，尤爱观察维吾尔老人，极具韵味”。

③ 刘亮程：《在新疆》，春风文艺出版社2012年版，第87页。

是塞里斯人，这一民族以他们森林里所产的羊毛而名震遐迩。他们向树木喷水而冲刷下树叶上的白色绒毛，然后再由他们的妻室来完成纺线和织布这两道工序。”普林尼根据丝绸出产的地域空间属性，进而判断赛里斯人“红头发，蓝眼睛，声音粗犷，不轻易与外来人交谈”[①]。这也说明，空间的物质属性与文化属性在主体的感受中是难以分割的，巴扎作为这样一个处所和空间，它的物质属性与文化属性也不例外。

综上可知，表面上作为物理空间而存在的巴扎，其背后往往附着着许多复杂的文化况味，作为一个文化空间的物理实体，它通常会有以下几个特点：

首先，行为的活态性。所谓巴扎的活态性，是指它作为一个当下正在发生的，充盈着赶巴扎的人的行为的生活空间而存在，而非作为一个历史遗迹或者一个考古文物而遗存。它一定是一种维吾尔族人群体当下所拥有的“活”的文化现实，一种正在进行普遍存在的生活方式，一种“不脱离民族特殊的生活生产方式，是民族（群体）个性、民族（群体）审美习惯‘活’的体现。它依托于人的本身而存在，以声音、形象和技艺为表现手段”[②]，巴扎若离开了赶巴扎的人的活动与行为，便不能被称为是一个真正意义上的文化空间。它一定是由赶巴扎的人的行为所构成的，是由他们的一系列行为所填

---

① 转见［法］戈岱司编，耿昇译：《希腊拉丁作家远东古文献辑录》，中华书局2000年版，第10页。

② 金天：《非物质文化遗产的背影》，《三联周刊》2005年第46期。

充的一个空间事实。从文化人类学的角度来看，作为文化空间的巴扎，必须有人的出席，“有人类的行为、时间观念、岁时传统或者人类本身的‘在场’”①。

其次，生活的程序性。巴扎的生活性，是指它作为容纳赶巴扎、逛巴扎的人一种生活空间而长期存在。在新疆南疆的乡村生活中，维吾尔族老乡们每周都要赶巴扎，少则一次，多则七次八次都有可能。巴扎作为包容老乡们日常生活物质与精神需求的空间而存在，借由它，生活因为日复一日的程序化而变得具有形式感，从而可以被掌握。在疏勒县巴合齐乡巴扎上，一位卖手工麻花的维吾尔族摊主在每周四早晨十一点的时候来到巴扎上，接着，他开始履行一系列“工作程序”：划开场地、摆好锅架、桌椅、在桌面上铺上塑料布，架好炉子，搬出面板、倒出面粉、和面、抹油、卷出麻花形状、下油锅、用长木筷夹出炸得金黄的麻花成品、摆放在桌子上……继续重复从和面到夹麻花出油锅的程序。对于这位老乡而言，这些程序使得他在巴扎上的生活具有规则和意义，并在日复一日的重复中深刻地影响他看待事物的角度与借以度日的方式。“生活文化由一个群体或群体的人们在特定的时间和地点思考和感受的方式组成”②，作为文化空间的巴扎，是一种容纳生活文化的空间，它一定是由巴扎上的人思考与感受生活的一系列具体方式所构成。

---

① 向云驹：《论文化空间》，《中央民族大学学报》2008年第3期。

② ［英］戴维·英格利斯著，张秋月、周雷亚译：《文化与日常生活》，中央编译出版社2010版，第21页。

第三，集群性与周期性。作为文化空间的巴扎，是一个包容了集体行为的公共空间，因而具有集群性，它是一个“自下而上”，自发的民间传统文化活动集中的空间，同时，它又是一个涉及约定时间才能“开放”的空间，具有一定的周期性。炸麻花的维吾尔族老乡，在每周四的早晨与吃麻花的老乡，集体出现在巴合齐乡的巴扎上，这种周期性的时间约定，因为过于熟悉，而从不必说出来，似乎是不言自明的一种集体聚会。期间，一方的工作时间是另一方的闲暇时刻，双方默契地围绕在一张既是“生产区”又是“消费区”的餐桌前，共享一个名为巴扎的意义空间。

总之，无论怎样看，表面呈现为处所空间的巴扎，其地点结构其实是一种包容了主体行为，蕴含着主体反应的感觉结构。它一方面透过视觉的形式，而形成其作为某个地方公共空间意义的环境特质；另一方面，又由长期的接触与经验伴随某个特殊稳定群体的活动网络，体现出具有地方特色的文化意义。巴扎的产生因而也是一个甚而是一系列文化空间的产生，具备活态性、程序性、集群性与周期性。在这个空间中，不同阶层、不同种族、不同性别在与其相处的模式中建立各自不同的场所意义，经由另外空间的人群流动，以及不同社会角色的空间实践，成功地沟通并构建了巴扎所在地居民的日常生活、族群记忆和文化意义。

二、意象空间

巴扎还是一个可被意象的环境类空间，或者说巴扎本身就是新疆田园生活的一种意象。对此，美国学者林奇

（KevinLynch）在他的代表作《城市意象》中曾指出，环境意象是个体头脑对外部环境归纳出的图像，是直接感觉与过去经验记忆的共同产物[①]。也就是说，环境意象是人们对环境的一种经验认识，是基于对周遭环境知觉一种可唤起主观心理感受的主体印象。按照林奇的理解，立体生动的“城市意象”不仅能使个体身心愉悦，也能激发个体相应的反应行为。比如说，咖啡馆与酒吧作为城市意象的两种主要类型，有着截然不同的意蕴结构，栖身其间的人群相应地会有针对两种环境截然不同的行为，这使得放在酒吧里合适的行为在咖啡馆中并不合适，反之亦然。与此同时，人们对咖啡馆与对酒吧的印象也会有所不同。同样的，巴扎也会对栖身其中的人群有种种可见与不可见的空间限定、要求或影响。相应地，被这些无形的空间限定所要求与影响的人群也会对巴扎产生迥然不同的心理印象，这种印象汇聚起来便会生成关于巴扎的总体意象。简言之，巴扎意象是个体之于自身经验对巴扎空间所产生的带有意蕴结构的主观印象。

作为意象的巴扎空间，也即巴扎意象，在大量的文本、图片与视频信息里出现。它既是一种空间再现，又是一种经过主体意识即时印象渗透的审美再现，并最终经过不同主体的印象记录或者主观演绎，呈现出迥异的人文意义来。

在维吾尔族著名诗人纳瓦依的笔下，巴扎里最吸引

---

① ［美］凯文·林奇著，方益萍、何晓军译：《城市意象》，华夏出版社 2001 年版，第 3 页。

他的去处是酒肆[①]，在他的诗歌里，酒肆这个空间结合他栖身其中的真实体验被赋予个性化的意义，时而作为重获新生的处所而出现，如“我丧失的一切都可从酒肆的土块里重现”[②]，“谢赫啊，在僻静处谋生是奇怪的事儿/你别责难，我在虚无的酒肆自会畅想”[③]；时而作为排遣寂寞、告别情伤的处所而存在，如“劝告者啊，在酒肆里就让我随心所欲，沉醉不醒，撕破衣领，悲歌唱个没完”[④]，“几杯美酒落肚，在这败落的酒肆里，我自己要开杯畅饮喝它个大醉酩酊”[⑤]；时而又被诗人视作寄托情思的精神家园，如“纳瓦依向酒肆的人提出这样的要求，任何人都不责备我把酒肆作为家园”[⑥]，“那个酒

---

① 纳瓦依生活的年代，语义上的“巴扎”（集市）已经出现，他所生活的赫拉特是历史上的名城哈烈，以市井繁华、集市贸易繁荣而著名，他的诗歌中多次提到集市上买酒的处所即酒巴扎。目前汉译本的翻译中，大多将其翻译为酒肆。今天的赫拉特仍然是一个有着繁华小集市的城市。据罗伯特·拜伦描述，在城中“包括一条从市集入口向北延伸的宽广马路，以及另一条与之垂直交叉的类似大道。两条路上的店铺栉比鳞次，而我住的二楼旅馆正是位于这位店铺之上。旅馆隔壁是间铜匠铺，从早到晚起此彼落的敲打声，敲得我们这些房客都不敢稍有懈怠。再往下就来到了十字路口，那里是卡车的售票处，乘客每天在此跟一捆捆的货物和柳条箱内的一桶桶俄国石油一起等车”。转见［英］罗伯特·拜伦著，顾淑馨译：《穿行内陆亚洲：伊斯兰建筑与人文之旅》，广西师范大学出版社 2003 年版，第 254 页。

② 艾利希尔·纳瓦依著，铁依甫江·艾里耶夫整理，张宏超译：《纳瓦依格则勒诗选集》，第 59 页第 56 则。

③ 同上，第 67 页第 64 则。

④ 同上，第 77 页第 74 则。

⑤ 同上，第 97 页第 92 则。

⑥ 同上，第 201 页第 193 则。

鬼竟把酒肆作为自己的家园，卖酒人为爱情纵遇成百灾难依然兴致盎然”①。可见，巴扎在纳瓦依的心目中，是一种家园意象，一处可以提供消费同时亦能够提供情感慰藉与保护的处所。借由他的诗歌写作，巴扎里的酒肆变成了一个寄寓诗人独特审美意境的空间文本。换言之，巴扎意象对于纳瓦依而言，是失意者获得安慰的家园。

这一现象启发我们继续思考，巴扎在赶巴扎、逛巴扎的人的心目中是否都如纳瓦依的主观感受一样呢？答案显然不是，正如一千个读者心中有一千个哈姆雷特一样，一千个赶巴扎的人的心目中也有一千种巴扎意象。对此，有些论者已经注意到，既然意象是对客观环境的一种主观评价，那么意象的产生就可以被视作一个个人的过程，每个人创造并形成自己的意象，个体意象之间很少出现完全雷同。但相关研究也表明，一种可辨认的集体意象确实存在②。

我们不妨以纳瓦依的诗为起点，借由更多创作者的文本片段，讨论作为意象空间的巴扎，在人们心里都集中唤起了什么样的印象与心理动作③？

首先，巴扎的意象空间是一个能够表达喜庆热闹情

---

① 艾利希尔·纳瓦依著，铁依甫江·艾里耶夫整理，张宏超译：《纳瓦依格则勒诗选集》，第 152 页第 144 则。

② Wenona Charlene Rymond-Richmond, *Habitus of Habitat: Mapping the History*, Redevelopment, and Crime in Public Housing, Dissertation of Northwestern University. p201.

③ 意象派诗人埃兹拉·庞德对意象有言在先，他认为一个意象是在瞬间呈现出的一个理智与情感的复合体，而 I. A. 瑞恰兹则认为，意象是一个心理事件与感觉奇特相结合的产物。

绪的空间，时刻充盈着节日的氛围。1981 年中日合拍的纪录片《丝绸之路》第 10 集《龟兹幻想曲》的开场片段将镜头聚焦于库车的巴扎，其脚本开场这样写道："一农贸集市，喧闹，欢腾。库车的巴扎富裕而欢腾，它充分地向人们显示着它那一派浓郁西域风情。喧闹的叫卖声，欢乐的歌舞声汇聚成一支交响曲，使初到库车的人感到新奇。"新疆著名画家买买提江·阿布拉的画作《布拉克苏乡大巴扎》《乡村巴扎》中，人头攒动，人流汹涌，拥挤的人群被五颜六色的顶棚与铺位所淹没，人群在欢腾热闹的巴扎里，全部被抽象成一个个没有标识面孔的线条和黑点。人群退居其次，流光溢彩的巴扎以及它留给人热闹胜似节日的氛围成为画作中极欲表达的主题。在买买提江·阿布拉的《乡村巴扎》中，赶巴扎的人与巴扎甚而浑然一体，他们的行为动作本身成为巴扎的一个有机组成部分，涂抹渲染出一个五彩斑斓、明艳无比的巴扎形象。可见，对于很多创作者而言，巴扎与许多展览会、博览会一样，是一个热闹无比的去处，它留给人的印象是一个有着浓郁节庆氛围的空间。

图 2-12 买买提江·阿布拉画作之一《布拉克苏乡大巴扎》

其次，巴扎的意象空间是一个浓缩了维吾尔族民俗风情，表达了新疆传统乡村生活方式的独特空间。2012年4月6日至4月12日，自治区国际博览中心展出了新疆画家龙清廉的百米画卷《和田一条街》，在这幅长115米，高2.10米的画卷中，画家描摹了200多位接近真人大小的和田维吾尔人，他们携家眷，带家什，逛巴扎，赶集市，龙清廉先生用朴实深厚的画笔再现了这一传统生活方式，并耗时30余载，将当年入疆采风的构想成功转换为一套关于新疆文化对外交流的独特意象①。这个文化事件反映出，在龙清廉的心里，和田地区其实就是一个大的巴扎，对于在和田的生活，其核心不过是围绕着巴扎所开展的一系列生活图景。他清晰地用巴扎建立起他对和田的地方感。

图2-13　买买提江·阿布拉画作之二《乡村巴扎》

毫无疑问，《和田一条街》画的是一幅纸上的巴扎，

① 原新疆维吾尔自治区文化厅党组书记、著名评论家韩子勇先生在画展前言中盛赞，认为这是一幅“西域绿洲版的‘清明上河图’”。

图 2-14　龙清廉《和田一条街》(局部)

描摹的是一个巴扎里的新疆。这幅画生动传神地再现了南疆农村的田园时光。在这片绿洲上，巴扎里赶集的男女老少，他们约好时间，共赴一个传统的约定，完成一个日常的协商。赶巴扎对他们而言，既是一种日积月累形成的生活方式，也是一种街坊邻居进行人际交流、兑换物资的生存途径。诚如龙清廉先生在画展前言中所说的，他之所以有了这样的创作构想，是因为 1973 年夏天，他坐了 8 天汽车前往和田采风，被人山人海的和田大巴扎所震撼，彼时，万人攒动、人潮如海的集市景象让他难以忘怀，心心念念三十年的结果，便有了如今的纸上巴扎，田园意象。

的确，巴扎之于新疆，就如同胡同之于北京，巷道之于苏州，弄堂之于上海，大院之于山西，茶馆之于成都一般，传递着关于新疆乡村独有的文化身份与灵魂地标。这样迥异于内地的生活方式，是属于新疆绿洲生活所独有的，这正是画家何以想将其描摹入画的原因。因此，在画家的笔下，南疆巴扎上独有的细节通过农村生活的各种民俗事象得以构建和呈现，如成袋成袋的美玉奇石、艳丽无匹的艾德莱丝绸、针脚细密的各式花帽、维吾尔人的手工摇床、盛水器皿……

无独有偶，在阿瓦提县、麦盖提县，更多的维吾尔族农民们用彩笔绘出了自己心中的地方印象。在他们的画中，阿瓦提县、麦盖提县也均由一个个巴扎上的交易场景所构成，甚至整个新疆，在他们的心中也不过是一个更大一点的巴扎。这个例子至少说明，无论是经过专业训练的职业画家所代表的精英阶层，还是没有接受过专业训练的一般老乡所代表的普通大众，都一致认为巴扎最能够解释和表征他们所栖身的地区。在新疆巴扎与

图 2-15　龙清廉《和田一条街》(局部)

新疆地方感之间，没有悬念地建构出跨越阶层与民族的地方认同感。这为我们理解巴扎为何能从某个行为主体或者创作主体的即时印象中“脱颖而出”，跃升为一个能够表征新疆形象的符号空间埋下了伏笔。

第三，巴扎的意象空间是一个寄寓着维吾尔族人家园情怀与乡情意识的空间。对于很多作家而言，巴扎涉及与家园相关的意识，它是一个关于维吾尔族人家乡的空间意象。这就像汉语古诗词中提及“月亮”“鸿雁”“双鲤”“莼羹鲈脍”便让人联想到思乡，提及“五柳”“东篱”“三径”便能理解诗歌传递出的闲适抒怀之情一样。巴扎寓意着新疆南疆乡村田园生活的家园情怀。比如莫合德尔·亚森的画作《乡情》中，蒙着头巾、背着褡裢，赶着驴车的维吾尔族老乡们，簇拥在五颜六色的巴扎顶棚下，五彩的色块勾勒出一个巴扎的意象框架，寄予着作者浓郁的思乡之情；再比如在吐尔地·依明的画作《喀什老城巴扎》中，位于喀什老城脚下的巴扎，人群熙攘，老乡们或相互攀谈、握手问好，或三五成群，蹲下休憩，或左右顾盼，随意闲聊。在他的画作里，喀什老城最具民间吸引力、族群凝聚力与乡情表现力的去处便是巴扎，它与喀什老城相映成趣，对应互补，完整地呈现出一幅维吾尔族乡民世俗生活的画卷；再比如在著名作家刘亮程的笔下，巴扎与清真寺一起构筑了维吾尔族乡民的日常生活，形塑并传递出库车这座城市的完整记忆：

> 顺着一条巷子往前走，经过铁匠铺、馕坑、烧土陶的作坊，不知不觉地，便进入一片果园或苞谷地。八九月份，白色、红色桑葚斑斑点点熟落在地，鸟在头顶的枝叶间鸣叫，巷子里

> 的人家静悄悄的。很久，听见一辆毛驴车的声音，驴蹄滴答滴答地点踏过来，毛驴小小的，黑色，白眼圈，宽长的车排上铺着红毡子，上搭红布凉棚。赶车的多为小孩和老人，坐车的，多是些丰满漂亮的女人，服饰艳丽，爱用浓郁香水，一路过去，留香数里，把鸟的头都熏晕了。如果不是巴扎日，老城的热闹仅在龟兹古渡两旁，饭馆、商店、清真寺、手工作坊，以及桥上桥下的各种民间交易。这一块是库车老城跳动不息的古老心脏，它的头是昼夜高昂的清真大寺，它的手臂背在身后，双腿埋在千年尘土里，不再迈动半步。①

显然，在作家笔下，巴扎是库车让人印象最为深刻，同时也最核心的一个空间意象。他在穿越这座老城时，记录下他所看到的城镇细节，将本土、乡村、野趣、清真寺、老巷与巴扎日拼贴并联系起来，并将它们乡土化、原初化、本质化，成为构建库车印象的一系列重要内容与主题。然而，印象深刻的片段总会沉潜于记忆中，就像鲜艳的颜色总能吸引人的注意一般。当他在现实中再次提取这段印象，关于库车老城的记忆仍然选择与其笔下所描述过的最鲜活、最具“可滞留性”的巴扎空间相重叠：“直到这次，我再来到库车，看到多年前我一晃而过的老城还在那里。穿城而过的库车河、龟兹古渡、清真寺、满街的毛驴车，仿佛时光在这里停住，一切都

① 刘亮程：《在新疆》，春风文艺出版社2012年版，第61页。

没有过去，只有我的年华在流逝。”①

第四，巴扎的意象空间是一个象征着差异文化主体间文化交流与经验协商的空间。虽然自古以来，西域集市作为丝绸之路商品贸易的集散地便一直发挥着文化交流的功用，但是，它作为一个空间意象承担起类似的功能，毕竟不如其作为实体空间那么久远。让我们再回到龙清廉所画的《和田一条街》的例子，对于画家而言，当他图绘和田的巴扎时，在再现和田巴扎图景的同时，也在完成一份差异文化间的交往希冀。他画出的是画家回忆的异地模仿，一种自我经验的他者叙述，完成的是一份关于国人共有经验的价值流通。

新疆的巴扎作为一种定时定点的集市，相当于北方的“集”，江南的“市”，两广的“墟”，云南的“街子”，川黔的“场”。于是，赶巴扎便是赶“集”，逛“市”，转“墟”，溜“街”，赶“场”。除却交易的物品和赶集的族群外，就集市上的买卖行为和赶集经验而言，新疆与内地并无不同。因此，可以想见，从湘西苗寨山区走出的画家，第一次逛南疆的巴扎时，幼年时赶集的记忆在南疆的绿洲巴扎上得到了一种异域的呼应，获得了一种身份与地理位置的证同，继而引发了他的创作灵感。对此，画家在前言中也坦言，作为一名出生于农民家庭的苗族画家，他的情感与和田农民真实相通。约翰·伯格曾说，我们观看事物的方式受我们所知、所信的左右，从这个角度而言，画家笔下的巴扎时光更深地回溯并扎根于其个人经历的集市经验，也回溯向我们赶集的文化记忆里，因而在独特之

① 刘亮程：《在新疆》，第42页。

余，又具备一种普遍的人文意义和经验共鸣，这使得基于“差异地学”而产生的差异主体间的交流变得可能。因此，在画家的笔下，他在完成对巴扎这个“差异空间”的艺术巡礼的同时，也在进行“差异地学”间的沟通和交流，既相互区别，也相互协商，是求异，更是证同。对画家而言，《和田一条街》正是以一种正在被经历的“我”与同时被回忆的“我”的方式，以一种借他者的身份演示自我回忆与共有经验的方式，实现了空间意象的塑造与“差异地学”间的认同。

当我们承认人类的文化存在不同形式的空间或地理时，承认每一个个体都有自己独特的经验与空间体验时，也就意味着我们需要承认基于不同的背景、身份、族裔与空间经验的人来到巴扎上会产生迥异的巴扎体验，生成不同的巴扎意象，甚而这种描述本身便是“差异空间”相互碰撞、相异主体进行交流的产物。对此，凯瑟琳·马噶特尼夫人在她的回忆录中描写得格外具体：

> 也就在这一天，我走进巴扎后，热闹景象就出现了：我们周围挤满了一群又一群的人；女人和孩子们极力要摸摸我穿的外衣和其他衣服，而且直呆呆地盯着我的脸；最后我们被围得水泄不通，动都动不成了。围观的人并不是仇视我们，主要是产生了好奇，而且极想知道我们是谁，他们总是在喊“Feranghis”（外国人）或“Franks”（法国人）。但是，这一切却使我受不了，我们设法挤了出去，钻进了一家店铺，铺主立即给我们端上了茶和糖果。外面的人仍然极力想挤进来，但是跟随我们的仆人想法把他们驱赶走了，

后来我们顺着几条后街回到了家中。[①]

当然，在我永远告别喀什噶尔之前，我已经可以单独逛巴扎了，巴扎上很少有人再注意我，那时候在这里的欧洲女人对当地人来说，已经司空见惯了，他们再也不注意她们了。[②]

在这两段文字中，马噶特尼夫人详细地描述了她作为一位巴扎的外来者，首次逛巴扎时的差异体验以及即将离开时逐渐与巴扎相熟并被承认的过程。巴扎对于马噶特尼夫人而言是一个完全“差异化空间”，当她以反差极大的肤色、面孔、服饰装扮出现在这样一个“差异化空间”里，其行为本身便是差异文化交流的一次空间实践，其被承认的过程本身也是一个双向构建的过程，她被巴扎所接纳，与此同时，巴扎也为她的文字所承认。如此说来，其文字回忆本质上也是对这种空间实践的经验提炼、意象生产与差异认同。

综上可知，巴扎之所以能够被意象化，可以被视作一个意象空间，除了具备可被意象的空间结构外，更主要的原因还在于它的可被移情性与可回忆性。

首先，作为空间的巴扎本身并没有左右、上下、前后、大小、南北、颜色艳异之分，所有这些区别仅仅是因为巴扎内不同分区对不同主体而言具有不同的情感价值[③]。所以，在

---

① ［英］凯瑟琳·马噶特尼著，王卫平、崔延虎译：《外交官夫人的回忆》，第 61 页。

② 同上。

③ 参见［法］涂尔干著，渠东、汲喆译：《宗教生活的基本形式》，上海人民出版社 1999 年版，第 11—13 页。

纳瓦依的诗歌里，酒肆对他更具有情感吸引力；在莫合德尔·亚森等一些画家与导演眼里，五彩的顶棚被放大得以聚焦；在刘亮程等作家笔下，巴扎所处的空间位置能引起时光流逝的怀旧之感；在马嘎特尼夫人等游客的文字里，巴扎上他人的注视与打量吸引她的注意。巴扎的不同空间对不同的主体有着不同程度的可移情性，这决定着每个主体会根据自身的感情需要“制造”出不同的巴扎意象来。

其次，作为空间的巴扎，其方位的可记忆性使得它能够被“制造”成一种意象，成为一个地方集体记忆的源泉。在莫合德尔·亚森的画中，喀什巴扎位于喀什老城脚下，浓缩了老城的记忆并覆盖了画家的画布；在刘亮程的笔下，库车巴扎醒目地位于龟兹古渡旁边，向人们提示关于库车老城作为共同文化的回忆。诚如每个人都有自己的名字一样，巴扎的方位使得它如同被赋予名字般能够被记忆，它的可记忆性使得其所位于的一座城、一个地方由无名状态进入“共名”时刻，人们因此而被凝聚、联合起来，参与一个地方集体认同感的“生产”。对此，莫里斯·赫伯瓦克在谈及现代巴黎时早有共识，他认为不变的物质景观和对巴黎的共同的记忆，是将人们联系在一起的并得以相互交流的强大力量。凡此种种都在说明，人们努力在为自己所栖身的地方寻找足以让人印象深刻的物理空间，这个空间既能形成他们对自己所栖身环境的高度共识①，又能够带来更多感人的情感价值，而且总能深深融入他们的日常生活之中，铭写并修订他们

① Wohl, R. Richard and Strauss, Anselm L. “*Symbolic Representation and the Urban Milieu*”, *American Journal of Sociology*, Vol. LXIII, No. 5, March 1958, pp. 523-532.

有关自身的记忆。在新疆的乡土社会，这种空间被显在地发现为巴扎。而伴随着这种精神需求的日趋强烈，巴扎由一个意象空间变成一个符号空间的时段总要来临。

三、符号空间

乡村集市

集市荒芜了，还有小店铺，苍蝇
孩子们追逐它，远远的地平线
茅屋在枣椰林打呵欠。[①]

在最初，“BAZZAR”（巴扎，芭莎）仅仅指向巴扎自身，除了具备物理空间的功能外，它不会是别的东西。今天，巴扎更多地和时尚联系在一起，既是因为一本享誉中外的时尚刊物取名为《时尚芭莎》[②]（BAZAAR）的缘故，也是由于坐落于乌鲁木齐市二道桥的地标性建筑——大巴扎驰名国际的结果。就前者而言，从词源学的

① ［伊拉克］阿卜杜勒·瓦哈卜·白雅帖著，魏和泳译：《流亡诗集》，人民文学出版社1959年版。

② 该杂志创刊之初是以BEST CHINA FASHION英文刊的形式对全球发行，第二年，又以《BEST·中国时装》的方式开始在国内发行。2001年11月，杂志正式与时尚集团合作，刊名改为《时尚·中国时装》。2002年9月，与拥有139年历史的全球著名时装杂志Harper´s BAZAAR的版权合作在该刊出版100期之际被国家新闻出版总署正式批准，是一本服务于中国精英女性阶层的时尚杂志，传播来自时装、美和女性的力量。同时，该杂志在中国首次提出“让慈善成为时尚”的口号，连续7年举办年度盛会“BAZAAR明星慈善夜”，累计捐款高达2744万余元，开创全新的时尚慈善模式，有关该杂志的介绍可见时尚芭莎官网，http://baike.baidu.com/view/1249114.htm.

角度来讲，巴扎是波斯语词汇，原是突厥语族采用的一个处所称谓。随着丝绸之路贸易往来的日趋繁荣，巴扎这个词的音译经由旅行商人的口耳相传，开始流行于欧洲大陆，并再沿着新时期的贸易往来，从海上丝绸之路回传，最终跳脱出其原有的处所概念和地域束缚，跃迁为一个当代时尚符号的集合名词。就后者而言，巴扎作为处所概念，可以说是新疆独特文化空间的特有表征，这个概念，或者说这个处所，今天借由乌鲁木齐市二道桥国际大巴扎的地标景观，完成了由一个物理空间的原始功能演变为特定历史时期的政治经济文化想象的历史步骤，同样经历了从古丝绸之路诸多绿洲城邦间某个地域的异域情调，到一个都会城市时尚符号标志的能指漂移。换一个角度而言，如果说从古代社会的巴扎到今日二道桥的巴扎的变化仅仅是一种空间的历史变迁，那么，从二道桥的巴扎的筑造到时尚杂志 BAZAAR 的印刷出版，则又是一种文化空间的产生变成了一种空间的符号的生产。在这个过程中，实质的空间变作形式的空间，从而具备了一定的超空间性。历史地来看，这种变迁过程既非简单的意义耗竭，也非简单的意义增值，而是政治经济文化多重作用的综合体现。

从某种程度上讲，当我们更多地思考作为意象空间的巴扎所能表征的整体文化涵义时，巴扎便由一个文化空间的实体变成了一个被生产而出的符号空间。与巴扎作为贸易空间产生的时间一样，巴扎成为新疆区域文化符号表征空间的确切时间也无从确认。但是巴扎作为一个文化空间的符号生产过程，却是有迹可循的，这其中尤以乌鲁木齐二道桥国际大巴扎的生产过程最为醒目。

我们不妨回顾一下乌鲁木齐二道桥国际大巴扎产生的时代背景和历史过程。

今天，任何一个新疆人当被问及其所生活的地域最有象征意义的建筑物时，他们大多会回答是二道桥国际大巴扎。更多的新疆电视台节目片头、车视 TV 广告、杂志封面以及网页设计也都偏爱地将“国际大巴扎”作为新疆首府形象的化身，给予大量时段的播放和大量头版的编排。

乌鲁木齐二道桥国际大巴扎的问世，经历了一个从无意识规划到政府有意识“书写”设计的过程。清乾隆二十八年（1763），乌鲁木齐再次加固城垣，时称为“迪化”，1772 年在城西扩建“巩宁”城，现规划的民族风情一条街就位于老迪化城的南门一带。20 世纪 20 年代该地区已形成商业一条街，其繁华地段为南门外、南门、二道桥一带。民族特色非常明显。新中国成立前这里是乌鲁木齐的第二大商业中心，主要经营新疆各地的土特产。此外，二道桥一带则是清朝沙俄在乌鲁木齐划定的贸易圈的北端分界线，再向南即为俄商贸易区，俗称洋行街，后来德国、美国商人也先后进入，并在此设立了苏联领事馆，英、美领事馆。这样的地理空间位置，以及巴扎作为文化空间所具有的展演价值、场景价值和怀旧价值使得国际大巴扎在此处作为符号被生产成为历史之必然。根据乌鲁木齐市委、市政府把乌鲁木齐建成国际商贸城的经济发展战略部署和市委七届九次全会提出的把二道桥商贸圈建成乌鲁木齐市民族特色商贸圈的发展目标，建设一个具有民族特色和民族风俗人情的、集商贸娱乐为一体的建筑群是非常必要的。在这种历史背景下，国际大巴扎应运而生。该项目建成后，其建筑面积9万平方米，而旅游区展览面积2万平方米，成为国内最大、功能最全的民族商品展示销售中心，二道桥每日人流量高达10万人，可谓乌鲁木齐发展大旅游、大商贸、大流通、大边贸的集散地。

毫无疑问，二道桥国际大巴扎的空间生产中，文化被视作符码，是政治运作和商业运作的派生物，是乌鲁木齐这样的首府城市按照现代性的逻辑生产出来提供文化消费、观光旅游和怀旧审美的空间。相较于巴扎作为物理空间的产生之初，此时的国际大巴扎，作为首府符号的空间生产，已经从一个单纯的贸易处所空间概念跃迁为城市时尚符号空间指代，并进一步作为首府地标性的建筑群引领新疆文化符号的生产潮流。就这个结论，我们可以通过对作为符号被生产的巴扎的文化空间与自然形成的巴扎的文化空间的对比加以证明。

首先，从巴扎这个空间的形成过程来看，作为符号的二道桥国际大巴扎的空间生产不是社会关系延伸的自然产物，而是在政府意图与城市规划目的的作用合力中被有意生产出来的，它与巴扎产生之初的空间的延续性在于，都是利益交换与追逐的场所；不同之处在于，作为符号的二道桥国际大巴扎空间的生成，更是利益交换与追逐的产物。

其次，从巴扎这个空间的外观设计来看，自然产生的巴扎，一如笔者在前文分区域所描述的那样，街道左右上架篷盖，支有顶棚，简洁不费工序，能够遮阳避雨便可。而作为符号被生产出的巴扎的外观设计，格外强调其民族特性与文化独特性，同时还要兼顾一种人工的真实性。乌鲁木齐二道桥国际大巴扎的设计者以“新疆”这个独特的东西文化荟萃的地域主题为中心进行取舍安排，深刻地体现了伊斯兰文化的精髓。在方案中可以找到许多伊斯兰空间构成的独特手法，如拱、圆顶、廊和简洁的墙面几何体的巧妙转换等，同时又得坚持必要的减法原则，不可在淳朴的乡村集市幻象中暴露出宫廷阆苑的奢靡而失却其作为巴扎的原味来。

第三，从巴扎这个空间中人群的消费动力来看，在二道桥国际大巴扎这个被生产的符号空间中，居民因为实际需要才来购买的购物情景是不会发生的。因为，在被生产的巴扎空间中，精神消费与物质消费相互剥离了。在二道桥大巴扎购物的人清一色为观光客和外地人，他们的消费之旅更多情况下仅仅是出于对地方纪念品的占有冲动，而非实际所需。而对自然形成的巴扎的空间来讲，期间穿梭往来购物的人群主体都是当地的乡民，他们购物的动力在于满足日常实际所需的物质精神产品。

第四，从巴扎这个空间中人群的往来关系看，自然产生的巴扎空间里，人群的流动是稳定的，人群往来的基本关系是一种社群关系，是同向真实的情感指向与身份指向的交往关系，人群的经验是在地性、切身性的，在此基础上才能形成所谓的地方感、地方性以及族群的历史涵构。而在作为符号被生产出的巴扎空间里，人群的流动追求速度，人群往来的基本关系是情调主义、猎奇主义与观光性的暂时互动，是彼此不知真实身份的错身相逢，人群的经验是去地性、疏离化的。主体对巴扎的空间体验是在一系列差异性的民俗事象中更深地“陷入”，对于本地人来讲习以为常的生活细节，成了让观光游客陌生和兴奋的本地疏离。

总之，在作为符号被生产出的巴扎空间里，一切在自然形成的巴扎空间中真实存在的东西全都成了符号幻象和真实的类聚物。在这个被生产出的空间中，一如法国人鲍德里亚所言："从今以后，那些通常被认为是完全真实的东西——政治的、社会的、历史的以及经济的——都将带上超真实主义的类象特征。"①

从巴扎空间的自然产生到作为符号的巴扎空间的生产经历了一个漫长的历史流变过程，这个过程无疑是一个文化意义变迁的过程。这个空间由最初的为地点处所所表征的物理空间，演变成为族群的历史涵构所表征的文化空间，进而演变为富于情感结构与地方意蕴的意象空间，复又演变为地点与"书写"互动的空间符号。这一过程（如图 2-16 所示）既是一个空间文本的演变过程，也是一个社会变迁的过程，它在指向一个社会与历史实践下的地景变迁外，更使得巴扎的文化涵义完成了从新疆过去的实质环境延伸到新疆当下的地景象征意义的跃迁，而当这个空间通过再次被抽象为符号，如"时尚芭莎"的杂志名，便会超越空间重新转变为另一个"意义场域"有待开掘的文化符号。作为符号空间的巴扎，它可以是"时尚芭莎""艺术芭莎""美食芭莎""影视芭莎"，以及任何以人群集会消费为目的地的任何"芭莎"，它能够在时代变迁中通过媒介方式的转变，通

① ［法］鲍德里亚：《类象》，转引自［美］凯尔纳、贝斯特著，张志斌译：《后现代理论——批判性的质疑》，中央编译出版社 2004 年版，第 152 页。

过多种路径被生产、批量复制，用以指代它最初无法指代之物。

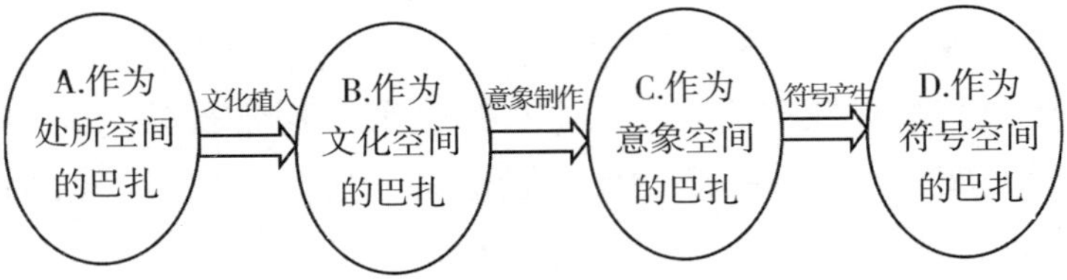

图 2-16　A—D 从处所空间到符号空间的巴扎意义变迁

事实上，巴扎作为一个纯物理的处所空间从提供消费到被消费，一方面是现代化进程的必然结果，这个过程会形成对历史和传统的冲击，引发人们对消失了的美好时光的怀念与对现代性的批判；但是，另一方面，这个进程又会重新整合传统和历史为自己所用，在传统和历史生活消失的现在时刻，重新生产出消失的时光和地方性，二者互为辩证。

综上可知，与作为意象空间一样，巴扎之所以能够被符号化，可以被视作一个符号空间，除了具备可被编码的意义结构外，更主要的原因还在于新的技术条件下，它作为象征结构的可被复制性与可被生产性。

结　语

在本章中，我们将空间作为一个研究视角，介入对新疆巴扎的文化阐释之中，意在分析新疆巴扎从产生到发展的历史流变，本身也是一个文化意义变迁的过程。

文章认为，巴扎作为一个空间概念，由最初的为地点处所所表征的物理空间，演变成为族群的历史涵构所表征的文化空间，继而演变为富于地方感，具备情感结构的意象空间，进而演变为地点与书写互动的空间符号。这一过程，在指向一个社会与历史实践下的地景变迁外，更使得巴扎的文化涵义完成了从新疆过去的实质环境延伸到新疆当下的地景象征意义的跃迁，并逐步参与到新疆的文化符号的生产之中。

在第一节里，笔者结合大量田野调查实例，首先详细地分析了构成巴扎内部空间的顶棚、铺位、主干道、围栏、档、边界与缝隙等处所空间的基本结构以及其结构形成过程背后富含的文化意义；其次分析了巴扎与巴扎之间的空间构成如巴扎环、公路、客运站，探讨了它们在发挥地区巴扎网络方面的功能以及在塑造地理边界与身份边界方面所发挥的积极作用。

在第二节里，我们结合相关的文本信息、图像信息以及实地调研的信息，探讨了巴扎由文化空间向符号空间演变的基本线索，强调其作为新疆绿洲生活体系的重要空间形态在表征地域符号方面起到的重要作用。

借由空间与巴扎关系的分析，启迪我们在如下几个方面更深入地思考巴扎的空间结构与意义：（1）巴扎里的空间作为赶（逛）巴扎的人的人格延伸，借助于人—空间的模式，在划定物理空间的同时，也在划定一种价值范畴、生活范畴与意义范畴；（2）巴扎的空间是一个生产系统并必然是一个地方性的生产系统，服务于地方的贸易市场与经济网络；（3）巴扎内部的空间结构暗含着阶级分层的功能，同时也能容纳异质性的阶级体验；

（4）文化意义、意象意义与符号意义上的巴扎，绝非一个可以被轻易排除在意识形态和政治实践之外的研究对象，它始终具有战略性，是一个充满着各种意识形态的产物[①]；（5）巴扎作为维吾尔族人生活空间的典型场景，在功能上更多地面向并支持族际间的交往，作为绿洲生活传统的交往方式，是一座天然的"跨文化之桥"。

总之，怎么看，巴扎所涵盖的空间内涵，都远比它表面看上去的要更为复杂。无论历史还是当下地看，巴扎都是我们绿洲生活与交往方式的一种空间原型。虽然内聚焦地来看，它指向"大门外的事情"，然而，调整视点，外聚焦地去看，它作为一个空间整体，未尝不像一个更大的家园。正如韩子勇先生在《浓颜的新疆》一书中描写的绿洲空间体验一样："绿洲，太像是路边的家，是'封闭'和'打开'的代名词，是出门远行和返乡之路，即使没有一间房屋，没有一个亲人，这个家也已经被完成。"[②]

---

① Lefebvre，H.，*Reflections on the Politics of Space*，Antipode，1976，Vol. 8（2），pp. 30-37.

② 韩子勇：《浓颜的新疆》，新疆人民出版社2008年版，第109页。

第三章　巴扎时间志

> 时间和空间，以及时间和空间的产物，构成了我们的思维框架。[①]
>
> 为了孩子们能快乐，成年人必须得快乐。为此，我们需要时间。为了过上无须奔波忙碌的日常生活，我们需要时间；为了过上文明体面的日常生活，我们需要时间；为了有机会成为公众人物，我们需要时间。此外，我们还需要闲暇时间。我们需要的闲暇不是以牺牲劳动时间、家庭时间、政治时间为代价。我们需要的是作为剩余时间的闲暇时间。[②]

毋庸置疑，巴扎（集市）在维吾尔族人的日常生活中是极其重要的一个场所，与维吾尔族的历史社会生活有着极为密切的联系。从历史的角度看，我们甚至可以

---

① President of the British Association, 1934, Cited by F. M. Conford, *The Invention of Space* in Essays in *Honor of Gilbert Murray*. Lodon. 1936. 216.

② 参见［奥］赫尔嘉·诺沃特尼著，金梦兰、张网成译：《时间：现代与后现代经验》，北京师范大学出版集团2011年版，第77页。

认为，维吾尔族人或者穆斯林群众生活的全部传统方式都是在连接城镇与乡村或者绿洲的巴扎里形成的。将维吾尔族人乃至整个穆斯林社会描绘成一部城镇的历史，或者说从城镇生活的日常细节把握维吾尔族人的行为规范和观念意识已是老生长谈。中世纪的穆斯林早就说过，城市有两个焦点，星期五的清真寺与市场[①]，可见，清真寺与巴扎在穆斯林世界中的显要地位。而若是将巴扎与清真寺相比，前者在维吾尔族人的心里具有更强的世俗性与日常性。对此，维吾尔族人有不少民谚，如“去巴扎找幸福”，“离巴扎近一些，麻扎远一些”等等。如此说来，一个典型的维吾尔族商人一生的大半时间，可以说都是在巴扎以及去巴扎的路上度过的。因此，梳理、分析维吾尔族商人在巴扎上的时间对于概括维吾尔族人的日常生活、考察维吾尔族人的文化心理便显得格外必要。

较之于上一章节，我们将巴扎看作是一个空间的集合来分析巴扎的文化意义而言，这一章我们将从把巴扎看作是一个时间的集合的角度入手，探讨巴扎日的时间在构建维吾尔族人的日常生活、形成维吾尔族人文化心理方面所起到的作用。事实上，维吾尔族人的巴扎文化更准确地说应该是一种时间的文化，一种在巴扎日上可以用时间对诸多行为进行铭写、修订的模式和系统。正如黑格施特兰德所说，文化其实完全“可以被看作是无

---

① 转见［英］弗朗西斯·鲁宾逊主编，安维华、钱雪梅译：《剑桥插图伊斯兰世界史》，世界知识出版社2005年版，第161页。

形中蕴含在物质世界中的时间的主要修订体系”①。换言之，挖掘维吾尔族人的巴扎文化，实际上就是透过巴扎的空间屏障去看巴扎上的时间集合，揭示这个集合背后隐含的模式和体系。质言之，考究巴扎文化的关键，在于能否找出巴扎里的“隐形时间”；分析巴扎文化的关键，则在于能否再现巴扎里“隐形时间”的文化模式。

第一节　巴扎里的时间

一、约定的时间

巴扎日是被构建的时间，维吾尔族人的巴扎有着严格的时间周期，通常按星期排列，以七天为一个时间轮回，每一天都能成为一个巴扎日。因而，不同的地点处所，可以拥有同一个巴扎日，而在同一个地点处所也可以有多个巴扎日轮流出现。以新疆和田地区墨玉县的巴扎日期为例：星期二是墨玉县的奎牙乡、英也尔乡、喀瓦克乡等三个地方的巴扎日；星期四是托乎拉乡、喀尔赛乡、吾尔其乡、吐外特乡等四个乡的巴扎日。县城里的巴扎大多在星期日，而乡村里的巴扎是除了星期日以外的其他日子。可见，巴扎日本质上是一个经集体协商约定好的时间，巴扎是维吾尔族人集会的一个时间约定。

---

① Hagerstrand, T. , *Time and Culture*, In G. Kirsch Nijkamp and K. Zimmermann (eds), *Time Preferences: An Interdisciplinary Theoretical and Empirical Approach*, Berlin, Wissenschaftszentrum, 1985, p. 10.

问题在于，巴扎作为一个时间约定，是与谁的时间约定？

在笔者看来，巴扎首先涉及与农牧民的时间约定。这主要可以从巴扎的市值差异与周期规律考察发现。一般而言，夏秋两季，巴扎的市值较高，持续时段较长，而秋冬两季市值较低，持续时段较短。也就是说，在巴扎上，一年内 5 月至 11 月的商品交易额处于上涨期，而 12 月至第二年 4 月的交易额则处于下跌期。考究这个市值起伏规律性背后的原因，不难发现，巴扎的市值起伏与农牧民的收支情况有着直接对应的关系。因而，巴扎其实是与农牧民农忙季节的一个时间约定。

其次，巴扎涉及到与"安拉"的时间约定。在真主"安拉"的启示中，多次提到自食其力，经商就业的重要性。穆罕穆德在创教传教的过程中，更是始终把造福民生的经济生活放在首要位置。的确，穆斯林一向有重商济世的传统，穆斯林商人有较高的社会地位和声誉。究其缘由主要与伊斯兰教主张教商合一的理念以及穆罕穆德从商的经历有关。在伊斯兰教看来，经商是受真主喜爱的职业，是一份体面的工作，原因在于商人需要穿梭于世界各地的巴扎中经营贸易，作为使者的穆斯林商人，在经商的同时可以完成"安拉"托付的传教任务，扩大伊斯兰教的影响。《古兰经》中，真主"安拉"启示道："我在你之前所派遣的使者，没有一个是不吃饭的，没有一个是不往来于市场之上。"（《古兰经》卷一九第二五章［20］节）[①]。而伊斯兰教权威教义学家伊玛

---

① 本文中所有引自《古兰经》的内容均出自马坚翻译版，中国社会科学 1981 年版（电子书本）。

目安萨里对正统的穆斯林商人的宗教操守提出过七项非常严苛的规定，其中有一项便是要求穆斯林商人在“集市上常记安拉，常念颂主清净词与颂主独一词；集市上疏忽大意者之间记念安拉更为优越”。可见，巴扎日其实是维吾尔族人作为穆斯林对“安拉”尽忠的一种时间约定。

第三，巴扎涉及到与礼拜的时间约定。在新疆南疆的城镇乡村，很多巴扎就在清真寺周边展开，这主要是为了方便穆斯林群众在做礼拜之日，或者朝拜麻扎之后能够顺便逛一下巴扎。因此，很多巴扎日其实是在礼拜日形成的。比如墨玉县托胡拉乡的巴扎便是在礼拜日这一天形成的。相传，很多年前的一个居玛日（星期五），人们在路边的清真寺做礼拜出来，突然看见一个人手里拿着两只鸡站在清真寺前。有一个人问他：“卖不卖鸡？”手里拿着鸡的人说：“卖。”于是这笔关于鸡的生意便算成了。从此这个乡被称呼为“托胡拉”[①]，人们也就默认般协定每个星期五在这清真寺前做买卖。日久天长，随着饭馆和馕坑的日渐增多，就这样在这里形成了一个巴扎。因此，有的巴扎实际上是与维吾尔族人礼拜日的一种时间约定。

二、受控的时间

一个巴扎的受控时间是与维吾尔族人的工作时间紧密相连的，这种受控时间指的是在巴扎日可以被使用、分配和交换的时间。如果说，巴扎的约定时间更多地指

---

① 维吾尔语音译，意为“鸡”。

向过去，那么巴扎的受控时间则是在言明当下，是一个现在时的进程，是巴扎的过去时间与未来时间的中间状态。具体而言，这种受控时间在巴扎上主要表现为维吾尔族人经营买卖的时间、开张生意的时间、讨价还价的时间以及展示手艺的时间。

（一）经营时间

假设一个维吾尔族商人与一个汉族商人同时在巴扎上经营买卖，他们二人对经营时间的认知恐怕是有差别的——至少在经营时间的起点和终点上是迥然不同的。一个汉族商人可能会起早贪黑，日出而作，日落而息，准时营业，按时收工，在经营买卖时始终有着强烈的“时间包袱”；而一个维吾尔族商人则不然，他们对经营时间有着在汉族人看来是随意，在他们自己而言是恪守宗教操守的认知。根据伊斯兰教权威教义学家伊玛目安萨里对穆斯林商人提出的七项法则第五项来看，一个正统的穆斯林商人不应太在意经营时间的紧迫性，“不应过于留恋集市和生意，即不要成为第一个入集市最后一个出集市者，这属于可憎行为”[①]。造成一个汉族商人对经营时间紧迫性的在意与一个维吾尔族商人对经营时间紧迫性的不那么在意的原因，在于二者背后迥然不同的文化指令。一个维吾尔商人在使用经营时间时，受控于其所信奉的穆斯林文化给出的指令，他的经营时间是一种散点模式，这造成了他在经营时间段的任何一个点上都能随意出入，而一个汉族商人的经营时间则是一种位

---

① ［阿拉伯］安萨里著，张维真、马玉龙译：《圣学复苏精义》（上），商务印书馆2001年版，第267—268页。

移点模式，这要求他必须把握好经营时间段落的起点和终点。

（二）开张时间

仍然是假设一个汉族商人与一个维吾尔族商人同时在巴扎上做买卖，他们二人对生意开张时间和持续时间也有着差别认识。当然，在重视生意开张这一点上，二人完全是有所共识的，他们都无比在意第一笔生意，认为第一笔生意决定了一天的买卖走势。只不过，一个汉族商人会将第一笔生意的顺利成交归结为运气，而一个维吾尔商人则会将其归结为“胡大”的示意。

紧接着，二人在开张时间段落的差异便会体现出来。一个汉族商人会认为生意开张了，便需要更加勤奋地做事，他会积极地活动起来，例如勤奋地记账、积极地张罗生意，表现出做事的状态，以示开张。而一个维吾尔族商人则表现得不那么勤奋，他甚至根本不会去记账，至多数数钱，他会有时冥想静坐，有时观望、祈祷，在他看来静坐、祈祷也是一种做事状态，也是对开张时间的重视。

毫无疑问，决定一个汉族商人和一个维吾尔族商人对开张时间差异认识的，仍然是其背后不同的文化心理。一个维吾尔族商人在分配自己的开张时间及其持续状态时，更多会考虑对真主的敬重。他的开张时间是一种静态的时间模式，在处理时间的流逝这一点上，他通过静坐祷告向真主致谢表达了对生意的重视。而一个汉族商人对开张时间的分配则是一种动态的时间模式，他认为只有动起来才能证明自己在做事，不辜负辛苦开张的好运气。

（三）讨价还价的时间

在巴扎上，一个维吾尔族商人与一个汉族商人对议价时间的处理也是完全不同的。通常情况下，汉族人的议价模式建立在一个假设的基础上，即买卖双方都有各自隐蔽的高限与低限，卖方毫无疑问是要索要高限的，买方则自然而然要追求低限。讨价还价的时间里，双方都执着于发现对方价钱的上下限，同时又不暴露自己可以接受价钱的上下限。所以，一个汉族人的砍价时间是双方优越感的博弈时间，在意的是最短的时间内是否能多砍几成。而一个维吾尔族人在议价时，买卖双方是没有上下限的，他们更多地是依靠彼此共识的环境条件来判断，或者说更多依赖对买卖商品在巴扎中的一般实价来判断。对于全民信教的维吾尔族人而言，合法的买卖一定是接近实价的买卖。《古兰经》中对此有明确规定："真主准许买卖，而禁止暴利。"（《古兰经》卷三第二章［275］节）"穆罕默德也强调："买主与卖主只要未离开行商之处皆可自已经营，倘若他们在买卖时说实话，不隐瞒商品和钱币的缺陷，则他们的买卖定会兴隆。倘若他们隐瞒商品和钱币的缺陷，买卖时讲假话，兴隆的买卖定会毁掉。"① 与此同时，穆罕默德还特别提醒信众，凭撒谎来使其货物畅销的商人，在复活日不会蒙受真主的惠顾，真主也不会给他纯洁，而且还将遭到痛苦

---

① ［埃及］穆斯塔发·本·穆罕默德艾玛热编，穆萨·宝文安哈吉、买买提·赛来哈吉译：《布哈里圣训实录精华》，中国社会科学出版社 2004 年版，第 125 页。

的惩罚[①]。

由此来看，一个汉族人在讨价还价的时间中享受到的乐趣和展示出来的智慧，在一个维吾尔族人看来则会是全然相反的一面，甚至会感到置身险境。对于一个汉族人而言，巴扎中讨价还价的时间恰巧是接近真实的时间，买卖双方在议价时持续的时间越长，则越能接近商品真实的价格；而这种观点在一个维吾尔族人看来则全然不是那么回事，对他们而言，讨价还价的时间有类似欺瞒的时间的嫌疑，买卖双方在议价时持续的时间越长，则越背离商品原有的价格，甚至会完全超出卖方对商品行情的认知，即越接近一种虚假的时间。

试想，当一个汉族人将自己议价时间的模式带入到一个维吾尔族人的议价时间模式中，便会导致一些麻烦。在巴扎上，经常会发生这样一种情况，当一个汉族人在购买维吾尔族人的商品时，往往在没有进入议价时间时，就会被要求接受商品的成交。在汉族人看来，他不过只是对有兴趣的商品张口问价，距离其真心购买还缺少一个讨价还价的时间准备；而在维吾尔族人来看，问价却不购买本身便是不真诚的表现。根据笔者在南疆巴扎的调查来看，这种情况时有发生地存在于汉族人与维吾尔族人的议价情形里。而根据有些学者的研究，它也部分

---

① 对此要求，艾卜·赛阿德专门传述过一个这样的故事：说有一个游牧人带来一个山羊，艾卜·赛阿德便问他："你这只羊，三个迪尔（银币）出卖吗?"，游牧人说："指真主发誓，我不卖"。可是稍后，这个牧人便以三个迪尔（银币）卖给了他。艾卜·赛阿德向穆罕默德谈及此事，穆罕默德当即便说："此人以其今生出卖了他的后世"，足见，在穆斯林看来，隐瞒真实价格是恶劣的事情。

地发生于穆斯林与非穆斯林之间[①]。需要指出的是，在他们（一个维吾尔族人与一个汉族人）的讨价还价中，涉及的不仅是商品与货币的交换，更是一种时间与另一种时间的交换，一种隐形文化模式与另一种隐形文化模式的交换。在这种交换中，时间越过货物成为商品自身，双方争夺的都是时间而非货物。

（四）展示手工艺的时间

巴扎日上还存在一种隐形的可被交换的时间，即维吾尔族人手工艺品制作的时间，或者说巴扎上的维吾尔族商人展示传统手艺的时间。

巴扎上有大量的维吾尔族人的手工艺品，在这些手工艺品的现场制作中，工艺品内含的传统时间被创造成了一种商品得到了展示，并具备了可以交换的价值。我们经常在维吾尔族人的巴扎上看到类似的各种各样的手工艺品，如玉雕、腰刀、日用铜器、木器、陶瓷、首饰、花帽、地毯、艾德莱丝绸等。这些手工艺品（包括维吾尔族人的传统饮食）受惠于一种维吾尔族人民间的传统时间，或者说过去时间，并在巴扎的现在时间中期待得以向未来时间兑现现实利益。也就是说，保留在这些手工艺品中的过去时间变成现在的维吾尔族人兑现未来的商品。质言之，现在

---

① 爱德华·霍尔在《无声的语言》一书中，曾就美国人与阿拉伯人对待讨价还价的态度有过精辟的分析，根据他的分析，结合笔者在喀什市镇巴扎观察到的情形、访谈调查的结果显示，一个美国人与一个阿拉伯人在巴扎上讨价还价会遭遇的情况，在某些情况下，与一个汉族人和一个维吾尔族人进行交易时十分相似。参看［美］爱德华·霍尔著，何道宽译：《无声的语言》，北京大学出版社2010年版，第98—100页。

时间里手工艺品的买卖，实则是一种过去时间与未来时间的交换。在这种交换行为的背后，起决定作用的是维吾尔族人对自己传统文化的认同。换言之，在维吾尔族人手工艺品的交换中，起控制作用的是传统时间里的文化身份，祖辈的文化遗产。过去构成了对等待未来利益的一种控制。手工艺品里封存的过去时间，或者理解为消逝的时间，实际上参与了“现在的未来”，即：过去由于现在的需要而超越了未来、控制了未来。

正如有些学者指出的那样，“保留于现在的过去是我们的前辈超越的遗产。思想、传说、文字记载、神圣建筑物和艺术；发明、宇宙论和机构；如今已经覆盖地球以及周围空间的通信网络；全部都是过去的人们与其未来关系的丰碑。通过它们，我们的前辈超越了其自身的存在，超越的方式不同于保存记录，不同于只是拥有过去。最好把这种过去理解为过去的未来”①。

三、多重的时间

以上我们对巴扎中隐形时间的探讨都是在一元时间集合里的探讨，即对一次只做一件事的时间集合里隐形时间的分析。然而，在巴扎日，还存在一种多重时间的集合，即一次做多件事的时间集合。打个比方，如果说巴扎上的一元时间集合是一种专心的时间集合，那么巴扎上的多重时间集合则是一种“不专心”的时间集合。其实，巴扎日的产生就是一种多重时间集合的结果，最

---

① Koselleck, R., *Vergangene Zukunft*, *Zur Semantik geschichtlicher Zeiten*, Frankfurt a. M., Suhrkamp, 1985.

初的巴扎的出现正是维吾尔族人做礼拜之余顺便集会一下的产物。

当巴扎上的维吾尔族人在使用一元时间追求利益之外，若是还能关注一下有多少时间可以被分配于交际、休闲、分享、期待时，就会产生多重的时间。因而，相对于一元时间而言，多重时间是一种空闲时间，是一种期待被获得与拥有的时间，这种时间能够在单一时间集合之外再次划分巴扎中维吾尔族人的群体、层级和角色。具体来说，这种时间的多重形态在巴扎上的主要表现为闲聊时间、“背地克”时间和“档奇”时间。

（一）闲聊时间

巴扎上经常可以看到几个维吾尔族人聚在一起，三三两两，闲话家常。甚至有些时候，店主可以在经营时间的关键时刻，挤出时间来消磨。当一个汉族商人正在为一天计划要完成的交易量费尽思量时，一个维吾尔族商人可以在开张生意之后便投入到闲聊或者交际的时间中去。

对于一个汉族商人而言，他会很容易接受“时间就是金钱”的观点，这是因为，他笃信在同一时间内只能做好一件事情，这种认知使得他在巴扎上只能专心关注于自己的生意，始终严格要求自己按照一个巴扎日的计划去安排行事的时间顺序，尽量避免分散注意力导致将做生意这件单一的事件分散来做。他会认为工作便是工作、休闲便是休闲、聚会便是聚会，一如上文分析过的，时间的线性特征在他做事的进程中表现得极为明显，对他而言，时间会因所从事的活动不同发生断裂，这种时间观念的背后隐含的是一种单一时间文化。

与之相反的是，在一个维吾尔族商人来看，他在做一件事的时候可以顺便完成多件事情，并且这些事情在同一个时间集合里都能和谐相处，互不干扰，时间在他这里没有发生断裂，只是由一元增生为多重形态，这种时间观念的背后隐含的恰恰是一种多重时间文化。巴扎上维吾尔族人的闲聊时间、观看斗鸡、摔跤等娱乐时间，恰恰反映出他们时间的多重性。

（二）“背地克”时间

维吾尔巴扎上有一类专门为说和价钱而存在的人，叫做“背地克（bedik）”，他们斡旋于卖者和买者之间，调节价钱，促成交易。需要点明的是，“背地克”绝不同于“托儿”。同样作为买方与卖方之间的中介，“托儿”毋需调和买方和卖方的关系，他存在的价值恰恰体现在离间双方关系上，而“背地克”的存在则是为了调和买卖双方的关系，并以此来获得自己的优越地位。也就是说，在巴扎上，“托儿”是不荣誉、不合法的一种身份角色，而“背地克”则是一种可以合法存在的角色。如此说来，巴扎日上专门有一种时间是属于背地克的时间。这种时间在坚持单一时间文化的民族看来也是十分奇怪的，因为单一时间文化是追求利益最大化的一种文化，或者也可以说是追求效率的文化。持这种文化观念的人会认为“背地克”时间在巴扎时间里是一种多余时间，是减低效率的时间。

但是维吾尔族人却认为“背地克”时间是增进族群情感，强化族群向心力的一种必要时间。《古兰经》中经常被穆斯林引用的一句话便是：“你们当全体坚持真主的绳索，不要自己分裂”（《古兰经》卷四第三章［103］节），还要求：“如果两伙信士相斗，你们应当居间调停”（《古兰经》卷二六第四九章［9］节，“信士们皆为教胞，故你们应当排解教胞间的纷争”（《古兰经》卷二六第四九章［10］节）。由此可见，对于穆斯林而言，任何利益冲突都不能离间信众或者说族群内部兄弟姐妹间的感情，一旦出现利益之争，同族人有义务进行调停，帮助排解。从这个角度看，“背地克”在维吾尔巴扎中的确有其存在的必要性，而“背地克”时间对于维吾尔巴扎日而言，也是一种必要的时间。

值得一提的是，早期的穆斯林巴扎里，有一类被称作“马赫塔西卜”的人，即市场监督官，他们能佩剑出入巴扎，他们的作用在于监督巴扎中是否有有违伊斯兰教教义的行为，同时代理真主执行劝善戒恶的职责。这类人在巴扎中的时间与“背地克”在巴扎中的时间本质上是一致的，即展开一种共享伊斯兰教义的时间，他们的角色身份也具有趋同性，都是以宗教教义为依据，通过这种代真主而言的“压倒性地施予”来获取自身的优越地位。

造成以上两种对待“背地克”时间截然不同态度的原因恐怕在于，坚持一元时间文化的人从事的是一种“我”的生意，而维吾尔族商人的文化强调的却是一种“我们”的生意[①]。“对于伊斯兰教来说，金钱并不违反

---

① 维吾尔族商人，或者说穆斯林商人总是把一个人群，更准确地说是穆斯林人群作为一个家庭共同体进行管理，彼此间再大的利益冲突也是属于家族内部的冲突，这种族群共同体的认同心态在遇到他者文化时表现得极为明显。

道德或被鄙视，但它应该有利于社会。事实上，《古兰经》提出金钱和地上所有的资源一样都属于神，人类的责任是让它为集体带来成果。带利息的借贷是禁止的，资本收入则不是，因为它要冒一定风险：生产性投资是被鼓励的，因为它为增加财富和福利作出了贡献。会被谴责的是，把神的用来给集体的金钱积攒起来或挥霍掉。致富是正当的，甚至是被鼓励的，但条件是要创造财富（因此禁止投机和纯凭偶然的赌博），而且致富不能是个人行为，应该是集体的"①。

（三）"档奇"时间

维吾尔族人的巴扎日还有一种属于"档奇"（dangqi）的时间。"档奇"是档（dang）的主人，而"档"则是维吾尔族人在巴扎上存放畜车的地方，相当于百货商场里地下停车场。"档奇"时间也就是"档奇"们向赶巴扎的人收取费用的时间，很多"档奇"们自身在巴扎中也另外拥有摊位。"档奇"们在巴扎中也是一个阶层，他们拥有合法的地位。比如，在巴扎上多年从事这个行业的人，自然而然具备了在他（她）的名字后可以加上"档奇"的资格，如买买提"档奇"、迪丽努尔"档奇"等，这就跟工作多年的教师可以获取相应的教师职称的道理一样。与此同时，这也表明"档奇"时间会是一种对未来利益要求回报的投资时间，这种投资将"档奇"时间变成了一种资源、一种值得等待的时间。"档奇"们在这种必须经历的时间中，将曾经使用过的时间转化成了"一种体现服务价

---

① ［法］米歇尔·苏盖马丁·维拉汝斯著，刘娟娟、张怡、孙凯译：《他者的智慧》，北京大学出版社2008年版，第133页。

值的资源”[①]。换言之，未来在“档奇”们等待的时间中取得了现实的合法地位。

巴扎日中的“档奇”时间是一种可以期待，并在将来可被拥有的时间，“档奇”的合法称谓赋予准“档奇”们一种理想远景，使得他们愿意等待，愿意在巴扎日的交易之外分配出一些时间用来等待，这种等待正是英国人魏格特曾经指出的一种“文化赋值型等待”[②]，它通过把现存的权力有效化、合法化，进而划分出一个社会的阶层，实现时间对社会的重组和分化。

总之，巴扎的多重时间集合与单一时间集合间最大的不同便在于，多重时间是一种闲余时间，是单一时间的剩余价值，它与商业利益无关，而与人们的心情满意度有关，是可以选择、可被拥有的时间，因而也是一种相对超前的时间。

如上所述，巴扎里的时间远远超出了时钟和日历时间的范围，也超出了我们一般概念理解中显性的时间范畴。在巴扎上，“时间是一个生活事实，并且是存在之根本”[③]，它几乎涵盖了维吾尔族商人日常生活与文化心理的全部要素。在这个汇集了单一时间与多元时间集合的时间里，同时又散落着许多隐形的时间子集，它们所体现出的规约性、受控性与多重性，深刻地折射出维吾尔族人独特

---

① 参看 Schwartz，B. Waiting，*Exchange and Power：the Distribution of T ime in Social Systems*，*American Journal of Sociology*（1979），p. 841.

② Weigert，A. J.，*Sociology of Everyday life*，London，Longman，1981，PP. 229-230.

③ ［英］芭芭拉·亚当著，金梦兰译，陈生梅校：《时间与社会理论》，北京师范大学出版集团 2009 年版，第 151 页。

的巴扎文化：一个混杂了单一时间文化与多重时间文化的文化；一种族群共同体文化以及教义共享的文化；一种世俗文化与宗教文化相互交织，个体文化与族群文化彼此交融，过去、现在和未来可以并置的文化。

综观上文，笔者仍要指出，维吾尔族人的巴扎日由于其本质是对周期性时间过程的坚持，在某种意义上意味着对一种逝去时间的回溯，这也无形中反映出维吾尔族人对待自身文化的态度：厚古薄今——通过将巴扎日本质化，实现对无法回避的过去时光的缅怀，并总是试着参照过去意图去重构未来，在这个过程中伊斯兰教文化无疑起到了主导作用。对此，阿拉伯文化学者格扎维埃·勒巴克曾做过深入分析，她认为在伊斯兰教传统中，“流逝的时间被看作是撒旦为了使我们抛弃我们真正的本质、远离神圣根源并走向遗忘的工具……如何能改变世界而不让世界被扭曲？如何能推动发展而不远离自己的根源？”她还认为：“世俗的时间是逃避的意思：正如河流远离它的源头，时间使我们远离我们的根源……（与此相反），神圣时间则与世俗时间进行斗争，帮助人们追溯过去，帮助人们想起他的来源，并找回他的根源。”①

① 参见［阿］格扎维埃·勒巴克：《了解阿拉伯—伊斯兰文化》，布鲁塞尔：CBAI 和工人出版社 1997 年版，转见［法］米歇尔·苏盖马丁·维拉汝斯著，刘娟娟、张怡、孙凯译：《他者的智慧》，第 105—106 页。

第二节　时间的分配

> 时间会说话，而且说得比言词更加明白。由于它不大受人有意的操控，所以它不像有声语言那样受到扭曲。在语词撒谎的地方，它能高声宣示真相。[①]
>
> 老屋里的闲聊成为故乡雨中唯一的风景。比如，赶早集的人一定要等到鸡叫头遍才好上路。此时阳气上升、阴气消散而百鬼退避，黑潮退去的大地显露出人间的舞台，阳间的故事才得以上演。[②]

从巴扎与赶巴扎的人的时间关系来看，赶去一个巴扎会有一系列的时间程序，要经历一个时间的链条或曰流程。你是否拥有一张属于自己赶巴扎的时间分配表，其中涉及如下问题：你在一周里分配多少时间赶巴扎？在一天花多少时间用于准备赶巴扎？多少时间用于在路上？在一天里又分配多少时间在巴扎上？在巴扎上，你每完成一件事情的时间间隔是多少？在巴扎上你预备多少时间是留给自己的？多少时间留给别人？多少时间用来赚钱？多少时间用来等待？多少时间用于兼顾其他事

---

① ［美］爱德华·霍尔著，何道宽译：《无声的语言》，第6页。

② 韩子勇：《深处的人群》，新疆人民出版社2009年9月版，第371页。

情？你准备什么时候离开巴扎返回家中？

据笔者南疆实地调研观察所知，大部分赶巴扎[①]的人，其时间具有规律性，在他们的心中实则潜藏着一张赶巴扎的时间表，只是这张表太容易被遗忘和忽略[②]，因其具有一定的“日常性”，而并不被所有赶巴扎的人所重视，未能浮出潜意识的水面。他们大多会在被问及时，思考一下，接着就能流利地说出他们实则已经完成过的时间流程。与此同时，不同的人对在巴扎日时间的不同分配，还在一定程度上反映出巴扎日里看似散漫的时间背后所隐含的秩序性与规约性。

一、时间的流程

巴扎的时间流程，隐藏在每个赶巴扎的人的潜意识记忆里，背后起决定作用的是主体基于长期经验积累的生活习惯、他对前往一个巴扎路途花费时间的估算、对摆好一个摊位的时间估算以及他根据交易情况，对返程时间的估算。这就好比是应邀参加一场会议，参会者对会议举行的各个环节所规定的起点与终点的时间，心中明确，随着会议进程的开始，再根据个体的实际情况，对应一张作为规则的时间内容，进行各自具体的安排。

---

① 相对而言，逛巴扎的人会在时间的分配上更为随意，不具有普遍的规律性。

② 这就像维吾尔族的人名一样，他们的名字中许多都是以时间命名的，也反映出他们对时间的一种潜在认识，如男子人名：吾守尔（回历一月）、赛盘尔（回历二月）、热健甫（回历七月）、巴拉提（回历八月）、肉孜（回历九月、即斋月）、库尔班（牺牲品、即古尔邦节）、奴肉孜（回历新年）、海伊提（节日）等。

（一）时间表

在疏勒县巴合齐乡巴扎上，药材摊摊主吐尔洪江与福建商人老林一起合作做药材买卖，他在巴扎入口处摆放的摊位上，放着蛇、鳖、蝎子、海鱼等从内地引进的药材干货，他的摊位旁放着老林的摊位，摊位上放着一些医药罐罐；老林懂得一些医理知识，在疏勒县城里开了间小药房，他逢周四与吐尔洪江在巴合齐乡巴扎上做药材生意。吐尔洪江四十多岁，能说一口流利的汉语，他与汉族商人、汉族买家打了二十多年的交道。

对于吐尔洪江而言，他的一周，七天安排得满满当当，每天都会赶一个乡村巴扎。在他生活的日常秩序里，赶巴扎已成为一件常规事件，或者说，在他的脑海中隐藏着一张严格的时间作息表，将他一周前往各个巴扎的时间段落填满，赶巴扎的时间被以他为代表的“巴扎人”经验为一种外在的行为约束与规则，详情如下表所示：

表 3-1　药材摊摊主吐尔洪江①的夏季巴扎时间规则表

<table>
<tr><th>时间</th><th>周一</th><th>周二</th><th>周三</th><th>周四</th><th>周五</th><th>周六</th><th>周日</th></tr>
<tr><td>地点</td><td>乌帕尔乡巴扎</td><td>牙甫泉巴扎</td><td>布拉克苏乡巴扎</td><td>巴合齐乡巴扎</td><td>木什乡巴扎</td><td>塔孜洪乡巴扎</td><td>疏勒县巴扎</td></tr>
<tr><td>起床时间</td><td colspan="2">7：00</td><td colspan="2">7：30</td><td colspan="2">7：00</td><td>8：00</td></tr>
<tr><td>准备时间</td><td colspan="2">7：00-8：00</td><td colspan="2">7：30-8：20</td><td colspan="2">7：00-8：00</td><td>8：00-8：50</td></tr>
<tr><td>赶路的时间</td><td colspan="2">8：00-9：00</td><td colspan="2">8：20-9：00</td><td colspan="2">8：00-9：00</td><td>8：50-9：20</td></tr>
<tr><td>摆摊时间</td><td colspan="6">9：00-9：30</td><td>9：20-9：50</td></tr>
<tr><td>返回的时间</td><td colspan="2">16：30-17：30</td><td colspan="2">16：50-17：30</td><td colspan="2">16：30-17：30</td><td>17：00-17：30</td></tr>
</table>

注：表内为新疆时间，北京时间顺延两小时。

很少有人会刻意梳理自己赶巴扎的时间流程表，但是在“差不多”的时间段，在各个巴扎地点，老乡们会陆陆续续地赶来。结合上表来看，对于吐尔洪江而言，他的“差不多”便是在新疆时间九点、北京时间十一点左右来到巴扎上，并开始张罗物什，摆弄摊位。周一到周日的七天里，他下意识地保持平均每天在新疆时间九点的时候来到巴扎，他的这张“时间表”平时并不为自己所察觉，只有当笔者问及他赶巴扎的时间时，他才会

① 文中人物均为化名，下同。

略微沉吟，脱口而出大致的时段，“时间表”因此由潜意识上升为意识。在具体实践中，吐尔洪江的“个人时间”或许会与“时间表”有所出入。然而，总体而言，这种出入总在一个大致时间频段内前后波动。这张有关行为规则的“时间表”就像一个隐形的时钟般挂在吐尔洪江的身上，它是属于吐尔洪江的“本征时间”①，每个赶巴扎的人都有属于自己的一张时间表，都有巴扎日里属于自己的“本征时间”，它在精确性与可靠性上也许不如一般的时间系统，如公务员系统的钟表时间，但它却是赶巴扎的人调整自己的时间节奏，安排自己巴扎日上时间细节的规则时刻表。

首先，巴扎日上，时间进程中的不同频率和速度会根据赶巴扎的人各自的“本征时间”而具有参照系，变得能够测量和调整。吐尔洪江去周日疏勒县城疏勒镇巴扎的时间与他去其他乡巴扎的时间不一致，相差了半个小时，这是因为疏勒县距离他在喀什市的家相对要近，他花费在路上的时间要少于去其他乡巴扎上的时间，因此，他让自己晚出门了半小时。同理，晚上散集返家时，他也相应地推后了半小时离开。他的“本征时间”因不同巴扎距离家的空间距离不同而有所差别。

① ［奥］赫尔嘉·诺沃特尼在《时间：现代与后现代经验》中继续援引了物理学上“本征时间”的概念，认为该时间得到了精确的时间测量，其存在的必要性源于对同时性假象的反诘，在物理学上，对于发生在不同地点的两件事情而言，总有一个相对于共同时间（如钟表时间）更个人化的本征时间。转见［奥］赫尔嘉·诺沃特尼著，金梦兰、张网成译：《时间：现代与后现代经验》，第24页。

其次，巴扎日上的“时间表”是个人经验主观外化的产物。吐尔洪江的“时间表”并不适用于所有赶巴扎的人，这张时间表是属于吐尔洪江个人多年赶巴扎经验的结果，它甚至不适用于与吐尔洪江搭档的药材商老林。这一点我们可以从他二人对有关赶巴扎时间的提问反馈中得知：

吐尔洪江：我每天起得很早。每早赶七点半到八点左右出发，晚上很晚回。

老林：我大概九点左右出发，我开辆摩托车，很快就到巴扎了。

吐尔洪江：我一般都挑家附近大的巴扎去。

老林：我不想离家太远。

对吐尔洪江来说，他赶巴扎二十多年积累下的经验，使得他得出了关于自己的一套“时间表”，当它与吐尔洪江的“巴扎地图”配套使用，就会发挥其规约他的效力，使得他处理它的方式，与一般公务员打卡上班没有太大区别，但这张时间表显然对老林并不起作用。老林也有与其赶巴扎经验相匹配，属于其自身的另一张“时间表”。毫无疑问的是，每一个赶巴扎的人都有一张植根于自身经验的“时间表”，它作为隐在的秩序，塑造并修订着每个巴扎人的日常经验，决定着他们处理事件的先后顺序。

第三，结合时间表来看，在巴扎日上，有两种显而易见的愿望占据着主导地位。一种是希冀个人在巴扎上“工作的时间”趋近于“时间表”所规范的“本征时间”，这种愿望使得赶巴扎的人在巴扎上急于布置摊位，进入“工作时间”。吐尔洪江每到巴扎上，便会匆匆支起顶棚，打开折叠床，铺上毛线毯，并将盛在各个铁盘子里的药材从货车的后备箱里拿出来。一切收拾妥当，他才会悠哉地坐在顶棚所划出的阴凉处，抽着烟，等着生意的到来。而趋近于“本征时间”所规约的散集时刻，则又会收拾起摊位，提前进入返家模式。另一种愿望是希冀时间可以更加自主，拥有相对于“本征时间”而言更多的个人时间的愿望。这种愿望使得赶巴扎的人在对其他生产需要协调同步的情况下，随心分配并调整自己的“工作时间”，进而找到一条“时间自决”的途径。诚如在上一节，我们所讨论过的，维吾尔族文化是一种多元时间文化，这使得一个时间序列中完成多件事情的愿望变得容易理解。吐尔洪江在摊位“工作时间”中，经常会去旁边的铺位溜达，偶尔遇见熟人，更会聊上一段不短的时间。相较而言，作为搭档的老林会在吐尔洪江出去闲聊的时间里，代为照看摊位，除非吃饭时间，否则很少离开自己的摊位。

第四，“时间表”通过赶巴扎的人的自觉遵守而被赋予了结构，进而变得具有价值和意义。在赶巴扎时，人们往往知道“时间表”上许多时间的规则，也知道如何按照这个“时间表”行事，但懂得按规则进行实践与真正意识到规则的存在是两回事儿。吐尔洪江的手中并没有任何一张名为赶巴扎的“时间表”，但是，他却在长达二十年的时间中无意识地去维护“时间表”呈现出的结构，遵循这张“时间表”给定的时间上下限制，组织一天的事件序列，并将其常规化与日常化，“时间表”因此向吐尔洪江彰显了自身的价值与意义。

（二）准备的时间

在上表中，我们可以看到，赶巴扎前，吐尔洪江每天花五十分钟到一小时的时间去准备，这种准备既包含了吐尔洪江晨起礼拜[①]的时间，也包含了他为赶巴扎而花费的诸多“手续性”的时间。

二十多年的巴扎日，对吐尔洪江而言，每一天都很相近，他偶尔也会疑惑为什么每一天他都会在差不多的时间醒来，守时礼拜后，就着手巴扎日所需的货箱、药材、衣物的准备而言，周一到周日间的早晨几乎没有区别，无需计算便会在一小时内完成。他已经回忆不起第一次赶巴扎时为之准备所支付的准确时间，但时间长度却在多年的“时间循环”中相差无几。

而对老林而言，类似的时间感觉也同样存在，他不受早礼拜的约束，却依然在“差不多”的时间醒来，赶巴扎前需要准备的时间控制，对他而言，似乎比生物钟还要准，并且在日复一日的重复中，越来越让他能在相近的时间里自然醒来。

如此看来，我们至少可以这样来理解巴扎日的准备时间：

首先，每一次准备的时间都是一次接近“时间表”拟定的时间，是一种与“时间表”的时间“同步性”（Synchronicity）的时刻。它作为一种隐藏的经验与记忆，总能使人的计划和行动作为与“时间表”相匹配的机制而发挥一定的作用。无论吐尔洪江还是老林，都已无法

---

① 穆斯林一日内要行五拜。

确认或者追溯，关于巴扎日“时间表”的最后拟定，到底是基于他第几次赶巴扎的经验的结果。但是，“时间表”一旦拟定，确实会根深蒂固地作用于他今后赶巴扎的时间安排。某种意义上讲，赶巴扎的行动能够落实和成行，其实是个体准备的时间与“时间表”同步化的结果。换言之，个人像是与“时间表”拟定的那一刻赶巴扎的时间“保持同步”一样去赶巴扎，这其实也是潜意识地在与其所经历的赶巴扎的历时经验保持同步。

其次，每一次巴扎日里准备的时间也都是一次“自我时间感”的塑造时刻。“自我时间感”，起初是一种物理学意义上的时间感觉，指的往往是相当遥远的个体经验中经历的系列事件，在主体的意识中可能会被描绘得就像对刚刚才发生过事件的描绘一般，生动而立体。科特尔（Cottle）将之描绘为“立体的时间”（spatial-time）[①]。在这种时间模式里，我们的记忆能够操纵时间里的事件，使我们感到它似乎一直就理所应当或者稀松平常地存在于那儿，并能够随意被到处分配和推移。在这种时间中，我们能够把一个过去，甚至是初次发生的事件带到现在，并且使之进入一个不同的事件之中。吐尔洪江虽然早已回忆不起第一次赶巴扎时付出的准备时间的精确长度，但他却在这么多年的准备经验中，保持着相近的时间长度，这意味着他对有效的初次准备时间形成了自我时间感，而这种“自我时间感”会在相似的事件重复中，循环出现。在长期的相似经验的重复与累积中，自我体验到的是一种无形的时间流动，置身其中，

① 参见 Cottle，T. J（1976）*Perceiving Time*，New York：Wiley.

就仿佛时间几乎停止了[①]。一个人会觉得，赶了二十多年的巴扎，却好像仍是昨天才开始赶第一次巴扎似的。

需要指出的是，冬季与夏季的巴扎，在巴扎日的准备时间中又分别有所不同，对赶巴扎的人而言，冬季需要花费较夏季更多的时间来准备，这些被分配多出来的时间，主要用于支付取暖的准备以及应付雪天路况的准备[②]。

同时，每个巴扎日的时间准备还受到其所处季节的节日与吉祥日的影响。比如肉孜节[③]与古尔邦节[④]的巴扎日里，由于巴扎上的人随着节期的出现而增多，另外，伊斯兰教徒认为周一、周三、周四和周五是吉利的日子，一周内这几日的巴扎日相对要热闹，人流较平日有所增多。根据节日与吉祥日人流的变化，吐尔洪江便要花比

---

① 参见 Csikszentmihalyi, M. (1975) *Beyond Boredom and Anxiety*, San Francisco: Jossey Bass.

② 大部分南疆乡村巴扎里都没有炉子和暖气，这使得赶巴扎的人必须自备取暖的用具和行装。

③ 肉孜节（Roza，波斯语，意为斋戒），意为开斋节，是伊斯兰教三大节日之一，在伊斯兰教历 10 月 1 日。按伊斯兰教法规定，伊斯兰教历每年 9 月为斋戒月。凡成年健康的穆斯林都应全月封斋，即每日从拂晓前至日落，禁止饮食和房事等。封斋第 29 日傍晚如见新月，次日即为开斋节；如不见，则再封一日，共为 30 日，第二日为开斋节，庆祝一个月的斋功圆满完成。这一节期前后，巴扎上也热闹非凡，老乡们要购买年货，庆祝节日。

④ 古尔邦节是伊斯兰教三大节日之一，又称宰牲节，在伊斯兰历每年的 12 月 10 日，与圣纪节、开斋节（肉孜节）并称为伊斯兰教的三大节日。“古尔邦”意为“献祭”“献牲”，为朝觐功课的主要仪式之一。这一节日前后，赶巴扎的老乡人数众多，不仅要买吃穿用度，还会集会举行麦西来甫。

平常多一些的时间来准备，这意味着他要更早地起床。这其中，周五则被伊斯兰教徒当作一个神圣的日子[①]，这一天中午的礼拜时间，虔诚的信徒们会到清真寺去做礼拜。每周周五，吐尔洪江的准备与往日都不同，他会准备更多的药材货物，因为这一天在清真寺做完礼拜的老乡多数会到巴扎上购买货物。

（三）赶路的时间

多年以前，吐尔洪江赶巴扎时，与这个地方的大部分老乡一样，靠的是毛驴车，现在他早已改用了小货车。当讲述这两种交通工具在赶巴扎路上各自的特点时，吐尔洪江如此形容，赶毛驴车时，热闹，老能遇见熟人，一路上不停地打招呼，有时遇见亲戚或者好朋友还能停下聊聊天；开货车就是方便、快，冬天也不冷。从“时间表”上看，吐尔洪江分配给赶巴扎路上的时间大约在半小时到一小时之间。

对老林而言，则不存在这样的区别。他十多年以来，一直开的都是农用小货车。但他曾有过搭别的老乡驴车去赶巴扎的经验，认为颠簸，当路况不好、路途耗时长时则不易忍受。

在不少画家的作品中都画出了巴扎日里赶路的一刻：

---

① 参见 Hesiod，（1858）*Book of Days*，London.

图 3-1　艾克拜尔·吐尔逊画作：《赶巴扎》（局部）

图 3-2　吴奇锋画作：《马的士》

图 3-3　凯萨尔·伊沙木丁画作（局部）

图 3-4　卓然木·亚森画作：《赶集》（局部）

巴扎日的赶路时间，涉及赶巴扎主体从家居空间进入公共空间的时间，对大部分赶巴扎的老乡而言，这种时间具有如下两个特点：首先，巴扎日里赶路的时间是一种“嵌入的时间”（time embeddedness），它往往会被嵌入进由于“时间表”的计划与其他主体赶路时间相遇的种种世俗实在性里。这一点在赶毛驴车、步行或者骑机动车的老乡身上表现得最为明显。一如吐尔洪江所形容的，当他赶毛驴车去巴扎时，总会更直接地遇见其他老乡，如若相识或者关系好，则必须停下，行礼问好，偶尔还需闲聊，这些都会打断“时间表”上原先的时间计划，并将赶路的时间“嵌入”至民俗礼仪的世俗时间里，进而通过时间的扩容，增列到彼此的“时间表”序列中，挤占原计划中赶路时间的频段。吐尔洪江很多次，因为在路上与人闲聊，而延迟了“时间表”中计划在巴扎上摆摊的时间。

其次，巴扎日里赶路的时间也是一种“互动的时间”（interaction time）[①]，这种时间依赖于他人的行动，也取决于决定人际“互动”中的规则，如时间长短、效率快慢。仍以吐尔洪江为例，他在赶巴扎的路上，会遇见相熟之人，如好朋友、亲戚、乡里街坊、竞争者、买主或者搭档，正是这些人决定着为人际交往双边关系的规则所维系的“互动时间”。这其中，主体间关系的远近亲疏决定着互动时间的长短。同时，同一族群内部与不同族群之间的“互动时间”，情况又有所不同。

巴扎日上，在一个族群内部有着相似文化背景的人们，他们一起回忆过去、展望未来，相互之间内心有诸多的呼应和认同，使得他们的互动时间和谐又充满个人节奏。比如一个汉族人与另一个汉族人在巴扎路上相遇了，他们很少会有花费很长时间互动的时候，总是匆匆招呼便忙于进入做生意的时间；而当一个维吾尔族人与另一个维吾尔族人在巴扎路上相遇，则会花费更多的时间用于互动。在同一族群内部，无论互动时间长短，频

---

① 参见 Schegloff，E.（1968）“Sequencing in Conversational Openings”，*American Anthropologist*，70，pp. 1075–1095.

率是一致合拍的。而假设当来自两个不同族群的人，如一个汉族人与一个维吾尔族人在巴扎日上相遇了，或者希望彼此能够成为搭档，他们一个希望能够花更多的时间用于互动，另一个希冀更高效率完成巴扎里的交易而减少互动的时间支付，他们之间保持长久关系的唯一途径便是，他们各自被以不同方式嵌入巴扎日的时间能够保持协调的同步性[①]。吐尔洪江与老林之间，显然已经找到了这种差异时间模式间的同步性。在新疆南疆乡村巴扎上，笔者见到了更多类似吐尔洪江与老林这样的差异民族主体间的生意合作，他们的合作本身也是一种时间上的相互嵌入与彼此互动。

（四）散集的时间

南疆的乡村巴扎虽然大多归私人承包，但他们的承包职责更多体现在收取摊主月租费用上，而关于开集与散集的时间却没有非常明确的时间标记与相应的时间监管，开集与散集的时间更多源自老乡之间的约定俗成。而在吐尔洪江的巴扎"时间表"中，散集的时间是收尾的时间，是巴扎日时间流程的尾声，有其自身的特点，并且尤其是在此刻体现出其与巴扎上其他非穆斯林群体的差异性来。

首先，散集的时间视宗教礼拜的习俗以及每个赶巴扎的主体对其遵守的程度而定。至今，南疆的维吾尔族人仍保持着宗教礼拜的习俗。他们每天要做五次礼拜，

---

① 参见 Kantor，D. and Lehr，W.（1975）*Inside the Family*，San Francisco：Jossey-Bass.

分别在黎明、中午、下午、黄昏、夜晚举行[①]。条件允许时，礼拜需在清真寺进行，条件不允许时，礼拜一般可在信众的家里甚至旅途时的交通工具上进行。此外，每周星期五午后在清真寺举行一次集体“主麻拜”。每年分别在肉孜节和古尔邦节举行两次会礼，并且在斋月的每个夜晚都要做礼拜。这些关于礼拜的要求也内在地蕴含在巴扎日的时间频段里，并且更深远地作用于巴扎日里维吾尔族人散集的时间，他们中的大多数会因为要急于赶回家或去附近的清真寺做礼拜而提前结束交易，进入散集的时间，少数人会因为意外被耽搁或者无意识的忘记而逗留在巴扎上，错过礼拜的时间。

一般而言，对于虔诚的穆斯林来讲，一天之内，晚礼拜的时间段更值得珍惜，因为穆斯林们需在这个时间完成“昏礼”与“宵礼”。同时，在行“宵礼”前可以将一天之内被意外耽搁[②]拖欠下的礼拜次数全部补齐[③]。正是在这一

---

① 五时拜即主命拜，在时间上大致安排为：晨礼（邦搭）——从拂晓到日出期间礼拜；晌礼（撇失尼）——从中午12:15起至日偏西期间礼拜；晡礼（底盖雷儿）——晌礼结束起至太阳落期间礼拜；昏礼（沙目）——太阳落至红霞消失期间礼拜；宵礼（胡夫滩）——由晚霞消失起至次日东方亮期间礼拜。

② 被允许在礼拜时过后仍可以补现时拜的情形有：第一，因睡觉而误现时拜，醒后交还还是现时；第二，因为无意识忘记，记起时交还还是现时拜；第三，因交战而误现时拜，停战时交还是现时拜；第四，因身处紧迫之境，而误现时拜，交还还是现时拜。

③ 根据做礼拜的要求，平日因故欠下的礼拜，在有时间时，就像还债一样不可缺误，这种撇过拜时的礼拜其功能虽无法像主命拜一样，但是为了忏悔，求主饶恕，也需多礼。先补礼拜，后礼现时拜。一般在礼现时拜前需要还补所欠的拜。

点上，与“准备的时间”[1]“赶巴扎的时间”[2]相比，巴扎日里“散集的时间”表现出同做礼拜的神圣时间更为紧密的时间联系。对此，瑞典人贡纳尔·雅林在《重返喀什噶尔》一书中对此有详细的记述：“在临近黄昏的时候逛巴扎，是一次奇特的经历，特别如果是在斋月那个斋戒的月份里。天一变黑，那些正统的斋戒者们就开始吃饭进食了。这样，他们漫长的一天斋戒就结束了。油灯把飘忽不定的闪闪灯光洒向那些在各个巷子里移动的身影上。你可以听到从一座座房子里传出的音乐声——或许是两根弦的都塔尔奏出的清脆的琴声，经常还伴有歌声。这是维吾尔民歌，声音高昂震耳，歌唱者往往突然停了下来。对欧洲人来讲，这歌声却不那么悦耳动听。歌声总是与都塔尔琴声交织在一起，与斋月的气氛很相配。只要听上一会儿，你就会习惯这种音乐，甚至学着去欣赏他们。男人们双腿盘起，坐在茶铺里，喝着砖茶，议论着当天发生的事情。这里看不到妇女，她们有自己的去处。这些去处不在公共场所。到了晚上9点钟，你就听到轰轰两声炮响，这是关城门的信号。那些家住城外，但在这之前又出不了城的人只得在喀什噶尔那厚厚的城墙保护下在城里过上一夜。”[3]

---

①　在巴扎日中“准备的时间”里，涉及拂晓到日出期间的礼拜，共有四拜。

②　真主在《古兰经》卷三第二章［239］节中说道：“如果你们有所畏惧，那末，可以步行着或骑乘着（做礼拜）。你们安全的时候，当依真主所教你们的礼仪而记念他。”这说明在赶巴扎时，信众可以在交通工具上做礼拜。

③　［瑞］贡纳尔·雅林著，崔延虎、郭颖杰译：《重返喀什噶尔》，第62页。

对比半世纪前巴扎黄昏的景象，在现在南疆的乡村巴扎上，很多维吾尔族老乡在黄昏时，一般会放下手头的生意，在随身携带铺放整齐的毯子上，便行起昏礼来。昏礼毕，若还有生意，会继续做生意，若没有，便散集回家。对此，真主在《古兰经》中说道："信道的人们啊！当聚礼日召人礼拜的时候，你们应当赶快去记念真主，放下买卖，那对于你们是更好的，如果你们知道。"（《古兰经》卷二八第六二章［9］节）。可见，对穆斯林而言，生意越好越需要做礼拜，越需要感谢真主，并寻求更多的恩惠。而在巴扎附近若有清真寺，则更会按时提醒维吾尔族人做礼拜的时间，其宣礼楼在礼拜时都会高念做礼拜的召唤词，这些召唤词将巴扎里所有穆斯林的巴扎时间整合进一个神圣时间的结构中去，通过真主"安拉"，借由五次礼拜对一天时间的细致切分，巴扎日的时间尤其是散集的时间，其本身作为一种受监督活动的结构化安排，被赋予了一种神圣价值。

其次，散集的时间也是一种"嵌入时间"，不同于"赶路时间"所嵌入的时间序列，它被嵌入在一种为宗教礼俗所要求的超验时间序列中。对于超验时间，贝拉认为"所谓超验的时间是指死后的生活、永恒或者群体的集体生活。宗教的社会组织，为贯穿一生以及死后的自我持续性和身份意识，提供了似乎合理的结构"①。根据贝拉的观点，巴扎日里的"散集时间"在与礼拜时间

---

① 参见 Bellah, R.（1968）"*The Sociology of Religion*", in D. A. Sills (ed.), *International Encyclopedia of the Social Sciences*, Vol. 13, New York: Macmillan; Berger, P.（1967）*The Secret Canopy*, New York: Doubleday.

重合的时候，便会被嵌入一种希冀死后进入永恒乐园的超验时间。维吾尔族人做礼拜的拜功，其主要功能便是积累功能以期能够最终进入乐园，对此，《古兰经》中有明确要求，“你应当在夜间礼拜，除开不多的时间”，“半夜或稍稍减少”，“或稍稍增加，你应当讽诵《古兰经》”，“我必定以庄严的言辞授予你”，“夜间的觉醒确是更适当的；夜间的讽诵确是更正确的”。“你在白昼确有许多的业务”，“你应当纪念你的主的尊名，你应当专心致志地敬事他”。（《古兰经》卷二九第七三章［2］［3］［4］［5］［6］［7］［8］节）。可见，昏礼与宵礼对于维吾尔族人而言是十分重要的。因此，在散集时段，更多的维吾尔族人受拜功的吸引，将随着礼拜时间的临近不断调整自己散集的时间。若在礼拜时间时，手头恰好有生意未能完成，在散集与礼拜间不得不面临选择，他们一般会迫于礼拜时间的要求，提前进入散集时间。出于不可抗力，在迫不得已的情况下，若错过了昏礼的时间，他们则会在晚礼前将撇下的这次礼拜时间补齐。正是在这一过程之中，散集时间实现了“商人时间”与“超验时间”之间的镶嵌或曰对话。

有关巴扎日的时间流程，其表面结构的简单与深层结构间的复杂性已在上文中被我们逐一证明，但还有两点是需要引起我们注意的：

首先，巴扎日的“时间表”与构建它的各个流程间存在一种隐约的时间层级，这种层级关系可以表述为：“时间表”的时间>准备的时间>赶路的时间>散集的时间。举例而言，如果说，出于诸种原因，吐尔洪江经常使得他的赶路时间延续到其本征时间所代表的“时间表”之外的话，就可能使得自身陷入一种管理时间的麻烦之中：如迟迟无法开集，无法按与老林所约定的时间摆放摊位，并有可能错过礼拜的时间等等。

其次，在对巴扎日的“时间表”的使用上，“逛巴扎”的人显然不会像“赶巴扎”的人那样拥有一种对时间的“忠实度”。有许多“逛巴扎”的人，往往会放弃对时间的计算、规划与管理。对他们而言，巴扎日里，对时间的处理只在两个层面上被关注：第一是作为标记时间的模式。在这种时间模式里，时间通过逛巴扎这种行为得以被标记，从而使得星期一到星期日之间能够彼此区分，使生活在日子与日子的区别中得以开展，他们会将每一天与一个固定的巴扎处所相联系，逛巴扎就像是鲁滨逊在荒岛上刻在木头上用以标记时间的刀痕。第二是作为打发时间的模式。在这种时间模式里，时间本身成为了问题，而不像它对于“赶巴扎”的人那般能够赋予他们意义，能够使他们从中牟利或者获取生活乐趣。对他们而言，时间无法变成一种可被利用的生产资源，而只能是被他们思考的对象。就像一个人在旅行之中，他全部的焦点聚焦于对旅行路程的消耗上，对他而言，似乎只有结束旅程，他原先的生活才能继续。同样，似乎只有逛一逛巴扎，这一类人原先的生活才能向前推进。

二、时间的规制

巴扎日为每一个赶巴扎、逛巴扎的人铺设一条时间的轨道。它告诉赶巴扎的人什么时候该去哪里赶巴扎，什么时候巴扎日结束，什么时候需要快一些到达，什么时候可以延迟离开的时间。同时，在这个时间轨道中，每个赶巴扎的人通过日复一日的重复，通过一系列被认可的交易行为获得一种地位上的演变，进而获得在巴扎上的一种资历。比如，从只是随便摆地摊的行商，演变为拥有固定摊位的坐贾，从坐贾再演变为拥有连锁店铺的老字号铺主。从这一点来看，巴扎本身就像一个隐形的时钟，提醒着绝大多数赶巴扎的人将个人的“时间表”，嵌入到巴扎这个更大的“时间表”序列里，从而让赶巴扎与逛巴扎的人意识到可以履行行为的规矩或曰秩序。正如弗洛伊德所说，秩序是一种强制性的重复，根据秩序就可以清楚地规定一件事情进行的时间、空间和方式，这样就避免了任何类似情况下的怀疑和犹豫不决。秩序可以使我们恰到好处地利用空间和时间，并且节省心理能量①。从这个意义上讲，巴扎日里的时间结构，作为一种对应乡村生活方式以及巴扎所需要的时间模式，具有显而易见的规制性。下文中，我们将探讨，作为时间结构的巴扎日，其时间结构的总体特点以及它如何作为一种隐约的观念意识来制约人们的行为。

首先，作为规制，巴扎日的时间结构实质表现为一种文化结构。从巴扎日的角度来看，维吾尔族人的一周几乎普遍是由 7 天组成的，因为集市每 7 天举行一次，维吾尔族人的一周有着社会的而非“自然”的起源这样一个事实的结果。同样的，罗马人的一周也是由集市来标识的，他们的集市每 8 天举行一次；波哥大的穆伊斯卡人的一周是 3 天；许多西非部落以 4 天为一周；在中部美洲，东印度

---

① 参见［奥］弗洛伊德著，杨韶刚译：《文明及其不满》，见《一个幻觉的未来》，华夏出版社 1989 年版，第 28 页。

群岛，古老的亚述（以及前苏联），发现有5天一周的；多哥多数族群则是6天为一周；古代希伯莱人和大多数当代文明社会是7天一周；在罗马人、卡西人以及许多非洲部落那里，也能找到8天一周的例子；印加人曾经以10天为一周[①]。所有这些关于星期的算法，尽管周期与长度不同，但是，均源自一个显著的事实，即它们均与集市（巴扎）的周期相联系。诚如笔者在第一节所指出的那样，这些时间单位的出现与传播，显而易见地涉及一种群体约定的规制，而这种规制在世界范围来看，显然具有普遍性，是一种集体文化意识认同后的结果。巴扎日无疑具有集体性的起源，坚守它基于一种社会必要性的约定；它产生于群体生活的周期，一周七日的普遍集期反映出集体生活的节奏、日常生活的惯例。正如迪尔凯姆所言："日历表达了集体活动的节奏，与此同时，它的功能就是要确保集体活动的规律性。"[②]

其次，作为规制，巴扎日的时间结构是一种制度性的结构，其时间顺序通过操纵赶巴扎的人的日常生活观念，组织不同性别、不同年龄、天南地北的人来赶巴扎而获得一种共同遵循的合法秩序。对于赶巴扎与逛巴扎

---

① 根据有些论者对定期集市的统计，国内，历代以来的定期集市类型主要有十二种，如每月一集、半月一集、十二日一集、十日一集、七日一集、六日一集、五日一集、四日一集、十日三集、三日一集、十日四集、二日一集；常市则为每日一集，特种集市则为一年一集。参见樊树志：《明代集市类型与集期分析》，《中国经济史研究》1992年第1期，第65—79页。

② Durkheim, E. (1947) *The Elementary Forms of Religious Life*, *Glencoe*, *III*: Free Press (also 1960, 1965, 1975 edns), p. 11.

的人而言，空间位移上的循环往复与时间上的重复（七日一集）构成了日常生活的基本规矩。正是这种时间与空间上的可以回到原点——时空的可重复性，使得日常生活变成一种可以持续重复的过程，并具有一定的强制性。重复循环构成了巴扎生活的时空节奏，使得日常惯例性的行为成为可能，并通过个体自觉遵守的意识而具有了一定的强制性，也使得个体生活的社会化成为可能。个体社会化的基础正在于他生存空间中的时空安排具有可重复性①，正是这种社会化的强制性使得巴扎日的时间结构成为一种制度性的结构。

第三，作为规制，乡村巴扎日的时间结构具有一定的弹性，它是一种并不精确的时间计量和时间意识。区别于城市时间，乡村巴扎的时间是一种以更多的自然节奏为标志的时间。比如，吐尔洪江的手上并没有戴手表，他对时间的估算更多来自对天色的观察，以及对人流减退的一种即时观察。这些乡村巴扎虽然也都被私人承包，但并没有一个统一的时钟提供给赶巴扎的人精确的开集与散集的时间。而在喀什市，每天下午六点，市中心的巨型时钟②开始敲响，它的存在为喀什市的居民提供了一种精确的时间，同时也将时间具体化为一种统一的城市时间。在这个

---

① 童强：《空间哲学》，第 302 页。

② 这座巨型时钟坐落于是喀什老城之上，在一个小小的坡上，立了一个四方碑柱子，顶上两面嵌有一个时钟，柱子上面刻了文字："喀什噶尔老城"，下面是老城的介绍，老城形成于公元 16 世纪，多为生土建筑，年代久远，自 2010 年，随同老城的新建一起，重新塑造这座城市城市化的现代时间进程，并意味着老城的时间被醒目地整合进全国公共时间的系统内。

具体以时钟报响的形式统一时间的过程里，许多自发性、创造性与新奇性的时刻，都被抹平了。日常生活被控制在一个相对于乡村生活更为精密的时间集合里。城市居民的时间，则必须使他们的手表与其他千百万人的手表保持同步。他们在日常事务所组成的迷宫中的活动中，被如此细致地协调起来，以至每天社会的日常事务都是准确地按时开始的[①]。相对而言，乡村巴扎的时间具有一定的弹性，它以看似散漫的结构作用于人们的观念，切割着巴扎日的时间，划分着巴扎里的人群，区分着人群的行为[②]。

综上可知所述，我们知道了巴扎日作为时间规制的总体特点，接下来我们将探讨巴扎日的时间结构作为一种潜在的规制，如何发挥它对于人群的作用。譬如在上一节我们重点讨论了它对于单独的个体主要通过“时间表”的形式来加以规范，那么对于群体呢？它是否能起到引导与控制的作用？答案是肯定的。笔者以为，巴扎日的时间主要通过时间的频率、时间的节奏以及时间受控与否的观念等三种差异性的规制内容划分不同的群体。这些规制内容将说明，巴扎时间的内在化如何将一个个看似相同的赶巴扎的群体变成了有着迥异的时间意识的群体。

（一）多长时间赶一次巴扎

关于对巴扎日时间频率的提问，还有一种更为简单

---

① 参见 De Grazia, S. (1972) “Time and Work”, in H. Yaker et al. (eds), *The Future of Time*, New York: Anchor Books.

② 在第四章“巴扎行为志”中，笔者将继续探讨巴扎里的人群以及他们所表现出的行为。

的问法，即你多长时间赶（逛）一次巴扎？对这个问题的不同回答能够划分巴扎上不同的人群[①]，进而说明他们潜在的时间观念。

我们先来看下面三段观察日志[②]的片段：

A. 在疏勒县乌帕尔乡的周一巴扎上，三三两两的游客，他们戴着防烟尘的口罩。穿着冲锋衣，左右张望地穿梭于各个摊位之间。他们的脚步匆忙，眼光游移不定，偶尔驻足于一些手工艺制品的摊位前，询价议价后，时买时不买，更多时候，他们的注意力集中在追随同伴脚步的轨迹上。

B. 在疏勒县巴合齐乡巴扎上，女摊主李老板在做服装生意，她每周四把从喀什市服装批发市场批发的衣物运到巴合齐乡卖，一周下来，固定要交的摊位租赁费为 50 元，一个月交 200 元。在她的摊位邻侧，有几位也是来自喀什市区的摊主，同样批发服装。她的摊位上还坐着一位常客方女士，方女士在巴合齐乡附近的砖场干活，夫妇俩想给儿子买房子娶媳妇儿，每周四得空的时候，她都来乡巴扎李老板的摊位转转，聊聊天。据她形容，李老板的服装生意方便当地居民选择合适的衣服穿，因为她，老

① 本节中涉及对巴扎内人群的区分主要基于一种时间视角的划分标准，与笔者在第四章中将要探讨的巴扎里人群行为的解读，其聚焦点完全不同。

② 摘自笔者的《南疆乡村巴扎观察日志》，下同，不再说明。

乡们可挑的衣服类型与款式越来越多了。

C. 在喀什市伯什克然木乡巴扎上，古丽穿着一身西装裙，在她烫染过并盘起来的头发上别着一支镶水钻的发夹，她左手拿着一张白色单据，右手挎着一个黑色的皮包，步履匆匆，紧随在一位维吾尔族摊主身后，向他所在的牛羊交易区摊位走去。她是伯什克然木乡动物卫生监督所的监督员，负责这个巴扎的动物检疫监督。

在片段 A 中，出现的是一个游客群体，他们的时间特征具有显而易见的超前性。对他们而言，时间总在前方催促他们前往下一个景点，提醒他们不要掉队，他们很少能够自如地享受在巴扎上的活动。对于这个群体而言，他们仅仅是因为临时的旅游组团而来到了巴扎上，促成这个群体形成的动机一旦满足，他们便会自然解散。他们对“多久逛一次巴扎”这个问题的回答，取决于他们下一次旅游组团的动机，具有不稳定性和临时性。鉴于这个群体存在时间的临时性，从时间频率的角度来讲，我们不妨将这样一个群体称作临时性群体。在巴扎上，这个群体并不仅仅表现为游客，还有因为其他原因而临时来到巴扎上的群体。

以游客、观光客为代表的临时性群体因为在巴扎上逗留时间的有限性，便总会产生时间的紧迫感，对他们而言，时间无法掌握，但所有行为却必须时刻用时间加以衡量，因此他们具有强烈的时间意识。

在片段 B 中，我们看到的是一个短期租赁巴扎摊位的摊主，她和她的同伴们，因为一个相对持久的利益原因而聚集在巴扎上，周期稳定，时间频率相对持续，除非利润不佳，或者因个人意愿以及迫于外力的情况下，这个群体才会解散。一般情况下，他们平均每周赶一次巴扎，若利润可观，他们会改变地点，增加赶巴扎的次数。当短期租赁变成长期租赁，持续性群体与巴扎的关系也会向永久性群体转变。鉴于这个群体在巴扎上存在时间的持续性，从时间频率的角度讲，我们将其称为持续性群体。同样的，在巴扎上，这个群体也并不仅仅表现为短期租赁的摊主，还可能是定期出现的行商、定期逛巴扎的乡民等等。

对于巴扎上的持续性群体而言，他们在巴扎上逗留的时间是有规律可考的，其时间频率具有可持续性，因为时间频率有固定的周期和变动原因，对他们而言并不是总要思考的问题。因此，他们并非总能意识到自己在巴扎上的时间，而他们为掌握时间频率所投入的用心与努力，恰恰与其为维持自身在巴扎里的持久性身份所花费的精力持平。

在片段C中，以古丽为代表的巴扎的管理群体是巴扎上比较特殊的一个群体，他们每周固定几天去他们所负责的巴扎巡视，或者监察动物疫情是否合格、维护巴扎里的行人秩序、负责巴扎上公共厕所的收费、作为工商税务的代表或作为私人承包商代为收取摊位的租赁费用等等。这个群体与巴扎之间的关系是一种永久性的时间关系。只要巴扎存在，这个群体便也存在，他们就像是公务系统打卡上下班的公务人员，准时出现在巴扎上，履行监督管理的职责。因此，对他们而言，当地的巴扎时间频率就是他们的时间频率，巴扎多久开放一次，他们便多久出现一次。

这样的一个群体因其拥有的时间频率的永久性，而可以被看作一个永久性群体，对他们而言，时间是作为标准而存在的，不仅需要被时刻意识到，而且能被具象化为可以掌握的单据、罚单、收据、欠款条、入厕小票，辅以契约章子作为监管他人时间的最后期限。

对于巴扎上的永久性群体而言，他们的解散是无法预见和预测的。与其他群体相比，他们的存在不是因为个人意愿、临时起意或者是生活闲趣，他们的生活强调的是与巴扎经营时间的同步性，并总能以一种组织化、模式化的形式出现。他们与巴扎间似乎签订了一份永恒的时间契约，他们不仅自身能时刻感受到这种时间，而且还总是试图将这份时间意识强加于巴扎上的其他群体，并总能将其从自身的时间框架中抽离，推广为一种衡量巴扎上其他群体时间的标准。

综上可知，从赶（逛）巴扎时间频率的角度，我们可以将巴扎上的人群分为临时性群体、持续性群体与永久性群体，如表二所示。在巴扎上，这三类人群的代表分别是游客、短期租赁摊主以及巴扎的监管人员。值得指出的是，随着在巴扎上时间频率的改变，临时性群体还会向持续性群体转变，而持续性群体则会向永久性群体转变。

表 3-2　时间频率与人群的划分①

赶（逛）巴扎人群	代表群体	时间频率类型	时间意识
临时的群体	观光客	临时的时间	总能意识到在巴扎上的时间
持续的群体	短期租赁摊主	持续的时间	并非总能意识到自己在巴扎上的时间
永久的群体	监管人	永久的时间	能意识到并奉为标准

（二）处理时间的节奏

巴扎上的时间节奏指的是，在巴扎上人们行为更替的间歇长短，在连续行为与非连续行为间的时间节奏。我们同样能够通过巴扎上人们处理时间的节奏来划分不同的群体，观察他们的时间意识。

我们来看以下三则观察日志的片段：

A. 疏附县木什乡巴扎的抓饭铺子里，摊主乌依古尔正在切肉，在他身后不远处，帕勒塔洪正在抡起大汤勺，搅拌刚下锅的羊肉，他时不时从锅里舀起一两勺羊肉汤，俯近身子端详；在他左手边，维吾尔族小姑娘塔吉古丽，大约十六七岁的模样，倚在桌案上的大瓷脸盆前，专心摘菜，案板一侧堆放着她刚刚切好的葱末。此时，摊主

① 参见乔治·古尔维奇在《社会时间的频谱》中对群体的划分，乔治·古尔维奇对社会时间的分析，启发我思考巴扎上是否也存在同样的时间意识的分类。［法］乔治·古尔维奇著，朱红文、高宁、范璐璐译：《社会时间的频谱》，北京师范大学出版社 2010 年版，第 59—74 页。

的老婆阿娜尔汗手捧着几个大红枣，匆匆从铺子的里屋走出，招待刚进铺子的熟人。里屋内，一条靠墙的长凳上，坐着一位维吾尔族中年男子，他正在把一个小圆馕掰成可以入嘴的小块儿，放入面前桌上盛肉汤的碗里，在他身后，几位围着头巾的维吾尔族妇女，围着一张长方形的桌子，一边聊天，一边小口喝着羊肉汤。这一幕类似场景也被许多画家在画作中加以展示。

图 3-5 艾力·亚库甫画作（局部）

图 3-6 穆合塔尔·居马画作（局部）

B. 疏附县木什乡巴扎的甜瓜地摊前，维吾尔族老大爷奴尔阿洪背着手，慢慢蹲下身子，从遍地金黄发绿的甜瓜堆里，仔细挑出一只不大不小的甜瓜，晃晃悠悠走到摊主阿不都拉的面前，小声询问起价钱。阿不都拉回了一句，他便从左口袋里掏出一张揉皱的一元钱，递给了阿不都拉。随后，他从口袋里掏出一把折叠刀，打开，又蹲下身子将甜瓜纵向剖开，先捧起其中的一半瓜，就着盛瓜皮的红柳篮筐，将甜瓜瓤挖尽。瞬间，新挖的瓜瓤在眼前堆起，又把这半瓜竖切，横切几刀，他便埋头其中安静地吃起来。他专心致志、目不斜视地吃着瓜肉，

图 3-7　艾克拜尔·吐尔逊画作（局部）

吃完后又将瓜皮内剩下的瓜汁仰头喝尽，接着便又拿起另一半瓜，重复之前的动作，挖尽瓜瓤，吃尽瓜肉，喝尽瓜汁。期间，有瓜汁溅在他的裤子上，他空出一只手去搓揉清理，停歇了一下，紧接着，便又埋头吃起来。从他开始剖瓜到最后一口瓜肉吃完，这一完整的过程共计持续了 29′30″。有趣的是，这一吃瓜的类似场景，在画家艾克拜尔·吐尔逊的笔下得到了演绎，并被定格成可以回顾的一刻。

C. 喀什市伯什克然木乡巴扎的水果摊上，维吾尔族女摊主巴哈尔古丽右手抱着一个小男孩儿，守在瓜果摊前。在她面前的空纸箱子里有剩下的几粒葡萄，她探出左手进去，捡起两粒，一粒塞进自己嘴里，另一粒喂给怀里的孩子。她吃葡萄的速度很慢，一粒葡萄要分几口去吃。

在片段 A 中，我们看到的是一个饭铺子里，一家人分工明确、节奏分明的协同工作。仔细观察会发现，他们的每一个可被拆解的动作，都有着相应的时间节奏，在动作与动作的切换间，时间意识发挥了作用，提醒他们下一道程序正在等着他的工作完成。肉切好了才能下锅，快起锅了，葱末必须准备好，这一锅肉汤熬好了，新客人来了，下一锅还在等着。周而复始，从早到晚，饭铺子里的时间都保持着高强度的时间节奏。相对而言，饭铺子中的人群，他们的行为切换所反映出的时间节奏要比巴扎上其他群体的时间节奏快。他们时时刻刻都要保持高度的时间意识：这一锅羊肉汤能满足几个人的用餐时间？客人来了能等多长时间？肉切好了需要多长时间？葱末切好了需要多长时间？肉汤好了需要多长时间？从时间节奏来讲，以饭铺子铺主为代表的这类人群，他们的时间节奏比巴扎上的其他群体都要快，他们的特征与其他群体相比在不断的变化，比如饭铺子门口的摆设、内部的装潢、盛饭的餐具、做饭的模式、人员的构成等等。衡量这个群体的行动指标依据的是客流的速度。因此，快节奏群体要比其他群体更具有时间意识。

在片段 B 中，我们看到属于努尔阿洪的时间，节奏缓慢，行为与行为之间的切换间隔较长，他是“逛巴扎”的人群的典型代表。半天下来，他花了一元钱买了一只甜瓜，并在摊位前心无旁骛地吃了半个小时。时间在他这里是可以被无限放慢的，他吃甜瓜的行为与他在巴扎内位移的行为切换间存在着较慢的时间间距。对于这个群体而言，他们分配给每个行为的时间可以无限延长，他们中有的人花半个小时的时间去吃一只瓜，有的人会花一个小时与偶遇的街坊闲聊，还有的人会在巴扎里的阴凉处打很长时间的盹儿，而丝毫察觉不到时间的流逝，也无法意识到时间的紧迫性。就时间节奏的角度而言，这个群体比巴扎上任何其他群体的时间节奏都要慢，时间之于他们并非是紧迫相逼、将要来临的未来，也并非是未来投射下的每一个当下时刻，而是一种相对滞后，追溯向旧日时光的“原地踏步”。这个群体减慢时间的节奏，而不去试图掌控时间的流变，他们几乎无法意识到时间的变化，相对于快节奏群体而言，这个群体的主要行为特征几乎不发生变化，他们穿着的服饰、手里拿着的购物袋、包裹货物的方式、热衷的食品、爱用的器具、逛巴扎的行为方式等，在相当长一段时间里都不会发生明显的变化。

在片段C中，我们看到在女摊主巴哈尔古丽身上显而可知的两种时间节奏的交替：作为摊主经营生意的时间节奏与作为母亲照顾休憩孩子的时间节奏。这两种时间分别属于两种不同的时间节奏。就前者而言，要求主体根据顾客购买的需要，调整行动切换的速度；就后者而言，要求主体保持滞后的时间节奏，不打扰到孩子的休憩。这使得这位母亲和摊主的行为里表现出一种不快不慢的时间节奏来。此外，当快群体时间的顾客遇见慢群体时间的摊主时极有可能发生的情景，便是前者会接替后者的行为，使之与自己的时间节奏保持同步。疏勒县塔孜洪乡巴扎上的一个例子最为典型：

一位年轻的维吾尔族买主阿地里蹲在卖香料的老大爷沙的克江的摊位前，他想买一包现磨的香料。沙的克江将阿地里选的姜片、丁香、花椒放进一个长柱形的铁筒里，接着他捡起一旁的一根铁杆，伸进铁筒内，用力地研磨起来，他研磨的速度非常缓慢。阿地里等不及，便伸手拿过铁筒，又要过铁杵，自己研磨起来，他研磨的速度异常快，不一会儿，香料便被研磨好了，接着，他将磨成粉末的香料倒在一张摊开的旧报纸上，包了两下装进口袋，付钱给沙的克江后，便匆忙离开。

在这个例子中，我们看到，阿地里为了使沙的克江的时间节奏与自己的下一个行为保持同步，他唯一能采取的办法便是“取而代之”，亲力亲为。相反的情况，也亦然。

表 3-3　时间节奏与人群的划分

赶（逛）巴扎人群	代表群体	时间节奏类型	时间意识
快群体	做饭的人	节奏快	充分意识在巴扎上的时间
慢群体	闲逛的人	节奏慢	无法意识在巴扎上的时间
不快不慢的群体	卖瓜果蔬菜的人	节奏不快不慢	有时意识到在巴扎上的时间

（三）时间是否能被掌握

在巴扎上，当人们被问及时间是否能被掌握或者时间的分配是否受个人意志所控制时，往往会感到很茫然，觉得问题相对抽象，不知该如何回答。然而，当我们借由巴扎上人们的行为表现去观察这个问题时，便会发现，有关时间是否能被掌握的不同认识同样可以划分不同的人群。

我们也不妨先看四个日志片段：

A. 疏勒县塔孜洪乡巴扎上，维吾尔族老大爷阿曼与另一位年龄相仿但个头较高的维吾尔族老大爷沙拉买提在糖果摊前相遇了，他们闲聊起来。阿曼买了一双胶鞋，他将鞋子放在背后，用双手紧紧攥着，讲到动情处，会腾出一只左手，在空中比划。沙拉买提戴着黑顶褐边的帽子，一直在认真听，表情严肃，下巴的胡子随气息而抖动。他二人在人流往来不息的巴扎上你来我往地攀谈，浑然忘记自己所处之地，整个闲聊的过程持续了58′48″，直到巴扎里人群开始四散，他们才彼此最后握手，向各自相反的方向离去。在这期间，沙拉买提会用手不断地轻拍阿曼的肩膀，阿曼时不时换一下站姿，或空出一只手放进上衣口袋，或者再拿出手来背到身后，继续双手攥着鞋子；沙拉买提再用手拍拍阿曼的肩，阿曼将左脚抬起放在身侧的水泥台子上，沙拉买提又拍了拍阿曼的肩，并将手在其肩上停留了会儿，像是在安抚；接着沙拉买提便左手叉着腰，右手凭空比划起来，他每说一句话，便用手用力比划一下，说到需要强调之处，他便会配合着将手继续放在阿曼的右肩上，长久不离去，似乎说到了什么需要阿曼特别留意的事儿上；接着，他们各自朝自己要走的方向移了一步，二人对话所站立的位置发生了90度夹角的改变，再过一会儿，他们便笑着各自离开了。

B. 疏附县木什乡巴扎上，衣帽区的走道里，三位维吾尔族妇女，站在走道空地上闲聊。其中一位姑娘穿着橘色的衣裙，手里拿着一个小皮包，裹着绿色的头巾，年龄十八九岁的样子；另外两位妇女刚刚相遇，一位左手牵着个小男孩儿，右手抱着个小婴儿，另一位手里挎着包，她们二位先行吻颊礼，亲完一边再亲一边，接着，本来牵着小男孩儿手的那位母亲便拉着挎着包的妇女，闲聊起来。那位十八九岁的姑娘一开始在一旁微笑地倾听，接着便开始频繁变换身体姿势，扭头张望，变得不耐烦起来。这个过程持续了9′58″。

C. 疏勒县巴合齐乡巴扎上，牛羊交易区靠近乡民居住地的夹道里，穿着米色西装上衣的牛羊卖主迪里达尔，迎面遇见开着拖拉机的买主尼扎木，二人先相互握手问好，之后就牛羊交易的价钱展开了你来我往的争执。尼扎木对先前在迪里达尔那儿花1500元买的小毛驴儿价钱感到不满，双方争执不下时，出现两位老者居中调停。斡旋之下，急于赶赴下一桩生意约定的迪里达尔退还给尼扎木25元钱，尼扎木接过钱，开车离开。

D. 疏勒县巴合齐乡巴扎上，一位骑着摩托车的维吾尔族小伙子，开车停到修铁皮桶的摊位前，他先伸手与摊主沙吾提问好，接着又从车后座拿下一个麻袋递给沙吾提。沙吾提接过麻袋，打开一看，是一个铁水壶，他便把壶取出，放在一旁早已排出队列的其他有待修补的铁皮器物之后。二人说了句话，接着，小伙子便骑车离开了。

在片段 A 中，我们看到两位在巴扎上偶然相遇的亲戚，阿曼与沙拉买提，他们之间的闲聊时间远远超过一般朋友碰面时闲聊的时间。同为慢群体的成员，本来就相对迟缓的时间在他们的闲话家常中被无限延迟，他们闲聊的时间随话题内容的容量拉伸，他们不会时刻计量如何去分配这段时间，以便促使他们接下来的行动更有效率，只会投注更多的心力思考如何使得话题得到更有效的开展，以使得他们之间的情感得到更充分的交流，进而使得他们的亲缘关系得到更有力的加强。对这个群体而言，在巴扎上联络情感，消融于偶然相遇的亲缘关系纽带里比费力去掌握时间更为必要。这个群体中的成员相遇，通常不会意识到时间的流逝。

在片段 B 中出现的三位妇女彼此间是朋友关系，而且是不同代间的朋友关系，我们不妨将其描述为一个友好群体。在这个群体中，年轻的姑娘本身所拥有的时间特征与比她年长的另两位朋友间呈现出不同步性。所以，当年长的两位闲聊时，她会感觉落了单，并由于她们所属的未来时刻（已婚，为母）在她身上的投影而受超前时间的诱惑，变得略显焦躁。因为受限于友好群体的“友好”约定，她往往不允许表现出与“友好”（指与长者慢时间节奏保持同步性）不相容的情绪反映与时间表征（如过快地说话、行走或者切换动作）。在友好群体的内部，不同代人之间、不同性别之间以及不同时间节奏的人之间，往往存在时间上的不同步与不连续，他们或许能意识到彼此时间节奏的不同，却碍于对友好关系的维护，而无法以自己的时间节奏为主。因而，这个群体虽然会有一定的时间意识，往往也无法掌握时间。

在片段C中，我们看到的是当两个分属不同时间节奏的当地人就时间兑现的金额产生纠葛时，被当地乡亲中的长者（意味着表征当地长久而持续的时间结构）劝解、调停的过程。将他们联系在一起的显然是乡里乡亲的地缘结构，我们不妨将其称作一个地缘群体。在这个群体中，人们之间的交往更多时候受到邻里关系的约束，并需要潜意识中维持其居住地的一般秩序。在上述过程中，迪里达尔所代表的较快时间节奏与尼扎木所代表的较慢时间节奏，通过长者所代表的更慢的时间节奏得到了调节，趋于同步。代价是迪里达尔还给尼扎木25元钱，表面看是钱，实则是劳动时间的支付。因此，地缘群体中的成员时间可以通过调节、协商而被部分地掌握，他们具有一般的时间意识，并会为了这个时间意识，相互让步和妥协。

在片段D中，沙吾提所代表的群体是一个经济群体，这个群体在巴扎上的主要功能在于参与到生产、交换与消费安排中去，群体成员之间的关系是显而易见的经济关系。对沙吾提而言，他必须按时或者提前修补完顾客给他的铁皮器具，他始终处于一种超前时间的预约（交货的最后期限）压力之下，他必须通过高效合理地分配时间，才能获得一种超前的时间（更多的服务订单）。对他而言，未来与当下像是两个对手，彼此是竞争状态。而一旦经济群体的节奏过快，获得的超前时间过多，它的时间节奏一旦扰乱当地传统的时间节奏，便会威胁到当地的地缘群体，陷入表面看为群体冲突实则为时间的抢夺之中。举例而言，假设摊主沙吾提是外乡人，他的身旁还有其他当地乡属的铁皮匠，如若他想融入这个群体，他在管理自身的时间进程时，必须与他们的时间节奏保持一致，不能过快也不能过慢。从这一点来讲，经济群体对时间的掌握也显得较为复杂，一方面这个群体具有强烈的时间意识，并能够通过自身对时间的分配掌握时间的进程、节奏与频率；另一方面，他们又不得不受制于地缘群体或者其他群体的牵制，表现出一定的妥协性，使得时间并不能像理论上所描述那样完全被自己所掌握。

尤其值得指出的是，对于经济群体而言，族别差异也将影响这个群体的成员对掌握时间的看法。具体而言，在一个经济群体里，汉族商人的时间更多地指向未来，维吾尔族商人的时间大多指向过去。正因如此，一个维吾尔族商人在思考不确定的未来时，情绪上较少有焦虑；而一个汉族商人，不仅对将要来临的未来时刻（超前时间）充满担忧，而且因为试图去控制迎面而来的事件显得心事重重。在这背后，不同的文化心理起着决定性的作用。对绝大多数维吾尔族人而言，时间是不为自己所控制的，时间是由真主根据你的行为所安排的，是早已命定被安排的，无法控制，只能顺从。这在《古兰经》中早有告知，如："每一件预言，各有一个实现的时间。你们不久就认识了"（《古兰经》卷八第六章［67］节）；"一般术士们在指定的日期，依指定的时间被集合起来"（《古兰经》卷一九第二六章［38］节）；"难道他们不知道吗？我以黑夜做他们的安息时间，以白昼做他们观看的时间，对于信道的民众其中确有许多迹象"（《古兰经》卷二第二七章［86］节）；"在一个著名的日期的特定时间必定要被集合"（《古兰经》卷二七第五六章［50］节）等等，而对一个汉族商人而言，时间似乎完全能够根据安排而被自己控制和掌握。因此，当一个汉族商人遇见一个维吾尔族商人时，他们在经营时间的安排、时间节奏与时间频率的处理上，往往有着较大差异，往往需要有更大的利益联盟来实现二者时间的同步性。

综上可知，从赶（逛）巴扎时间掌握的角度，我们可以将巴扎上的人群分为亲缘群体、友好群体、地缘群体以及经济群体，如表四所示。在巴扎上，这四个群体的代表分别是亲戚、朋友、当地乡亲以及修补用具、器物的工匠。需要指出的是，这四种群体在特定情况下，彼此交叉，很多群体既是友好群体，又是经济群体，或者既是地缘群体又是亲缘群体，模式多变，多有交集。

表 3-4　时间掌握与群体的划分

赶（逛）巴扎人群	代表人群	时间掌握类型	时间意识
亲缘群体	亲戚	不掌握	无法意识在巴扎上的时间
友好群体	朋友	无法掌握	并非总能意识到自己的巴扎上的时间
地缘群体	当地乡亲	部分掌握	一般的时间意识
经济群体	用具修补者	能够掌握	强烈的时间意识

结　语

在本章中，我们结合新疆南疆乡村巴扎田野调查实录，通过梳理巴扎里的时间、巴扎的时间流程以及巴扎时间的规制等三个主要方面，对巴扎与时间的关系进行了深入的探讨。在第一节中，多从族性视角出发，系统梳理了巴扎日中存在的三种隐形时间集合，进而分析了这三种隐形时间集合背后所蕴含的历史与现实意义，认为巴扎日的隐形时间不仅在规约、构建维吾尔族人的日常生活进程里扮演了重要角色，更因其自身所具有的约定性、控制性与多重性性质，使之在揭示维吾尔族人的观念意识和文化心理方面彰显重要意义，从而得出结论，指出维吾尔族乡村巴扎正是通过其隐形时间背后的文化模式实现其作为维吾尔人独特生活方式的标识。在第二节里，我们重点探讨了“时间表”作为赶巴扎的个体分配巴扎日时间的一种潜在意识结构，分别由准备时间、赶路时间、散集时间等三个主要部分构成，结合大量实例探析了这三部分时间环节分别如何构建起时间表的结构框架，并作用于主体的观念意识，使之获得巴扎日的时间流程概念。与此同时，我们还进一步结合实例分析了巴扎日里的时间规制，指出巴扎日里的时间规制分别由时间频率、时间节奏以及时间受控与否的观念等三种差异性的规制内容所构成，这三部分规制内容将划分巴扎上不同的群体，并足以解释群体间差异性的时间观念与时间认识。

总之，巴扎的时间，像空间一样，对赶巴扎、逛巴扎的人而言，是一种深刻的文化过程与心理结构。新疆南疆的维吾尔族老乡们以及其他民族的乡民们，他们的日常生活正是在作为一种象征秩序上形成的环境里而获得意义。同时，探讨巴扎与时间的关系则让我们积极去思考，时间之于巴扎并非一个简单的时钟概念，也并非一个单一的社会概念。因此，（1）它不仅能作为我们研究巴扎的一个理论视角，用以阐释巴扎上纷繁凌乱的场景片段，在对比与归纳中帮助我们更深刻地理解乡村时间的诸多特征；（2）它能够作为一种具有社会因素的资源、媒介或者杠杆，使得巴扎里不同群体为了达成一种时间的“同步性”，组织各自的日常事务与邻里关系；（3）它能够作为一种分类和计量的标准，测量巴扎中各种量的变化，如频率、节奏、周期，对时间是否能够掌握的认识，进而左右人们对时间的判断；（4）它能够作为一种因果联系①，在巴扎中差异性的主体间、群体间、人与事件间串联起诸多解释的可能性，并为其中不同民族、不同代际、不同性别的人向着更广阔领域的交流与沟通搭建桥梁。

---

① 参见 Allen, V. （1975） *Social Analysis*, London: Longmans.

第四章　巴扎行为志

"我"（the ego），是行为者的单元。它当然是既定的，不能用任何推理或诡辩来分解或消除。"我们"（the we）则是把两个以上的"我"加在一起的总称。如果某人说到"我"，其意义已足够明了，无须进一步追究。同样地，关于"你"（the thou）或"他"（the he），如果所意指的人是确定的，也无须进一步追究。但是，如果一个人说到"我们"，那就需要更多的信息才可知道这个"我们"包括着谁。说"我们"的，总是一个一个的人；即令他们齐声说出，那仍然是些个人的发音。①

心理学想把"我"拿来分解，并且想把"我"说成一个幻觉，这些努力是白费的。行为学里面的"我"决无疑问。不管是什么人，也不管他会变成什么人，只要他有选择，有行动，他就是一个"我"。②

---

① ［奥］米赛斯著，夏道平译：《人的行为》，台北：远流出版事业股份有限公司 1991 年版，第 93 页。

② 同上，第 93 页。

在笔者的第二次南疆乡村巴扎的田野调查过程中，难得地获得连续一周的时间，天天置身于巴扎的人流中，近距离地进行参与式的观察，并有机会边记录边去思考乡村巴扎里人们的行为[①]方式及其基本规则。这些作为表象的行为背后是否存有可归纳的规律？这些规律间彼此是否都有联系？这些规律是否都有规则？我们去一个陌生的地方度假、出差或做学术考察，往往最关注的事情也最急于去适应的事情，便是当地文化竟然有与我们自身所熟知的经验迥然“不同的行为方式”，仿佛正是这些不同的“行为方式”使得彼地方与此地方间出现了差别，并各自呈现出其文化意义。因此，正是人群与人群的行为，构成了乡村巴扎区别于城镇市场特有的文化内涵。

在本章中，笔者将结合大量的田野调查经验，通过案例描述的实证分析，探讨巴扎里人群行为的诸多表现，分析巴扎日的生活里，是什么在调整人们的基本行为，这些行为遵循着怎样的规则与轨道？对乡村巴扎里的生活感兴趣的人一定会好奇，在乡村巴扎里，人群的构成如何？他们是否和城市市场里人们的行为方式一致？他们的行为规则怎样？对于违反规则会有什么样的反应？为什么会有这样的行为模式与规则？

与此同时，作为一种理论假设，笔者也尝试从文化认同的角度出发，分析巴扎里的群体认同随着人群的变迁、人流的往来，通过差异性群体的文化接触与各种交

① 本章中所指的行为是在这个词的本源意义上发生的现象，即人肉眼可见的受心理思想所控制的一种外在举止活动。

易行为的相互协商、话语交流，也将完成一种构成上的动态演变，进而分析这种动态演变在巴扎里分别通过主体构成的“熟人世界与生人世界”、“坐贾与行商”、话语交流上的“可译与不可译”，空间关系里的“边界与边界漂移”、“占有与寄居”等行为观念进行实践。

第一节　行为的主题[①]

巴扎里充满着各种各样的人群，人群由诸种行为来定义自身。观察巴扎里的人群，实际上是观察巴扎里人群的各种行为；观察巴扎里人群的来往流动，其实也就是观察他们的行为过程；再借由描述或者场景再现，力图去解释行为背后的文化意义。对此，米赛斯说得好：“市场不是一个地方、一件东西，或一个集体的存在。市场是一个过程，是由形形色色的个人，在分工合作下的行为之相激相荡而发动的。决定这个——不停地变动的——市场情况的力量，是这些人的价值判断，以及这些价值判断所指导的行为。每一时刻的市场情况就是那时

---

① 本章中将从“行为学”的基本研究视角出发，试图去解释巴扎里出现的诸种行为，认为正是这些行为划分了不同的群体，并综合采用描述性研究、相关性研究与实验性研究的取向，在梳理与归纳各种行为的同时，为不同行为方式寻求合理的文化心理阐释。参见［美］罗伯特·罗森塔尔拉尔夫·罗斯诺《行为研究纲要》：方法与数据分析第三版，英文注释版，人民邮电出版社2012年1月版。

> 的价格结构，也即是，那些想买进和想卖出的人们相互作用所形成的全部交换率。市场现象中没有什么神秘的、非人的东西。市场过程完全是人的行为结果。每一市场现象，都可溯源于这个市场社会成员们的某些确定行为。”①

巴扎里人们的实际行为和他应当有的行为，在大多数情况下是趋于一致的。也就是说，在巴扎里，普遍出现的行为便是人们认为每个人应当去做的，这种“应当性”可能更多来自于老乡们的日常习惯、传统认知与习俗许可。譬如，观察巴扎里的交易行为，你会发现，无论这种行为最终指向一个多么具有利润的未来，在交易谈判时，都必须避免直接去谈利益收入。与此同时，有些时候，巴扎里人们所做的事，与其应当遵循的规定之间也可能会相差很远。在这其中，对所属群体的忠心、同伴的意见、讲求效率或者更为实用等方面的认知，以及对当时情境中不得不变通的一种直接行为反应，都使得人们会变更多种行为方式，形成另外一套行为规则，使得个体能够为自己偏离公共行为规则进行辩解。譬如在疏勒镇巴扎外侧的公路上，一位骑着摩托车的维吾尔族摊主，突然将摩托车停在公路正中，罔顾来往穿梭的人群与其他车辆，俯身去捡掉落在地上的衣服货物，并就地不动，竭力一件件地去擦拭服装包装袋上沾染的灰尘与泥土。这与城市公路上发生类似行为的状况不可同日而语，路过的旁人和车辆不会惊异地回首去看，更不会横加指责与质询，也不会有公交管理系统的人来进行

① ［奥］米赛斯著，夏道平译：《人的行为》，第354页。

盘问，人们大多会微笑着绕开他，或者面无表情地继续前行。因为他所遇到的情形也是乡村巴扎里每一个“其他人”都可能遇见的情形，推己度人之下，这种行为便被漠视并允许了。

正如米赛斯在《人的行为》中所指出的那样：“‘我们’的行为，不过是其中的每一个人为着自己的行为；除此之外，‘我们’不能有所行为。这些人或者全体一致行动，或者其中一人为全体而行动。在第二种情形下，其余的一些人之合作在于他们所形成的一个情势，这个情势使一人的行为对于他们也有效。只有在这一意义下，一个社会团体的职员是为全体而行为的；这个人的行为之所以关系到集体的诸份子，或者是他们所使然，或者是他们所允许。”①

人们往往以为乡村集市简单质朴，便模糊地以为，其规则必不如城镇市场那么繁复琐碎。事实上，它的社会组织、行业技术与市场管理可能极其简单，其人群的行为规则却并不简单。城里人往往以为，乡里人在忙碌的巴扎里，其日常礼节与道德习俗上不会过分讲究，其实也不然。在巴扎里的有一些行为中，老乡们可能不会拘泥于礼节的形式，然而在另一些行为中，他们却往往表现出城里人都难以达到的礼节标准与道德标准。然而，此文的重点倒不是要在城里集市的行为规则与乡村巴扎里的行为规则之间做孰高孰低的比较研究，而是通过大量的经验与实证，力图系统地梳理并总结乡村巴扎中出现的诸多行为表象，并予以揭示和解释。

---

① ［奥］米赛斯著，夏道平译：《人的行为》，第93页。

巴扎里买主与卖主之间的交易行为、卖主的生产行为、买主的消费行为以及其他行为里普遍存在一种具有规律性的行为方式，系统梳理与厘清这些行为的基本面貌，寻找并探究这些行为里隐藏的诸多规则，阐释行为背后的文化、心理动因，是我们在这一节需要面对的基本问题。

行为学会关心在我们所罗列的这些巴扎行为中发生什么？如果“在那时那地、此时此地、或任何时地，有一个人在行为”，这句话是什么意思？如果他选择某一事物，舍弃另一事物，其结果是什么[①]？换言之，打个比方，就好比每一种行为都可以被归纳进相应的主题，对号入座般。接下来，我们就是要看看，巴扎里纷繁云集的各种行为究竟有多少种主题，这些主题的内涵与意义分别是什么。

初步分析，巴扎里的行为总体可被分为交易行为、生产行为、消费行为与其他行为四个主题。其中，交易行为分别由谈价、选货、过秤、数钱等四种基本行为类型构成；生产行为分别由市声、手艺活、招徕、杂耍等四种基本行为类型构成；消费行为分别由剃头、聊天、游戏、观看、购物等五种基本行为类型构成；除此之外，还有一个暂时被命名其他行为的主题，分别由步行、牵的方式、逗留、观光等四个基本行为类型构成。

一、交易行为

巴扎里的交易行为一般是指在巴扎里，买方与卖方围绕着可买卖交易的产品所产生的典型行为类型与过程。

---

① ［奥］米赛斯，夏道平译：《人的行为》，第94页。

就实地调研来看，交易行为的行为类型有谈价行为、选货行为、过秤行为与数钱行为等四种类型，下面就让我们分别结合实例具体看看。

（一）谈价

1. 谈价的行为方式

只要有交易，买卖双方便不可避免要进行价钱协商，这就叫谈价。谈价的行为在新疆南疆的乡村巴扎上主要有以下两种方式：一种是有中介（“背地克”）型，另一种是无中介型。有中介型的谈价，要比无中介型的谈价程序复杂。在巴扎里，中介（“背地克”）或者说卖方与买方之外的第三方，主要存在并活跃于牛羊牲畜交易市场中，他们的职业化程度不高，通常是能言善辩、善于协调、具有一定公信力的男性维吾尔族人。“背地克”并非当代才有，而是古已有之，其实就是历史中集市里的牙人、当代城镇市场里的中介与经纪人。“凡为商贾买卖之介绍者曰牙，处于供给与需用者之间，代客买卖货物，交互说明，以抽取费者为牙行”①。“背地克”在买卖双方间的作用主要是主持交易、协商价格、保证价格公平、促进交易达成。不像历史上的牙人有牙行，也不似当下工业化程度高的城市有中介公司或者经纪人公司管理中介与经纪人。南疆乡村巴扎的“背地克”并无专门的机构托管，在有些巴扎里，“背地克”的职业化程度相对较高，但在大部分巴扎里，他们只是临时充

---

① 参见［民国］《馆陶县志》卷二。［民国］《牟平县志》卷四《政治志·财》、［光绪］《文登县志》卷三、《大明律》卷十等文献中均有提及。

当，过程中甚至不抽取报酬，仅仅是一种人情交换。

对于巴扎里无中介型的谈价，其行为模式则相对简单，这种行为遍布于巴扎角落里的每时每刻。可以说，每一分钟都有交易发生，在这每一分钟的交易里，都存在买方与卖方间无人介入的直接谈价，比如下面这个例子——

疏勒县巴合齐乡巴扎入口处，维吾尔族摊主夏哈甫正在卖他收集的老钱币，一位路过的汉族买主拿起一张旧版两元钱纸币，仔细端详后询问起价钱。

夏哈甫（用手比划）：250 元。

买主：太贵了，这张纸币我自己也有。

夏哈甫问道：房子哪儿的？

买主：乌鲁木齐的。

夏哈甫：……

在这个例子中，我们看到，卖主在得知买主的交易背景后，并不会进一步去劝说买主购买。这其中，语言不便当然是顾虑的原因之一，但最主要的是，他们双方都会权衡对方的价格与商品实际价格之间的差距，并视这个差距而决定是否要继续完成交易。在这个过程中，因为没有背地克发挥协商沟通的作用，从而使得交易行为过早结束。

2. 谈价的行为规则

在谈价的具体行为方式中，我们可以发现如下行为规则：

其一，标志性完结动作规则。谈价总会有一个标志性动作表示交易行为的完结，通常情况下是握手。在无“背地克”的情况下，卖方与买方会用力握手一摇，辅以微笑肯定，表示成交；而在有“背地克”的情况下，“背地克”则会一手握住卖方的手，一手握住买方的手，抡着两个膀子，前后用力一摇，围观的人群便会发出会心的笑声，共同庆祝交易的成功。

其二，礼貌的拖延与过渡性规则。在买卖双方谈价时，一般不宜开门见山直接进入价钱的实质性探讨环节。通常买方与卖方需相互问好致礼①，若是一方是晚辈，一方是长辈，晚辈便会将右手斜按在胸口中央，身体向前略倾 30 度，并连声道“萨拉木”（维吾尔语音译，“平安”之意）；若是双方为平辈，二者则会身体前倾，双手交握，接着互道“亚克西木塞斯”（维吾尔语音译，“您好”之意）。在经历了一段友好与礼节性的相互问候之后，买卖双方或者采取“袖里吞金”②“掌中划价”③的具体行为议价，或者再委托“背地克”出面协商价格，居中调停，避免交易过早终结。就维吾尔族人族群内部交易而言，这所有的谈价行为中都有一个潜在的规则，即认为过于直率地进入谈价正题，是不礼貌的，必

---

① 维吾尔族人十分注重人际交往的礼节，乡村的维吾尔族人在某些礼节上虽不如城市维吾尔族人礼节多，但在某些行为礼仪上甚至比城里人更为讲究。同时，维吾尔族人对长者十分尊重，一同走路时，一定要让长者先行；谈话时，需让长者先说；进门时要让长者先进；入座时，要让长者坐上位。不论置身何处，晚辈一定不能从长辈面前横穿而过，不能在长辈面前抽烟、喝酒、说粗话、顶撞长辈；如若骑马或者骑驴、赶驴车出行，晚辈则要给牲畜喂草、饮水、备鞍或套车，要扶长辈上下车；有好吃的要给父母留，吃饭时，先给长辈盛饭。

② 指买卖双方用袖子遮住，彼此在对方胳膊上划出自己期望的价钱数字，却有意避免让旁观者看到整个议价过程。

③ 指买卖双方握手，曲起食指在对方掌心里划出各自希冀的价钱数字。

须经历一个友好问候，闲话家常的过渡，才能进入谈价钱的正式环节。也就是说，在巴扎里，所有交易谈价的场合，都仿佛被打扮成一个朋友、家人或者族人群体聚会的场合，大家先会顾左右而言其他，接着才会关心起自己的买卖。在这种礼貌的拖延程序里，如果有人挑战这种行为常规，则会遭到冷遇，或者被认为心情不好才会出现行为的偏差。当然，异族交易例外。

（二）数钱

1. 数钱的行为方式

在巴扎里，数钱几乎是一种司空见惯的行为，它发生的频率如此之高，以至于一个初来乍到的城里人，会由于这种行为而替数钱的人暗自担心。因为在他的城市生活经验里，这种行为是要承担一定风险的，譬如说被人当场抢劫、偷盗，尾随偷窃等等。但是，在乡村巴扎里，数钱的行为太过普遍，无需担心，甚至还有摊主将黄澄澄的金子裸露在摊位上，也不必提防有人偷抢。在许多画家笔下，数钱的行为都被用来表现巴扎上农民丰收的欢喜心情，比如穆合塔尔·居马的系列组画，极具代表性，再有，努尔买买提·阿不力孜的画作里，也再现了数钱的行为。

图 4-1　穆合塔尔·居马画作（局部）

足见，数钱在巴扎上是多么普遍却又惹人注目的一种行为，总结起来，这种行为的具体表现有如下三种

图 4-2 穆合塔尔·居马画作（局部）

图 4-3 穆合塔尔·居马画作（局部）

方式：

第一，埋头专注式。在巴扎里，一位老乡经常会低下头，掏出口袋里的钱，全神贯注、心无旁骛地开始数钱，他会先后在拇指与食指上沾点儿唾沫，接着便埋头沉浸于数钱的时光里。在疏勒县乌帕尔乡巴扎上，笔者亲眼见到这种数钱方式里，周遭哪怕有车马喧嚣、人群嘈杂，甚至一只羊跑到摊主的铺位上吃食，亦不会打扰到摊主的数钱进程。

第二，心不在焉式。在这种数钱的行为方式里，通常卖主只是借数钱来转移注意力，或者用以打发无人光顾生意时的无聊，或者再一次明确钱数金额以为下一单生意的投入而提神，又或者仅仅是习惯性的“时间焦虑”性动作，用已赚得的钱数来估算在巴扎上继续逗留的时间。

第三，左右兼顾式。在这种数钱的行为方式里，老乡往往会将两种行为进程同时进行，他会一边数钱，一边忙于其他事务。比如一边数钱，一边走路；一边数钱，一边用餐；一边数钱，一边剃头；一边数钱，一边圈羊。在疏勒县乌帕尔乡巴扎里，一位买主在制服一只躺在地上耍赖不走的羊的同时，数着自己交易后找零的钱。这一幕在笔者的调查记录中是这样的：一只黑绵羊赖在地上不走，仰躺着，露出肚皮，买主便一把抓住它的后腿，又拎起它的羊角，一把将它翻过身，使它侧趴在地上，接着买主俯下身，双腿分立，骑在羊脖子上，大腿使劲儿一夹，用膝盖将其固定，同时从衣服内袋里拿出刚被找回的钱，数将起来。

图 4-4 努尔买买提·阿不力孜画作：《巴扎》（局部）

数钱表面上看似乎是卖主专有的一种行为，但在很多情况下，买主也会数一数交易后找零的钱数，尤其在“左右兼顾”式的行为方式里，这种情况比较普遍；甚而在巴扎上闲逛的人也会时不时清点下口袋里的钱数，权作打发上一行为与下一行为间百无聊赖的时间。

2. 数钱的规则

首先，免于被打扰的规则。每当一位老乡数钱时，他周边的环境便仿佛一瞬间被淡化为背景，只有数钱的行为本身是主题，时间在那一刻以放慢的频率脱离于巴扎的整体时间序列。数钱行为本身是一种免于被打扰的告知，意在表明钱的主人目前驻足于另一个时空。很少有人（除非关系非常亲密）会在这一刻去打扰一个数钱的人，这与城市经验截然不同，在城市里，一个公然在大街上数钱的人实则在发出一份被觊觎与打扰的邀请。

其次，阅读规则。数钱对于巴扎里的老乡而言，不像是检验收入或者计划开支，倒像是在阅读，他们点钞的方式，就像是在阅读一份房产说明书或者明日规划表，其热烈与受欢迎程度不亚于城里人对阅读的兴趣。这两种行为间更接近的表现是，通常城里人花在阅读等爱好上的时间，会比真正需要它的时间多，同样地，在巴扎上，老乡们花在数钱行为上的时间，其实也比真正需要它们的时间多。

（三）过秤

1. 过秤的行为方式

巴扎里的过秤行为是买卖双方交易行为里，第三方介入的另一种典型行为案例。过秤者通常是一位德高望重的老者或者是一位有普遍公信力的乡亲，他所承担的责任在于收取一定的费用，用以监督被交易货物的准确重量，以保证公平交易的发生，这种秤通常也被称作“公平秤”。在历史上，我们将民众自发拥有“公平秤”和支持过秤行为的集市称作“义集”。史书中是这么描述这种集市的：“旧例市集有官义之分，官集者，报部承领司贴，凡秤斗牲畜税务，公保一人司其事，名曰集头，亦古平时价，息争讼之遗意；义集，由庄民自行集合，无集头名目”[①]。这段史料说明，在古代，官方组织的集市里，“公平秤”的过秤人往往由官方组织“委

① 参见［民国］《长清县志》卷二。其他文献如《舆地志下·市集》、［康熙］《章丘县志》卷二、［光绪］《泗水县志》卷二、［雍正］《恩县续志》卷一中均有记载。

任”，称作“集头”，享受一定的俸禄，而民间自发组织的“义集”里，往往只有过秤的行为与过秤人，而无“集头”待遇。在南疆乡村巴扎里发生的过秤行为，多是老乡自发组织和经营，管理者只征收一定的税费。

在笔者的《南疆乡村巴扎观察日志》里记录了过秤行为的基本方式与过程：

> 喀什市伯什克然木乡巴扎上，维吾尔族老大爷萨迪克搬来一张简易桌子，上面放着一个计算器，他拿了支笔，又拿出一个用白纸条订成的简易票据本，接着，他整理了下衣服，便坐在桌子后的凳子上。在他面前的公平秤上，放着一个中型的铁笼，开着小铁门。刚坐定，他周围吵吵嚷嚷地便围满了赶巴扎的老乡们。不多时，一位年轻的维吾尔族买主便抱着一只大绵羊径直走过来，穿过人群，他将羊塞进铁笼子里，顺手将小铁门关上，就见那只肥硕的羊刚好将铁笼撑满，白色的卷毛从铁笼的缝隙中溢出来。萨迪克站起身，调好秤砣，做好估算，接着坐下，就手在小本上写下一个数字“79.5”（羊重79.5斤），复扯下小白条，递给那位年轻的买主，后者接过票，从口袋里掏出20元钱给萨迪克，萨迪克便从桌子抽屉里找出19元钱递给他。后者说了声谢谢，鞠了躬，接着便又从铁笼里抱出咩咩叫个不停的大绵羊，大步离开。

巴扎里的过秤行为反映了一种井然有序的秩序，它遵循着一个有迹可循的行为过程：买主申请—过秤人许可—过秤—过秤人反馈—买主付钱—过秤人找零—交易达成。无论出于怎样的原因调换这一行为过程中基本行为单元的先后次序，这一行为过程本身必须完整。

2. 过秤的规则

作为交易行为中一种特殊的行为类型，它的规则在于：首先，不要过分较真规则。在过秤过程里，被秤物的重量取决于过秤人的人工估算，这使得所秤物的重量与真实重量间存在一定的误差，而误差的范围具有一定的主观性。因此，出于信任以及礼节的需要，老乡们通常不会质疑过秤人反馈的重量信息，过秤人对自己的行为也不会过分较真儿。他们都被要求不应对自己的货物或者服务过分激动，尽量使得行为过程连贯、一气呵成，并保持一种被动的礼貌与认可。

其次，法律信誉的规则。过秤行为本身具有法律意义，这使得它的施行具有一定的趋法律性。在没有法律细则的地方，一些行为只能通过习俗、传统进行规范。英国人类学家对这个问题的看法大体有两种不同的观点，一种以马林诺夫斯基为代表，一种以拉德克利夫·布朗为代表。马林诺夫斯基认为，防止破坏社会协调一致的一切强制性的约束和习惯行为，都应包括在法律的研究范围之内。拉德克利夫-布朗认为，法律只限于那些在政治上组织起来的社会中有约束力的规则。而戈弗雷·威尔逊在研究尼亚库萨人的法律和习俗时，采取了折中的立场。他认为，凡是与所争执的事端没有直接关系的第三者所取的干预行为都属于法律行为①。从戈弗雷·

---

① 转见［英］雷蒙德·弗思著，费孝通译：《人文类型》，商务印书馆 1991 年版，第 106 页。

威尔逊对法律的认知和界定来看待巴扎中的过秤行为，便不难理解，在上述案例中，过秤人萨迪克的行为在坚持不要过分较真原则之外，其实负载着一定的法律责任。

（四）选货

1. 选货的行为方式

选货在巴扎的交易行为里是买主占据主动与中心地位的一种行为类型，通常也有两种可被归纳的行为方式：直奔主题型与迂回婉转型。

第一，直奔主题型。这种行为方式往往依据买主的购买兴趣直接产生，它往往拒绝模糊而含混的意图表达，通常会采取一些直截了当的行为动作，实现其想要挑选出最称意商品的意愿。这种类型的行为方式在巴扎里普遍存在。笔者的观察日志中记录了大量这种行为方式的案例片段：

> 疏勒县巴合齐乡巴扎上，牛羊交易区。一只拴在立柱上的成年黄牛吸引了一群买主的注意，他们将牛围成圈，相互评议。其中一位买主上前想直接掰开牛嘴，检查一下牙口，但怎样都不能如愿，他跟在牛尾巴后面，牛躲着它，以立柱为中心，人追着牛，原地做圆周运动。在鸽子交易区，买主会直接将手伸进鸽笼，抓出自己相中的颜色品相均不错的鸽子，查看它的喙、冠、翅膀、尾羽甚至它的双爪，反复评估。同样的情形发生在选羊的时刻。
>
> 喀什市伯什克然木乡巴扎牛羊交易区，几位买主想买羊，他们围着羊观看，时不时品头

> 论足一番，其中一位买主先用手丈量羊的腰身宽度，接着再摸摸羊尾巴，似乎在评估什么，但始终没有问价，大家似乎都在等第一个出声问价的人。
>
> 在疏勒县乌帕尔乡巴扎，一位买主直接抱起一只羊，掂了掂它的体重，又迅速地放下，摇了摇头。

第二，迂回婉转型。这种行为方式恰恰与“直奔主题型”完全相反。在这种行为方式里，买主会适当隐藏自己的购买愿望，也会婉转表达自己对货物的真实看法，并通过种种行为信号迂回表达自己对交易行为的态度。比如，在卖鸡蛋的摊位上，买主通常会通过一种“斗鸡蛋”的行为（买主与卖主各拿一只鸡蛋，让两蛋轻碰，试探哪一个更具有硬度）决定要买哪只更“强壮”的蛋。与此同时，他们也会采取这种方式拒绝承认一只蛋达到了他的购买标准，进而否决交易行为的开展。

2. 选货的规则

首先，不宜过分慷慨的规则①。选货对于巴扎里的乡民而言是一项重要的行为议程，但在选货过程中不宜过分慷慨，即不宜一次性购买过多的货物，这会对其他买主构成心理疑惑（他发财了吗？他家里来客人了吗，

---

① 对此，维吾尔族著名学者阿扎提·苏力坦教授曾在笔者的开题工作计划中与笔者交流，他曾在南疆乡村巴扎中见到一位老太太卖鸡蛋的行为，多年前的见闻，与笔者后来采集到的案例完全一致：当人们要将她摊在地上的所有鸡蛋都买走时，老太太不依，认为若是早晨便有人将她的鸡蛋都买走的话，那她下午在巴扎里干什么呢？她将失去更多借此与人交流的机会。

为什么我不知道?)，同时也会让卖主因为提前售完所有货物而对剩下的时间感到无所适从（接下来干什么? 漫长的一天，如何打发? 我又拿什么话题与人聊天?)。

就此，笔者记录过一个类似例子，一位卖鸡蛋的老太太拒绝一位买主买走她所有的土鸡蛋：

> 在疏勒县巴合齐乡巴扎上。一位披着白色头巾的维吾尔族老太太，在一处卖冰激凌摊位的椅子后就地摊开一块红色绒布，其上放着一些碎秸秆，碎秸秆上小心地堆放着一小堆鸡蛋。她调整好绒布的位置，挪出自己可以栖身的空间，接着，便撩起裙子，掖起裙摆，继而扶着身后椅子的扶手，颤颤巍巍地坐到地上。有买主过来想买鸡蛋，她便用一个塑料袋装了几个鸡蛋，买主想要再多买几个，她摇手坚决不允，双方争执了一会儿。老太太便欲将鸡蛋从塑料袋里全部取出，买主见状，不得不妥协，接过老太太选出的几个鸡蛋，付钱离开。

其次，真诚评估与兑现购买承诺的原则。巴扎里的选货行为必须建立在真诚评估的基础之上，对货物进行负责任的挑选与判断。若开口问价，就意味着交易开始，除非有非常有力的理由支撑，让卖主居于下风，否则不宜中断交易。可以换货甚而寻求当地长者说情，追回觉得对方明显要多了的钱，但却不宜退货。

二、生产行为

生产行为指的是在巴扎上，运用各种生产要素与生产工具，制造产品或者提供服务的行为。对于提供生产行为的主体而言，他往往需要从生产目标的决定上考虑生产什么样的产品；其次，从生产工具与生产方式的层面考虑如何生产；第三，从分配问题的角度考虑为谁生产。巴扎里的生产行为主要有手艺活、市声、招徕、杂耍等四种基本类型。

（一）手艺活

1. 手艺活的行为方式

手艺活在巴扎上更像是维吾尔族人传统技艺与生活方式的一种民俗展演，通过它你可以遥想起最初人们在制作、生产一些产品时的行为。在巴扎里，它一般表现为如下两种基本行为方式：

方式一，纯人力型。在这种行为方式里，卖主完全凭借人力完成商品的生产、加工与运输，这种行为更多地见于传统的手工艺活。笔者的观察日志里，详细记录了这种纯人力型手艺活的行为过程：

> 在疏附县乌帕尔乡巴扎里，钉马掌的师傅居热提正在给一匹马钉马掌。他先将马拴在柱子上，并让年轻的助手捧起马的左前腿，只见后者用胳膊用力将这只腿夹住，再用双手固定住马蹄，使得蹄子底部朝向居热提。马主人在一旁一边拽住马缰绳，一边用手轻抚马的侧脸，嘴里同时发出“嘎嘎”的声音，安抚马的情绪。居热提先用锉刀将马蹄底部磨损的角质层及垢物尽数刮去，再选择一只大小适合的 U 形蹄铁，就着松软的土地上刚刚插进去的铁桩，两面敲打平整，随后便将这只 U 形蹄铁覆在处

理干净的马蹄上，再将钉子对着马蹄铁上的钉子眼儿，一锤一锤地钉进去。铁锤敲在马蹄铁上的声音铿锵有力，闷闷作响，惊得马稍有动作，马主人便会出声喝止。有意思的是，通常在钉马的后蹄时，固定马腿的人会用马尾巴紧紧缠住马的一只后腿，再将被马尾缠住的马后腿放在自己的大腿上加以固定。

在疏附县的木什乡巴扎，剃头师傅玉素甫正在用剃刀为顾客亚力坤剃头、修脸。这个行为过程通常是这样的：玉素甫先用清水将亚力坤的头发打湿，按摩一会儿，接着便左手固定住亚力坤的头顶，右手持剃刀，以头顶心为圆心，以剃刀为半径，沿着头顶一圈向外剃下去。玉素甫刮着亚力坤的头顶，像在做一件最精细的活儿，屏气凝神、全神贯注。直到亚力坤头上的毛发全部剃完，玉素甫将刀放入上衣口袋，接着又用肥皂水清理起亚力坤的面颊、脖颈。他用左手固定住亚力坤的头，右手为其搓脸。这个动作持续大约一分钟之后，又接着从口袋里拿出剃刀，开始为其依次刮起鬓角、胡须、下巴的胡子乃至下唇边的胡髭、上唇的胡子以及上唇边的胡髭，之后，顺着脖子的纹理向下慢慢刮去脖颈上的胡子。期间，有几根剃下的胡须落入亚力坤嘴里，玉素甫便忙用毛巾为其擦除，又让他起身吐掉口腔内的碎胡须。待亚力坤再次坐定，玉素甫便放下剃刀，拿出剪子，为亚力坤的胡须做最后的定型修剪，约莫半分钟后，他又用梳子像梳头发一样，自上至下梳理一遍亚力坤的胡须。最后，玉素甫继续用剪子为亚力坤修剪长出鼻孔的鼻毛，三两下快剪之后便齐整了。他再将围在亚力坤脖子上的围裙取下，抖一抖，又帮亚力坤理出掖在脖子里的衣服领子，复拍打下他身上的碎头发。至此，所有行为过程方算是完成了。

疏附县乌帕尔乡巴扎里，牲畜交易区入口，搓麻绳的师傅吐尔地坐在地上，独自一人在搓麻绳，用以做圈牲畜的套头绳索。只见他用一支一米长的木棍作为尺子，丈量着已经搓好的麻绳，那一支木棍横躺在他的大腿上，他先用双手丈量，接着再腾出一只手掐住与木棍“尺

图 4-5　艾斯卡尔·吐尔地画作（局部）

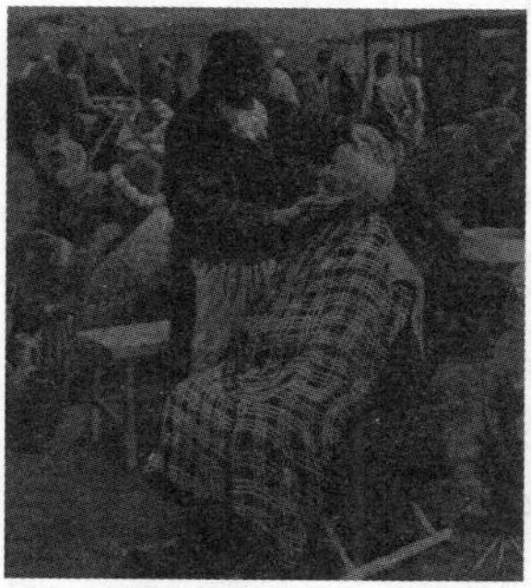

图 4-6　艾力·斯马依画作（局部）

子”等长的绳索的一端，再用另一只手拾起剪刀，沿着手掐住的地方，用力剪下去。随后，他捡起剪下来的那一段标准长度的绳子，将其一折为二，再灵活地打个绳结，捋齐、抖展，

再摆放在地上。

在上述的行为案例中，我们看到在城市生活里并不多见的生产行为与手艺技能，它们的历程与选择绿洲农耕生活的维吾尔族历史一样漫长，更或者能追溯得更远，这使得这些手艺在满足老乡们生产、生活所需的同时，不仅是一种使用价值的实现，也是一种价值的展演。这从维吾尔族专业画家与农民画家的画笔都聚焦于这些传统手艺里，便可得到求证。

图 4-7　吾斯曼·纳曼，麦盖提县库木库萨尔乡，《铁匠》

图 4-8　卡斯木·塔吉，麦盖提县库木库萨尔乡，《铁匠铺》

图 4-9　阿不拉江·阿不都卡迪尔，阿瓦提县拜什艾日克镇，《编席子》

图 4-10　亚森江·库尔班，阿瓦提阿瓦提镇，《鞋匠》

方式二，半机械化型。除了人力型的手艺活外，还有半机械化的手艺活。如磨刀匠人的手艺行为。我们同样先看笔者观察日志里提及的这个例子：疏勒镇巴扎里，磨刀匠依明与他的弟弟艾依克正在将一把用钝了的坎土曼放在磨刀器上，并通过人力拉扯磨刀器上的两根皮绳，促使磨刀器飞速旋转，以使得它能够通过快速摩擦的方式，将坎土曼破损翻卷的刀刃磨尖修平。就见哥哥依明坐在半自动磨刀器的一侧，手里平端着除去把手的坎土曼，掌握其在磨刀器上的接触面积，弟弟艾依克坐在磨刀器的另一侧，双脚死死顶住磨刀器的底座，身子倾力后仰，双手拽住促使磨刀器飞速转动的两根皮绳，一前一后，交替扯动起来。他的速度开始较慢，接着便越来越快，快到磨刀器接触坎土曼的部位隐约有火光跳跃，发出“嗞嗞”的尖锐摩擦声。除此之外，类似的行为过程还有铁匠打铁、鞋匠修鞋、木匠加工木艺品、烧陶匠烧陶等等。

上述手艺行为在专业画家与农民画家、本族画家与他族画家的笔下都得到了鲜活的呈现，说明无论是精英阶层还是大众阶层的“话语建构”，无论这种建构采取的是本民族内部视角或是异族的他者视角，手艺活都不仅仅是一种行为，其本身因富含历史文化的因素，而隐含有身份象征的含义。

2. 手艺活的规则

总体而言，巴扎里手艺工匠的行为普遍采取一种全然无视规则，这种规则要求他们避免与陌生人说话，即便这位陌生人有可能买下他全部的产品，甚至都不要与陌生人有任何的眼神交流，除非在绝对必需的情况下，绝不要做出任何承认他们存在的举动，要一直沉浸在连续的手工艺行为进程中。与此同时，这项规则还要求行为主人们必须避免将注意力吸引到自己身上，必须使行为本身比行为的主人更为重要。这种无视规则要么假装巴扎里的他人不存在，要么假装自己不存在。

通常而言，这种“无视规则”会有三种例外情境：

第一种例外为“礼貌例外”。如果手艺人在做活的时候，被买主礼貌地问询所打扰，或者是询问手艺的进展，或者是因不小心碰撞其产品或误踩入其“工作间”而必须说抱歉时，手艺的行为便不得不暂时搁置，主人会出声救场以避免长时间尴尬。

第二种例外是“信息例外”。手艺人在忙于做活时，若身边人与其搭话，当这种话语内容指向一种交换信息时，如“我刚买了一个新工具，很好用”；“我家亲戚才从城里来看我”；“买买提家的女儿昨天出嫁了”诸如此类，手艺的行为虽不至被耽搁，但主人会有兴趣与其对话，通过信息交换完成熟人社会里的人际交往。

第三种例外是“诉苦例外”。通常发生在手艺匠“同行”之间与亲朋好友的人群关系里，当手艺匠人的身边传来诉苦声，如“我的钳子又坏了，”“我家的羊这两天不吃饲料”，“老婆子的病又犯了”等等，手艺匠也会正视这种诉苦，它将使得手艺匠人之间以及手艺匠家族交往内部间对彼此的存在再次敏感起来。

（二）市声

1. 市声的行为方式

“市声”，其实就是指巴扎里用以招揽生意的各种商品叫卖声、吆喝声与各种形式出现的宣传话语。在这种行为类型里，有三种主要的行为表现方式：

其一，录音重复式。指的是卖主将自己的吆喝声录在磁带或其他信息媒介里，再通过扬声喇叭与音箱的配合，将这种吆喝声以不间断重复的方式进行传播。疏勒县塔孜洪乡巴扎里，皮鞋摊位上，一位摊主的喇叭里便用汉语循环而不间断地放着“蒙古皮鞋，快来看看”的声音。这种市声的行为方式最早是由城里商人带到乡下去的，笔者十年前在乌鲁木齐二道桥的巴扎里最早见过这种行为，而那时在南疆库车县进行巴扎的调查时，还未发现这种行为的使用：

> 在乌鲁木齐，小商小贩更乐意用扩音器进行宣传，显然是对自己的嗓子没有太多自信。更有人聪明地把自己商品的好处编成顺口的段子进行录音，一盘磁带里可以将同样的段子录制 100 遍不止——以一句宣传词占时一分钟保守估计。然后就由着录音机去传销了。摊主则在一旁懒洋洋地守着，他所负责的只是开关录音机、为磁带翻面和对被录音机吸引来的买主进行解释说明，外带买一赠一的诱惑招揽。库车县的巴扎还没有吸取这种先进的宣传手段，摊主们都是各凭本事，扯着嗓子，像是赛歌大会。喊累了，坐下来歇息片刻，喝碗茶水，再接再励。当然家里来的人多就会占尽优势，可

以补位，继续进行叫卖的阵仗。[①]

其二，动物重复式。这种重复形式的市声类型较为罕见，主要利用鹦鹉这种可以模拟人声的动物重复主人的招呼声来实现。在喀什市艾提尕尔清真寺旁的杂货店里，笔者记录了这一行为的发生：当买主进入该家店铺时，会见到大厅正中挂着的鸟笼里，一只绿毛鹦鹉学着主人的声音问候道："亚克西木塞斯（您好）！"临走时，会听到鹦鹉说："霍西安木塞（谢谢光临）！"有时，这只鹦鹉在主人的指示下还会发出长串的吆喝声，其声音乍听之下，宛如人声，也不失为一种有效的市声方式。

其三，人声重复式。这种行为在"市声"里较为原始与简单，完全靠卖主自身的声音条件与发声装置完成实现。在疏勒县塔孜洪乡巴扎和疏勒县乌帕尔乡巴扎上，李师傅携着他一箱子的不锈钢菜刀，带着麦克风与音箱，用他浓郁的四川方言口音夹杂着三两句带着口音的维吾尔语，一遍遍重复他那不锈钢菜刀的广告宣传词："买得着，划得着，家家户户用得着，大刀快，小刀快，宰牛子一刀两段，宰羊子亚克西哦（好哦）；宰牛排、宰羊排，看我这个刀子快，翁块儿（十元），奖励一个小的，麻吾麻吾麻吾，翁块儿；大刀快、小刀也快，还有一个磨菜刀，买一个，奖励一个，还有一个削土豆、削洋芋，削得快，这样哈里麻斯翁块儿（共计十元）；买一个大的，奖励一个小的，还有一个翁块儿；一个大的，一个小的，还有一个磨刀的，翁块儿。"

笔者留意到，许多围观的老乡离开后，面带笑容，大

---

① 王敏：《龟兹物语》，新疆人民出版社 2006 年版，第 18 页。

多会重复他带有四川方言口音的“翁块儿”。在疏勒县乌帕尔乡，李师傅又换了一种市声宣传的广告用语：“出门看天色，买刀买货色”，“要说快，谁是钢来谁是铁？”

值得指出的是，这些市声的行为往往会有一些伴随动作发生，它或者与实物联合进行现场演示。比如卖刀的李师傅，会用菜刀现场“秀”一下砍木头、削萝卜的种种刀技；再比如卖鸽子的摊主在大声喊“看一下、看一下”的时候，会配合着用双手拍打他的鸽笼，惹得笼子里的鸽子纷纷张开双翅，原地扑腾。这些伴随动作多起辅助作用，用来解释说明“市声”所言不虚。

2. 市声的规则

市声有两个基本的行为规则：坚持幽默的规则与坚持偷懒的规则。

图 4-11　扩音喇叭的使用　王敏摄

先说幽默规则。巴扎里，一种市声能够引人注目，使人自发聚集，或者因其内容的幽默风格易于记忆，如李师傅的“哈里麻斯翁块儿”因夹带有方言口音而使得发音内容带有谐趣，附带使其推销的产品得以被他民族的人在会心一笑中潜意识地接受和认同；又或者因其发声形式与语境出入的相关性形成一种滑稽的即时感受，如在满是人的世界里，鹦鹉说着“人话”向人推销产品，这让买主们在忍俊不禁的同时，延长徘徊于店内的时间，作为对好心情的回馈而愿意慷慨解囊。总之，幽默规则能够在买卖双方间建立一种良好的互动氛围与互动情境，从而使交易变得融洽。

再讲偷懒规则。巴扎里所有的卖主在进行“市声”这种行为时，都在或明或暗地坚持一种偷懒规则，如通过将录有自己的吆喝声、宣传话语以及商品说明的磁带，借由录音机反复播放以减少自己在声音上的劳动付出，又或者通过扩音喇叭，将自己的市声可传播的范围扩大，以减少自己在音量方面的疲劳使用。这些行为所坚持的偷懒规则，均意在使卖主们获得更多的个人时间，使其注意力能够聚焦于声音之外促使交易发生的行为之上。

图 4-12　无人手持扩音喇叭与磁带的搭配使用　王敏摄

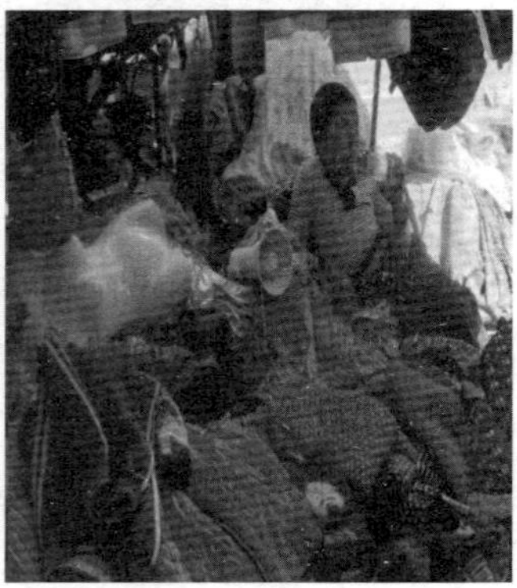

图 4-13　无人手持扩音喇叭与磁带的搭配使用　王敏摄

（三）招徕

1. 招徕的行为方式

鉴于上文中将招徕的典型行为“市声”单独拿出来进行说明，此处所提及的招徕类型则重点用于介绍巴扎里作为“非语言传播”招徕的行为方式，如各种行标、店标、广告招贴画、招幌等视觉符号行为，以及其他用以拉近买卖双方关系的“模拟亲属”行为。这些具体的行为大致可以总结为如下五种基本方式：

一是模拟亲属型。在这种行为方式里，卖主往往通过亲切的肢体语言向买主展示好感，以消除买主的防备意识。如在疏勒县巴合齐乡巴扎，牛羊交易区中，卖主库尔班勾着一位买主的脖子，凑在对方耳边说悄悄话；还有的卖主会通过给买主递烟或者分馕、瓜子等食物，拉近双方距离。在这种行为方式里，递送友好手势、香烟以及食物都是一种传递礼物的象征，而作为友好的回馈，买主会延长自己停留在交易区的时间，从而使人情取向占据了交易行为的经济空间，买卖双方的关系具备一种准亲属性质。

二是惹人怜型。除了打“亲情牌”以期混个脸熟，减低买主的防备心理，促使交易行为向“实践亲属”行为转变，卖主们还会打“可怜牌”，他们会动员家中的年幼者去博取买主的好感。在牛羊交易市场，往往见小巴郎穿梭其中，他们会依次到买主跟前，夸耀家里的羊只好看壮实，并诚意邀请对方去家里一看。在这种行为方式中，同情弱小者的心理起着决定作用。

三是活物示范型。在招徕的诸多类型中，还有一种行为方式是卖主百用不倦的，这便是通过活物示范，展示使用功能，凸显价值以起到说服购买的目的。比如，在喀什市伯什克然木乡巴扎入口的公路处，摊主海伊提将大小不一的喂牲畜的饲料槽排成四行齐整地摆放在公路一侧，在饲料槽旁拴着一只成年绵羊和一只小绵羊，用以展示不同生命阶段的羊低头吃饲料槽里的饲料时，其高度是否相互匹配。无形中，饲料槽是否能用、如何去用以及使用效果如何，在这种行为展示里便得到了最直观的认证。

四是美观惹眼型。这种行为方式主要是基于视觉审美需要的一种行为实践，通常通过直接作用于“商品”，借由修饰美化等行为使其符合买主的购买要求与购买需要，进而促使交易发生。比如下面这几个田野调查的实例：

喀什市伯什克然木乡巴扎牛羊交易区。卖主哈里克正在给自己圈地内站成一排的羊群挨个儿剪羊毛，以期修出完美的臀型，吸引生意。只见他双腿跨立，倒骑在羊脖子上，用双腿间的力量将羊只固定，再面朝羊尾，俯身向下，揪起羊毛，就着剪子一点点剪起来，羊毛落地，在羊身两边，围成个小圈儿。还有的卖主则索性直接将羊推倒在地，托住羊腿，修剪羊毛。这种行为方式往往还伴随着一些附加行为方式，如为了让羊只始终保持生气盎然的精神状态，卖主在修剪羊毛的同时，偶尔还会给没精打采的羊只进行喂食护理。仍然是在喀什市伯什克然木乡村巴扎的牛羊交易区，笔者记录了这一幕：

一位卖主攥着半截苞米，将苞米粒搓到手心里，接着开始哄一只成年白山羊吃，山羊咩咩地叫着，扭转脖子不肯吃。这位惊怒的卖主耐心用尽之下，便抬腿跨立，骑在羊身上，单手钳住羊的脑袋，再用指头掰开羊嘴，将一手的苞米粒硬灌进了羊嘴。等羊不情不愿地咀嚼完，他还不放心，又连搡了两下，将这只羊推倒在阴凉处，让它避免晒到过多的阳光，影响到整体的精神状态。

再比如，在喀什市伯什克然木乡巴扎的蔬果区，两位维吾尔族卖主将大蒜串成一个“长围脖”，挂在脖子上，惹人注目，从而招徕生意。在新疆不少画家的笔下，这一幕也是他们喜爱表现的场景。

图 4-14　康书曾画作：《祖孙》

图 4-15　艾力·斯马依画作（局部）

五是图文并茂型。这种行为方式是基于视觉传播需要的一种行为实践，主要通过媒介来宣传并展示卖主所提供的产品与服务行为。比如在疏附县乌帕尔乡巴扎里，一家简易牙医诊所门口立着一个广告牌，蓝底白字，配了一张红唇白齿的宣传画，意在表明该诊所提供牙齿护理服务；在疏勒县巴合齐乡巴扎，治鸡眼的地摊上铺着一张塑胶布的广告布，配了张医生为病人拔鸡眼的疗程图，意在说明患者将要接受的治疗过程。

总之，招徕的行为类型多样，行为方式也花样繁多，其宗旨不外乎通过各种途径的“广而告之”，吸引买主注意。作为一种巴扎里传统的商业广告，这些行为实践反映了卖主们在一定的条件限制下，根据买卖需要所创造出的一系列有形与无形的标识符号。

2. 招徕的规则

巴扎里的招徕，其规则有最基本的两条，即坚持醒目规则与容易辨识规则。

醒目规则。招徕就是广告，无论卖主是否意识到这一行为与广告之间的关系，它在买卖行为里，实质上都无可替代地扮演着这一角色。因此，醒目是其基本要求，通过使商品醒目，卖主们将买主们变成了一个个行动终端，并成功促使邀请购买的信息发送至终端接收台。买主们会在登录下载这一信息的同时，乐于接受该信息附加的其他服务。让笔者印象深刻的一个例子是，在疏附县乌帕尔乡巴扎牛羊交易区，一位卖主将准备出售的羊只全部在羊背上染上红色的颜料，借此与其他羊只区别，同时令买主们印象深刻。

容易辨识规则。巴扎里，无论是用以进行视觉传播的招徕，还是用以进行肢体信息传递的招徕，必须坚持容易被辨识，易于被解读的规则，否则，“广播”极易成为一种“窄播”而使交易闭合。

（四）杂耍

1. 杂耍的行为方式

巴扎里有着各种流浪艺人，如变魔术的、唱达斯坦的、耍杂技的、跳舞的等技艺者。他们被淹没于人群里，却又在人群聚集所组搭的无檐舞台里频繁出没。他们大多来自附近的乡镇，带着家传的手艺或者走南闯北学来的杂耍技艺，通过为巴扎里的人进行表演，为其提供精神享受与休闲余韵的文化服务，并有助于一个基于观赏暂时表演的共享时刻的“文化共同体”的短暂形成。作为巴扎里社交传播的最普及方式，杂耍行为确实能够借由其表达的共同趣味、期望以及具有观赏性的演出经验，整合不同文化背景、民族背景、性别背景、年龄背景、人种背景的人群为一个新的“趣味共同体”人群。

让我们先来看一看笔者观察日志中所记录的该行为类型的行为过程：

> 疏附县木什乡巴扎里：瓜果摊与衣帽摊间的空地上，杂耍艺人伊里哈木带着他的小徒弟尼加提正在进行魔术表演。尼加提头上戴着个红帽子，红帽子下面放着一小摞一角钱钞票，他向围观的老乡们展示完，便垂下眼睛，安静地站在空地的一个角落。同时，伊里哈木右手拿着一根棍子，左手拿出一个不锈钢的小碗，他把碗扣在距离尼加提前方不远处的地面上，接着，他走到尼加提身前，冲着尼加提头顶的红帽子指了指，复用力吹出一口气，再转过身，慢慢走到地面上倒扣的碗前。当他俯下身，掀开那只扣着的碗时，下面出现了本应该在尼加提帽子下面的那一摞钱。人群里发出笑声和小部分的惊叹声。
>
> 伊里哈木接着表演了他的第二个魔术。他从地上的小纸箱里拿出一个扩音小喇叭，打开音箱，接着，他手执喇叭，面对观众，开始进行简短的魔术介绍。之后微鞠躬，又从箱子里拿出一张随手捡来的红色宣传纸，他先绕空地一圈，让老乡们看清这是一张真实的纸，接着把纸撕成碎片，塞进嘴里，同时打开音箱，播放音乐。高亢

> 的迪斯科音乐伴奏中，他又撕了一张白色的宣传纸，就这样一张红纸，一张白纸，相继撕完，被他交替地一次次塞进嘴里。期间，他还让尼加提也吃了一口碎纸片。如此重复几次后，他捡起地上摆放的四个红帽子，左右手轮换地抡起胳膊，将帽子向空中抛起来，复接到手中，又将它们在地面上有间距地摆成一个“一”字型，大约有两米左右的长度。之后，他跪在地上，仰面朝上，双手虚握成拳，从嘴里令人惊异地一点点地拔出一根由红白相间的纸卷成的纸棍子，等他全部拔出后，他将这根纸棍子放在四个红帽子连点成线的位置，丈量了下，大致为两米左右。他关掉音乐。周围围观的人群里发出了一片叫好声与笑声。观看的人群紧密地围成一个圆圈，里外多层，接踵摩肩，水泄不通。还有的人为了看得更清楚，便站在身后其他卖菜的老乡停放的三轮货车上，挤出脑袋来看。后来，车主人瞧见自己的车被人占领了，隔着几个摊位跑来质询，却也被吸引着与那位老乡一起站在自己的车上，看起了魔术表演，而忘记了自己本来的用意。

在上述这个行为片段里，我们可以看出，这场魔术表演是怎样将陌生的、互不相识的、差异文化背景的人群整合成一个以“人群环”为具体外观的观看共同体与趣味分享共同体的。

2. 杂耍的规则

巴扎里的杂耍或者其他一切文娱表演行为，其规则不外乎两条：其一，观众需坚持环形人墙的行为规则；其二，演出者需坚持“真人演出”的行为规则。

环形人墙规则。在杂耍开始的时候，巴扎里的人群聚拢，自觉地围成一个环状。此时的巴扎，就像过去古希腊的竞技场一样，在其外部，无生命的高墙面对城镇，而其内部，因为一场观演的需要，建起了新的人墙。所有的观看者背对着他们生活的乡村城镇，甚至脱离乡村生活的日常秩序，他们脱离了原先各自所栖身的空间处所、时间序列与群体归属，汇聚、停留在这个像竞技场一般的杂耍现场，他们把在观演之前的人际关系、行为规则都留在了那里，与互不相识的陌生群体重组成一个新的群体。

在这个人群的环形墙里，所有人都暂时很相像，表情相似、行为相似、投入的过程相似。正如在那位本来要争回自家的货车却主动被“裹挟”着一同观看表演的摊主身上所发生的过程一样，他被感染了，也一同进入一种暂时的迷狂状态。

环形人墙所形成的这个圆环是完全闭合的，不会有任何东西从这个环中逃逸。在这里外多层的环里，一张张激动、兴奋、入迷的脸上正在出现一种同样性质的东西：新的群体性被塑造了。这个人形环因此能够包容如下事实：没有人想错过环里的表演，没有人想放过某些正在发生的事，没有人想主动离开。即便总有人有各种理由想从这个人群的缝隙里挣扎而出，但这也无妨这个环留住大多数人群塑造其群体性的事实，也无妨那些匆匆离开的人，转身投过惋惜的一瞥的事实[①]。

真人“秀”规则。在这种杂耍的行为类型里，演出者需坚持真人演出的规则。事实上，观众想要看的其实便是真人的真实性里的反常性，脱身于自己所在的群体，在假定群体归属安全的前提下，窥探归属于另一个群体的个体身上的隐私。“他怎么做到的”“他从哪儿学来

① 在笔者的拙作《胡姬与西域文化的传播》一文中，曾分析过英国学者苏珊·惠特菲尔德的著作《丝路岁月——从历史碎片拼接出的大时代和小人物》中所记载的一位龟兹胡女莱瑞斯卡（Larishka，839-890），她被回纥将军买卖入内地，做了艺妓，于855年离开龟兹，在大唐都城长安生活了26年，黄巢起义后，回到龟兹，已经是公元9世纪末，正逢龟兹将要由佛国进入伊斯兰化时代。书中在描述莱瑞斯卡身处长安城时写道：“长安城面积达30平方英里，人口将近200万，但是莱瑞斯卡过了好几年才看到艺妓区以外的地方”，也就是说胡姬聚居的地方确实在实质的地理空间上构成了一种文化边界，对这位叫做莱瑞斯卡的胡姬而言，艺妓区之外的地方就是异质文化的区域。莱瑞斯卡最终被迫穿越“文化边界”是由于长安城被黄巢军攻陷，自己无法再栖身于其中，于是“她跑过一条又一条小巷，一听到士兵接近的声音，就蜷缩着躲在门廊下，终于跑到西城门。她只想离开这场血腥的屠杀场景越远越好。当她跑到开阔的郊外时，才终于停下来休息。这时候已经是晚上，她回头只看到远处城市燃烧的火光。这是她看到长安的最后一眼”。笔者在分析她最后的离开时也提到这种惋惜的“最后一瞥”，认为她穿越文化边界的最后一瞥来自一种胡汉混杂文化目光的打量。某种程度来看，巴扎里“人形环”内率先离开的人转身投来的一瞥，与莱瑞斯卡的最后一瞥所蕴含的意义相似：一种群体的人从正在形成的新群体中抽身而出，在短暂的、崭新的群体性重塑之外，再次回到自己原先的群体之中。参见［英］苏珊·惠特菲尔德著，李淑珺译：《丝路岁月——从历史碎片拼接出的大时代和小人物》，海南出版社、三环出版社2006年版，第156-164页；王敏：《胡姬与西域文化的传播》，《新闻界》2012年10月（上），第3—6页。

的”等等都涉及对这一心理的问题涵盖。然而，上面这个发生在南疆乡村巴扎里的魔术，与发生在拉斯维加斯赌场里的魔术表演或者澳门威尼斯人酒店里的魔术表演会有什么不同吗？它与电视里刘谦的魔术表演又会有什么不同吗？

我们只能说，表面上看，上面这个案例中的伊里哈木每天将要在不同巴扎间东奔西跑，每一次杂耍之后，人群轰散开，大多数情况下，他很可能分文未收、无功而返，而后者则在每一次出演后都会获得指定配额的劳务费用，其演出还可通过机械复制传播开去，从而获得更多的利益分成。对于伊里哈木而言，他的演出重在真人在场的现场表演，而对于后者而言，他们的演出重在秀，却能制造出比真人在场更真实的现场；伊里哈木与围观的老乡之间靠单纯的物质消费的实用关系所维系，而后者与赌桌前、电视机前的观众间却是一种象征关系；在伊里哈木的魔术演出中，人们看到的只是对某种技艺的好奇；而在后者身上，人们更多看到的是自己的欲望。简言之，二者最本质的区别在于，都是耍魔术，但没有人会迫切希望成为南疆乡村巴扎里耍魔术的伊里哈木，却都普遍希望成为那位能够上春晚耍魔术的刘谦。

三、消费行为

在巴扎里，消费行为主要是指发生在买主身上的一种通过支付费用或不用支付费用，便能“购买”到诸多物质需求产品、精神需求产品以及相关服务的行为。巴扎里的消费行为主要有被剃头、聊天、游戏与购物等四种基本行为类型。

（一）被剃头

1. 被剃头的行为方式

被剃头的行为在南疆的乡村巴扎里普遍存在，任何一个巴扎里容纳排着队的人坐在凳子上的处所一定是剃头匠的处所，维吾尔族老乡们定期便要剃头修面，每一天，巴扎里等待剃头修面的人都非常多，他们三三两两坐在一起，眼巴巴地看着剃头匠将排在自己前面的老乡的头，修剪成他们感到整洁满意的模样。热爱整洁的维吾尔族乡民甚至会每周一剃头或一修面，这其中，传统礼仪将维吾尔族男子剃头理发与仪容整洁、卫生干净联系在了一起，而伊斯兰教教义更是对维吾尔族男性热爱被剃头的行为作出了要求，并提供了解释："真主确已昭示他的使者包含真理的梦兆，如果真主意欲，你们必定要平安地进入禁寺，有的人已剃了头，有的人已剪短发，你们将永不恐惧。但真主知道你们所未知道的，故在那件事之前，先造就了一次临近的胜利"（《古兰经》卷二六第四八章［27］节）；因此，在这种行为方式里，我们看到类似于汉民族农历二月二日排长队集中理发以求"龙抬头"的文化寓意。

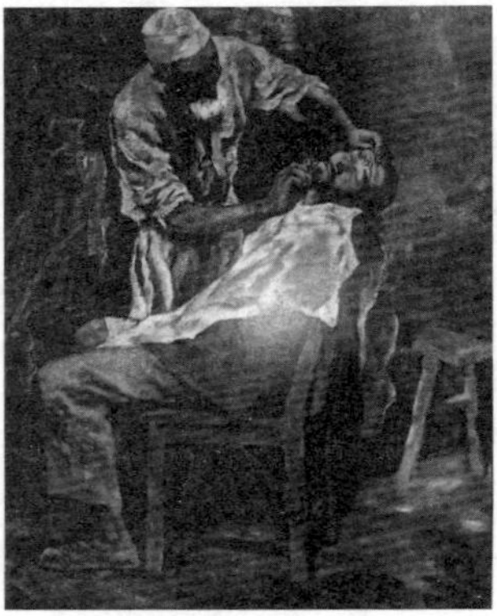

图 4-16　买买提·艾依提《剃头的人》

2. 被剃头行为的规则

在被剃头的行为方式里，人们必须坚持自觉排队的规则。

在巴扎里，从没有哪一种行为会像被剃头这般讲究排队顺序以及队列的整齐可视性。在这种行为发生的过程里，所有等待剃头的人都对每个人自觉排队有一种强烈的预期，若有人确实因为家里有事儿需要插队剃头，若想不承受其他老乡挤眉弄眼或者出口嘟囔以及各种轻视调侃的表情，这个人必须一直“遵纪守法”并也曾有过为其他老乡让位插队的先例，其他曾受惠于他的人才会默许他插队，慷慨地对待他。排队的本质其实在于追求公平地被剃头的机会。

长长的队列里，排队等候剃头刮脸的老乡，有的埋头看自己的指甲，剔除指甲缝里的脏东西，沉浸在自己的时间序列里，一点也不急于去验证或者监督前面的人被剃头的时间长度，原因就在于，他们坚信被剃头的公平有真主代为监督着。

（二）聊天

1. 聊天的方式

在巴扎里，闲聊是一种不需任何理由和条件限制，也不需要支付费用便能轻易发生，使得主体精神放松或愉悦的休闲行为。闲聊太容易发生，似乎一张口就能聊天，特别是在大多由熟人所组成的乡村巴扎世界里，它通常会有以下三种基本的行为方式：

第一种，边卖边聊。这种行为实则是在同一时间序列中将聊天与其他行为并置。比如喀什市伯什克然木乡巴扎上，过境公路的桥边，一个小伙子抱着他的斗鸡蹲在地上，与其他几个年轻人闲聊，他眼睛看着自己的同伴，手却一直在轻抚怀里大花公鸡的鸡冠，对他而言，这两种行为似乎相辅相成。除此之外，还有将卖冰激淋、卖衣服、卖蔬菜瓜果、卖抓饭、卖牛羊、卖影碟的行为与聊天行为并置进行的摊主们。

第二种，相遇而聊。在巴扎里，经常走着走着便碰见了熟人，于是，位移的行为被打断，双方进入闲聊时间。这其中，熟人相遇与生人相遇是两种不同的行为方式。在熟人相遇的情境里，双方会在友好问候、相互致礼后迅速进入聊天模式，并毫不在意时间的流逝，笔者所记录的一则熟人相遇的聊天例子，其聊天时长达一小时。每到这时，我们就会发现与城里人相比，老乡们生活的富裕度在于他们面对时间的慷慨大方。而在生人相遇的行为方式里，则有所不同，生人闲聊所发生的特定情境要么是在共同购物时彼此探知信息，出于共享信息的需要而互相搭话；要么是在共同参与某项群体活动（如看杂耍、吃饭等）时，出于交流情感与互惠互利的心理需要而彼此对话；要么就是在一种迫不得已需要传递信息的时候，面面相对两位亲戚好久不见，突然在巴扎上相遇；又比如老同学、老朋友中断联系后又突然在巴扎上碰面，等等。

第三种，独自瞎聊。这种行为方式并非一种普遍的行为方式，多发生在少数反常群体内，甚或只发生在少数几个特定的人身上。在这里不得不作为闲聊行为类型的一种方式而提出，肇源于笔者在疏附县乌帕尔乡巴扎里，对一位维吾尔族老大爷的视频采集：这位维吾尔族老大爷，终日穿着厚厚的棉大衣，戴着一顶黑色的棉帽，双手交叠胸前，揣进两个衣袖里，从早到晚，穿梭于巴扎，反复哼唱一首没有歌词的旋律。除此之外，他还喜欢自己和自己说话，巴扎里的其他老乡都知道他精神状况不好，因此也默许他这种行为的方式。让笔者感到惊异的是，他不记得正常聊天的方式，却记得每周一的巴扎日?!

2. 聊天的规则

在聊天的行为方式里，有一种最重要的基本规则值得我们注意，那便是抱怨的规则。巴扎里，熟人之间，客套之外，所有正式的聊天几乎都是从抱怨开始的："我家老婆子又病了"；"我的坎土曼又坏了，今年已经坏了三个了"；"买买提欠我的钱还没有还"；"艾克礼拜家的那只牛又跑到我家地里来了"……熟人之间的闲聊，抱怨不仅是内容和主题，也是拉近双方关系的方式和捷径。在巴扎里，似乎闲聊的定义就该是某种你必须正式需要抱怨的东西，倘若你不抱怨，便会被其他老乡认为丧失生活热情，你仿佛会立即被孤立。而在所有抱怨的内容上，有一点大家都遵循的默契便是，你我都互相抱怨，但从不向造成这个问题的源头发泄不满，或者寻求解决，乡里乡亲的，似乎就仅仅是想要享受抱怨的乐趣。

（三）游戏

1. 游戏的行为方式

巴扎里，做游戏恐怕是闲聊之外，乡亲们最乐见其成的另一种休闲性消费行为。它通常分为参与式游戏行为、旁观式游戏行为与自娱式游戏行为三种基本方式。

参与式游戏。就像在电玩店里，玩主需要购买游戏币去打电玩一样，在巴扎里，买主通常也需要借由支付一定的费用购买相关游戏的服务。在阿瓦提县巴扎里，有一种游戏叫做“五毛钱一次套烟盒”，这种游戏行为，在乌鲁木齐的夜市里也时有发生。其行为过程大致是：买主支付摊主五毛钱，获得5个竹条做成的小圆圈，接着他便获准可以通过投掷的方式，在一定距离以外，依次圈套排在地上形成队列的各色烟盒，若有幸套中，摊主便会给这位买主所套中的烟盒一模一样的“实体烟”一盒作为奖励。

旁观式游戏。旁观式游戏行为的发生有赖于这样一种情感转移的经验事实，即在巴扎里闲逛的人，并不需要支付任何费用，依然能通过旁观他人的游戏行为，获得游戏的乐趣与快感。喜欢这种行为方式的人热衷于看别人玩儿胜过看自己玩儿。

自娱式游戏。在上述两种行为方式里，有一个共通之处在于，游戏者需要一定数量的旁观者来验证自己的喜悦感，而游戏行为类型里还有一种恰恰是不需要旁观者的行为方式。在这种行为里，游戏主体乐于自己找乐子，并同样能够在这种行为中获得乐趣。在塔孜洪乡巴扎、乌帕尔乡巴扎、疏勒镇巴扎里，笔者都眼见着这一行为方式的发生，如摊主自己拿着两个鸡蛋斗一斗，或者将自己的两只鸡“煽动”着斗一斗。鉴于其在取悦主体方面所取得的显著成效，我们仍然将其视作一种消费行为类型中的亚行为方式。

2. 游戏的规则

在游戏的行为里，似乎只有一个主要的行为规则，那便是争强好胜的规则。这一点也并不奇怪，因为游戏的本质在于追求竞争胜利，从而使主体获得精神愉悦。因此，在斗鸡等游戏行为里，我们最容易发现这种规则在操纵人们行为方面所起到的作用。笔者邀请的翻译古丽女士甚至认为，这种规则在乡村维吾尔族人生活中发挥着巨大的作用，“什么都要比一比，斗一斗”。在她看

图 4-17　艾斯卡尔·吐尔地画作（局部）

来，游戏的精神似乎溢出游戏，渗透在日常生活的方方面面。笔者则认为，与其说游戏中“争强好胜”的规则在规约着维吾尔族人的日常行为，不如说游戏行为本身在维吾尔族人“现世”的生活里起着积极的、不可替代的作用。游戏对于维吾尔族人而言，是“现世生活”里重要的行为方式之一。《古兰经》说，“现世的生活”通通是游戏罢了，“这种今世的生活，只是娱乐和游戏；后世的住宅，确是充满生活的”（《古兰经》卷二〇第二九章［64］节）；“你们应当知道，今世的生活，只是游戏、娱乐、点缀、矜夸，以财产和子孙的富庶相争胜；

譬如时雨，使田苗滋长，农夫见了非常高兴，嗣后，田苗枯槁，你看它变成黄色的，继而零落。在后世，有严厉的刑罚，也有从真主发出的赦宥和喜悦；今世生活，只是欺骗人的享受。”（《古兰经》卷二七第五七章［20］节）

图 4-18　鲁吐甫江·艾合买提《斗鸡》（阿瓦提县吾甫却黑镇）

图 4-19　蔡永生画作（局部）

因而，享受游戏便是享受生活，同样的，享受生活也只能通过参与游戏与积极娱乐来体现。因此，巴扎里，当一位汉族商人正在为赚取的钱财如何储存，怎样积累以求获得更大的物质财富而烦恼时，一位维吾尔族商人可能早已将当日所赚取的收入花费得一干二净。二者的区别在于，前者需要更多的钱才感到自己具备了游戏的资格，后者却认为赚钱本身就是游戏。

与此同时，巴扎里的游戏也是与陌生人交往的窗口。游戏无疑是一种人际交往的道具、平台与直接媒介。基于这种媒介导引的人际交往，不比亲缘群体、朋友群体与地缘群体的人际交往，而是一种刻意促进互动的手段，一旦游戏结束，人们的关系便会解散。针对游戏的行为类型，我们也往往能够观察到显而易见的四种情绪：第一种是惊讶，第二种是愤怒，第三种是得意洋洋，第四种是茫然。

（四）购物

1. 购物的行为方式

在巴扎里，购物事实上是消费行为类型里最基本也是最重要的一种行为方式。购物的主要目的是为了解决买主衣食住行方面的基本需要，无论是历史地看还是现实地看，因为有了购物与商品交换的民生需要，才有了巴扎存在的实际意义。同时，因为购物的行为进程里所出现的伴随动作，使得购买物品满足物理需要的逻辑同样地作用于精神需求，才会促使一些行为方式的发生，比如说聊天、游戏、观光等等。可见，购物作为消费行为类型的主要行为方式，其地位远远凌驾于其他行为方式之上。

我们很难一一去归纳购物有几种行为方式，只能大致描述购物行为方式的一些基本特点。比如购物行为里的性别差异特点，女性往往普遍比男性具有购物热情，同时有自己分属的领地，并乐在购买的行为过程里，她们的购物行为更像是一种蜜蜂采蜜的行为；而男性购物则直取目标，锁定货物后，便直奔主题，他们的购买行为更像是猎手在狩猎猎物。

2. 购物的规则

在巴扎购物的行为方式里，有如下两种行为规则比较典型，值得引起我们的注意：其一是性别分化规则；其二则是购物即省钱的规则。

先说性别分化规则。

在购物的行为方式里，性别分化的规则起到了绝对控制的作用。男性会经常去斗鸡、卖鸽子、牛羊交易的地方，女人则固定会集中出现在衣帽区、食品区。引起这种行为分化的主要原因，来自男女双方在家庭生活中所扮演的角色，特别是在伊斯兰教的语境之下，这种角色分工便显得更为泾渭分明。女人被认为在家庭生活中更适合承担照顾生活物需的职责，而男人则被认为在家庭生活中承担养家与社交的主要职责。这一规则，在笔者观察日志里所记录的下面这个例子中得到了明显的体现：

图 4-20　阿布都克里木·纳斯尔丁与秦瑛的画作中都展现了女性在巴扎里的“性别空间”

在疏附县木什乡巴扎里，一位维吾尔族老太太与一位维吾尔族老大爷一前一后走到了卖馕的摊位前，问好价后，老大爷便站在一旁，默不作声。老太太则慢慢将头上的头巾取下，摊开有两层，外层为黑底白点的款式，里层那条为绿色白花的款式，她将外层那条围巾铺在桌子上，将里层那条围巾继续围在头顶。接着，她数了十个

> 馕，放在桌面上摊开的围巾上，又将围巾两角一拢，交叉打结并捆好。老大爷付完钱，老太太便利索地抱起那一围巾馕，背在身后，跟在老大爷身后，趔趔趄趄地走了。

在这个具体的行为片段里，我们看到，一个传统的维吾尔族家庭里，问价与付钱的是男性，而将货物打包，并负责运输等具体实践行为的则是女性，这与我们在上文中所总结的，购物行为里男女性的角色分工扮演完全一致。

再讲购物即是省钱规则。某种程度上讲，巴扎里，购物一般被认为是一种省钱行为，而非花钱行为。在乡村巴扎里，许多维吾尔族妇女积极包办了每周例行购物的家庭责任分工，对她们而言，购物需要一种巴扎阅历与专业技能，她们自信能够将其做好。她们通常亲戚朋友结伴去逛，而支持这种行为发生的主要心理在于，对于逛巴扎购物，她们往往都有一个心照不宣的认知：逛得久，懂得多；买得多，省得多。因此，当她们一次买十个馕时，她们心里想的是：我刚才一共省了两元钱（批发情况下，可以与摊主还价，每个馕便宜两角，十个馕就便宜两元），而非：我刚才花了十元钱。在这种规则作用下，妇女们热衷于逛巴扎和购物，这一点无论城里还是乡下，无论族内还是族外，均属一致。

然而，购物的省钱规则里只有一种情况是例外的，即出于“炫富”心理的情境例外。在巴扎里，基于性格、爱好、习俗规则甚而艺术创作左右下的一种“炫富”心理，有的人乐于夸大购买货物的数量与价钱支出。这就像维吾尔族人的“谎言歌”[①]，以夸张的言辞内容，起到促进人际互动的作用。

另外，需要指出的是，消费行为同其他行为类型一样，也能起到划分人群的基本作用。比如在巴扎里，买什么与不买什么，吃什么和不吃什么，喝什么与不喝什么，甚至“怎么消费”的行为自身都可以用来判断一个人的群体属性。这一点在笔者所雇的司机艾力身上可见一斑。记得我们在塔孜洪乡村巴扎的抓饭馆里吃饭，一向谨言少语的艾力在接过饭店老板递过的茶水后，皱起眉头，突发感叹道：我们一般不这样倒茶，他倒得太满了。接着，他向笔者示范了他认为“正确”的倒茶方式。艾力从小生活在喀什市，对于乡村巴扎的生活体验非常陌生，同是维吾尔族，城乡生活差异在他身上有着具体的体现。通过他的提醒，笔者在巴扎里发现，一切行为类型在划分群体的同时，也确实在其内部起到了再分层的作用。

---

① “谎言歌”是维吾尔族传统民谣的一种，所唱的内容都是虚浮夸大的，而且对现实生活中发生的有些行为进行夸张处理。“谎言歌”能调节节日的气氛，最重要的目的是能为生活增添诙谐的幽默色彩。一般说来，“谎言歌”主要是运用夸张、比喻、象征等艺术手段来反映现实生活的一个侧面，是现实生活与个人想象力相结合的一种结果。如“我是一位英雄汉/骑着甲虫打猎上高山/从没有长出的树底边/看见没出生的一只怪白兔/大得像牛来回窜/用没做好的杆子打一顿/它钻进了一个没有挖好的洞/我们六人去围捕/我们七人去宰杀它/宰的肉一年吃不完/现在剩余一半多……我驾老鼠车进城去/桑椹树上坐鸡蛋/蛤蟆上树羊下水/最好吃的是鸡心肝/三十桶美酒一气喝/配着十捆洋葱和大蒜/餐桌上的糖果吃不尽。”

四、其他行为

在巴扎里，除了交易、生产与消费行为构建了巴扎里人群行为的主要内容外，还有一些其他行为，其具体行为方式与行为规则在划分人群上也具有重要意义，比如步行行为、牵走牛羊驴马的行为、各种逗留行为以及观光行为等。下文中，我们便结合部分实例简要做一个补充性的介绍。

（一）步行

1. 步行的行为方式

步行来赶巴扎或者逛巴扎的人，只有两种基本的行为方式，缓慢位移型与快速位移型。当然，若还要细分的话，还有不快不慢的位移方式。步行的这三种位移方式，主要通过主体的步幅大小、步速快慢进行分类与判断。

2. 步行的行为规则

步行的行为规则里，有一点是需要注意的，这便是“没有本能道歉”的规则，意即：在巴扎里步行，若不小心碰撞到行人，与城市里不同，很少会发生本能道歉的行为反应。就此，笔者尝试过在巴扎里行走时，故意不小心碰撞同行的人，被撞者仅仅是瞥你一眼，偶尔嘟囔几句，便会继续其被打断的位移。本能道歉仅仅是一种城市生活的条件反射，在乡村生活中，乡民们大多不会理会这种程度的碰撞。在城市生活法则中，任何形式的打扰、碰撞或者冒犯，无论看上去多么的微不足道或积极无害，总体而言都要在第一时间做出道歉。然而，在以赶巴扎为代表的乡村生活里，这一点显然不必过分遵守。

这一规则只有一条情境例外，便是当年少者碰撞年老者后，出于传统礼节的要求，必须坚持道歉的行为规则。

（二）牵引

1. 牵引的行为方式

在巴扎里，牵引主要指牵引牛羊牲畜的行为，究竟有多少种牵引牛羊牲畜的方式？这一行为频繁地出现在乡村巴扎的牛羊交易区，不得不引起我们的高度关注。在许多画家笔下，也纷纷再现了这一行为过程。

图 4-21　艾斯卡尔·吐尔地画作（局部）

据初步不完全统计，牵引大致有下述三种行为方式：

一是绳索拉拽式。这种行为方式，主要借助圈套牲口的绳索，实施运输牛羊的行为。疏勒县巴合齐乡巴扎上，一只被买走的羊舍不得离开原主人，赖在地上不走，不合作。买主将绳子从其脖子处绕过，牵着它往前走。疏附县乌帕尔乡巴扎里，一只黑羊赖在地上不走，买主立即上前，骑到羊身上，用绳索圈套其脖颈，并将绳索绕过羊尾，拖拽着前行。

同样的行为方式还见于买驴的场合。疏勒县巴合齐乡巴扎上，维吾尔族大叔伊力亚斯买了两头驴，卖主收过钱后，将米黄色的缰绳从两头驴脖子上解下，伊力亚斯忙上前用双手圈住驴头，只见他右手绕过两头驴的脖子用力按住，左手将两头驴嘴往怀里揣。这时，伊力亚斯的朋友拿来两根崭新的白色缰绳，伊力亚斯忙于用手将两只驴头用力抱住，实在腾不出手去接缰绳，他的朋友便上前帮他固定住一只驴头，旁观的一位买主上前帮他固定住另一只驴头，他们便分别抓住一只驴嘴，将缰绳从驴嘴向上绕过耳朵分别圈套在它们的脖子上。接着，伊力亚斯便牵着缰绳，将两头驴牵回家去了。

二是牵引羊角式。这种行为方式，主要借由人力作用于牛羊的犄角，实施使其位移的行为实践。喀什市伯什克然木乡巴扎上，一位维吾尔族老乡，背对着羊头，拽着它的两只羊角，向自己的拖车一步步挪去，好不容易挪到车前，他便转身，弯下腰，使劲儿把羊抱起，再轻轻扔进后车厢里。

三是鞭子驱赶式。顾名思义，便是通过木棍、绳索等可以充当鞭子的工具，驱使牛羊位移的行为实践。疏附县乌帕尔乡巴扎里，一位维吾尔族青年男子倒退着走在五只绵羊前面引路，羊群后，一位维吾尔族妇女挥着杨树枝驱赶它们沿着男子的位移轨迹前行，“引领”与“控制”在这个行为片段里得到了最好的演示。

2. 牵引的行为规则

就牵牛羊的行为规则而言，一般只有两点规则需要注意，一为效率优先规则；二为能力彰显的规则。就前者而言，许多买主做了有效示范，即无论你采取哪一种具体的行为方式，只要能将牛羊快速领回家，便是最值得采用的方式；就后者而言，大多数人认为，牵引牛羊的行为过程本身是一种能力彰显的过程，它反映了人对牛羊习性的了解程度、饲养牛羊知识水平的高低，在这一过程里得到了最直接的体现和校验。

（三）逗留（休憩）

1. 逗留的行为方式

在巴扎里，除了忙碌的生产行为、消费行为、交易行为外，还有一种从时间角度看相对静止的行为，即逗留行为。这种行为在某些条件下也可具体表现为一种休憩。逗留的行为类型主要由原地站着、坐着、蹲着、卧着与跪着等五种行为方式构成。这其中，我们重点来看看坐、蹲与卧。

坐着与蹲着。坐，通常是席地而坐。蹲着，通常是完全蹲下。逗留的行为方式里，这两种最为典型，它通常伴随发生或者捆绑发生，它反映出赶（逛）巴扎的人的身体疲劳程度与放松状态，在很多情况下也能够反映出主体的休闲心情。疏附县木什乡巴扎里，有一家五口（父亲、儿子、母亲、媳妇儿与孙子），购完物，蹲在地上休息，父亲边说话边扶正孙子头上的小花帽。在乌鲁木齐二道桥大巴扎，我们也经常能看见一群维吾尔族年轻人集体蹲在饭店铺子的门口休憩。蹲与坐，对维吾尔族人而言，在公共场所是经常能够发生的行为方式。坐与蹲的姿态，在东方文化里始终具有一种冥想的意义，采取这种姿势，通常能够表达一种相对静止的时间与毫无防备的放松时刻，这从很多卖主坐在摊位前便能睡着的例子中便可看出。同时，它也反映出一种指向自我心灵而又无所挂碍的主体心境。

卧着。这也是逗留的行为类型里较为典型的一种行为方式。卧的状态比蹲和坐更能表现出主体的放松程度，卧的行为方式是一种希冀找到支撑物完全支撑起身体重量的行为。从主体与其支撑物之间的关系来看，卧着或者躺着的行为是身体与支撑物的全面接触，坐着与蹲着是“局部”的接触，站着则是“点”的接触。同时，一个躺着的人是不愿意也不可能离开他的支撑物的，而一个坐着或（蹲着）的人，在特定条件触发下（如赶时间）可以尽快离开，而一个站着逗留的人可以随时离开，他与支撑物之间的关系是完全独立与自由的。

在巴扎里，通过观察人们逗留的具体行为方式，我们可以判断他的时间计划以及位移方向，甚而判断出他的心情与精神状态。

2. 逗留的规则

逗留没有特别的行为规则，一般随遇而安，但普遍坚持一种适宜舒适的规则。这其中，支撑物以及支撑物所在环境的冷热程度、光照条件是行为发生时需要参考的。

（四）观光

1. 观光的行为方式

观光是异地人来巴扎时的一种行为体现，其实其本质与本地人的逛没有区别。

2. 观光的规则

逛或者观光的行为规则中，只有一条是需要我们注意的，即着装的规则。在巴扎上，人们通常不会特别注意你穿什么样的衣服。绝大多数人对巴扎里存在多元文化背景、民族背景的人群现实表示接受和认同。在很多场合，着装可能会是一种职业素养的体现，譬如在政府部门；或者作为一种沟通方式与沟通技巧，譬如在课堂、在娱乐现场。然而，在巴扎上，不会有人长久地将注意力放在你的着装上。即便是在一百多年前外来游客很少的巴扎里，占主体地位的维吾尔族人在经过一段适应期后，对风格迥异的着装也能保持一定程度的理解。文化变迁与心理适应体现在这一过程之中，这一点我们在马嘎特尼夫人亲身体验的现身说法里可以得到明显印证：

> 也就在这一天，我走进巴扎后，热闹景象就出现了：我们周围挤满了一群又一群的人；女人和孩子们极力要摸摸我穿的外衣和其他衣服，而且直呆呆地盯着我的脸；最后我们被围得水泄不通，动都动不成了。围观的人并不是仇视我们，主要是产生了好奇，而且极想知道我们是谁，他们总是在喊“Feranghis”（外国人）或“Franks”（法国人）。但是，这一切却使我受不了，我们设法挤了出去，钻进了一家店铺，铺主立即给我们端上了茶和糖果。外面的人仍然极力想挤进来，但是跟随我们的仆人想法把他们驱赶走了，后来我们顺着几条后街回到了家中……当然，在我永远告别喀什噶尔之前，我已经可以单独逛巴扎了，巴扎上很少有人再注意我，那时候在这里的欧洲女人对当地人来说，已经司空见惯了，他们再也不注意她们了。①

尽管如此，在这种行为方式里也有规则例外。如教

---

① ［英］凯瑟琳·马嘎特尼著，王卫平、崔延虎译：《外交官夫人的回忆》，第 61 页。

义例外、传统例外与性别例外。这三点在信伊斯兰教的维吾尔族妇女身上都得到了最充分的体现。对维吾尔族妇女而言，宜戴很多首饰，特别是金饰，需注意裹着头巾，穿长及脚踝的裙子。对此，《古兰经》中有明确要求："你对信女们说，叫她们降低视线，遮蔽下身，莫露出首饰，除非自然露出的，叫她们用面纱遮住胸膛，莫露出首饰，除非对她们的丈夫，或她们的父亲，或她们的丈夫的父亲，或她们的儿子，或她们的丈夫的儿子，或她们的弟兄，或她们的弟兄的儿子，或她们的姐妹的儿子，或她们的女仆，或她们的奴婢，或无性欲的男仆，或不懂妇女之事的儿童；叫她们不要用力踏足，使人得知她们所隐藏的首饰。信士们啊！你们应全体向真主悔罪，以便你们成功。"（《古兰经》卷十八第二四章［31］节）"先知啊！你应当对你的妻子、你的女儿和信士们的妇女说：'教她们用她们的外衣蒙着自己的身体'。这样做最容易使恶人认识她们，而不侵犯她们。真主是至赦的，是至慈的。"（《古兰经》卷二二第三三章［59］节）

以上就是笔者根据自己的实地田野调查，分类整理出来的巴扎内能够划分人群的具有明显规则的行为体系。值得一提的是，这一行为体系以及与其捆绑相对的各种行为规则，在巴扎里如若并不能被人很好地遵守，便会引起相应群体"认同排异"的"惩罚"。"惩罚"通常体现在两个方面：其一，遭遇不同人群的舆论谴责。在巴扎里人群的舆论并不一定是以对簿公堂、正义凛然的方式发生，它很可能只是一种来自于人群口头所发出的嘟囔声与责怪声；其二，在尝试失败之后，被相应群体所孤立。

这一套行为体系的确以规约群体行为的方式划分，并二次构建巴扎内的群体性。需要进一步思考的是，这一套行为体系是只适用于乡村巴扎，还是普遍地适用于所有集市场合；是局部地适用于乡镇，还是也能在城市的农贸市场里被检验为可以通行，在被校验其普遍性时，会发生认同是否奏效的问题。对此，英国学者雷蒙德·弗思的研究态度值得我们借鉴，他说："科学家们在寻求社会规则的共同特性时，在寻求某种可以称为绝对的普遍存在的特性的过程中，会遇到许多这类的矛盾；在检查假设的基础，在实际生活中逻辑地运用这些假设时，会遇到多次失败，将来的人类学家通过对发挥社会效能的条件的更精确的探索；可能在调节行为的多种规则里寻找到某种基本的特性。如果人们要在集体中共同生活，一定要有使他们合作和相互接触的条件。"[①] 因此，就此问题在通向未来研究的过程里，在下一次起点与终点间，或许还能容得下更多的起跳。

第二节　认同的边界

对于世间的一切，我们都是一个"闯入者"，一个"迟到者"。我们"进来"的时候，这里已经乱成一片、不可收拾了。我们不可能

① ［英］雷蒙德·弗思著，费孝通译：《人文类型》，第 115 页。

> 仅仅是旁观者……面对呼啸而过的时光和世界，我们都是“迟到者”。时间已经过了这么久，无数的世代出现又消失，我们看不到历史的尽头，也看不到未来的尽头，而仅仅是其中的一瞬。[1]

在第一节中，我们梳理了巴扎里人群不同的行为类型，细致描述了这些行为的发生过程，分别总结了这些行为所应基本遵循的行为规则。同时，归纳了当这些基本规则不被遵循时的部分例外情境，进而指出在并不允许的例外情境中，如若不遵循行为规则时，人们将要面临的“惩罚”。这些行为使得人群可以被划分为不同的群体。行文至此，我们大致可以这样来看待巴扎与人群的关系：它通过空间来容纳赶巴扎（逛）巴扎的形形色色的人的行为与时间，呈现出他们的行为轨迹与时间踪迹，进而通过容纳于其中的时间和行为来划分不同的群体，建立认同，进而形成群体意义。

大量经验与事实证明，在巴扎里，除族性血统能够作为分类标准之外，还存在其他划分人群的标准，这其中最主要的三个标准便是空间、时间与行为。在“巴扎空间志”一章中，我们探讨过空间感可以划分不同的人群，如占据顶棚的人群、占据摊位的人群、占据店铺的人群、占据街道与主干道的人群、在巴扎环里往来穿梭的人群等，人群与人群间的区别在于形塑他们的差异性

---

① 韩子勇：《深处的人群》，新疆人民出版社 2009 年版，第 383 页。

的空间感；在“巴扎时间志”一章里，我们获悉巴扎里的时间也能够划分不同的人群，如拥有单一时间的人群、拥有多元时间的人群、有时间表的人群、持续性人群、临时性人群、永久性人群、快节奏人群、慢节奏人群、不快不慢节奏人群、亲缘性人群、友好性人群、地缘性人群、经济性人群等，区分巴扎里这些人群的是他们之间差异性的时间观；而在“巴扎行为志”这一章里，如第一节对巴扎里人们的行为系统梳理后所揭示的，人的行为举止同样能够划分不同的人群，如进行生产行为的人群、进行消费行为的人群、进行交易行为的人群等等。

除此之外，对于巴扎而言，还可以有另外划分人群的标准，如性别的标准可以区分男性群体与女性群体；年龄标准能够区分儿童群体、年轻人群体、中年人群体与老年人群体；城乡结构的标准则会区分城里人群体与乡下人群体；族性划分标准则会将巴扎划分为维吾尔族人群体、汉族人群体、乌孜别克族人群体、哈萨克族人群体、俄罗斯族人群体等等……如此看来，巴扎便是这样的一种空间存在与社会存在，你采取什么样的标准，便会得出什么样的人群划分结论，而这些人群便会依据你采用的标准产生符合这种标准的巴扎叙事，你也能在这种叙事中解读出你需要的巴扎意义。

因此，当我们试图去总结巴扎中人群的总体特点时，有以下四点是不能忽视的。

首先，巴扎里的人群具有多群体一体性的特点。诚如笔者在上文分析所指出的，巴扎是一个多群体汇聚一体的群体空间实体。大量的历史文献与经验事实告诉我们，巴扎里的人群是多种多样的，作为一个交易空间，它并不一定固定属于某个群体。同时，群体之间的边界壁垒在历史变迁中也在彼此发生漂移、交叉、重合甚至交换。比如说，巴扎里的维吾尔族人群体同时也可以是一个拥有单一时间的群体，由不快不慢的时间节奏与慢时间节奏构成的群体，由女性与男性混合的群体；而巴扎里的女性群体则可能是一个包含了汉族、维吾尔族、哈萨克族、乌兹别克族、俄罗斯族甚至欧洲民族的多元群体，它同时也会是一个拥有性别规则所制约的购物行为的群体，一个可能既包含城市生活背景也包含乡村生活背景的群体，诸如此类。

其次，巴扎里的人群具有多节奏并置性的特点。这一点在“巴扎时间志”一章做过专门的分析。比如我们提到了通过将巴扎内完成某一行为持续时间的长短作为标准将人群进行划分，又或者将巴扎内行为间彼此的切换频率作为划分群体的标准。这使得巴扎里的人群构成可以被看作为有着多种时间持续长度、节奏与频率的综合性群体。在这个集合群体里，你可以看到步履匆匆赶巴扎摆摊的老乡，也可以看到原地逗留休息，不采取任何位移，不具备任何时间节奏的逛巴扎休息的人；你能看到很长时间赶一次巴扎，便偶遇熟人，长聊不止的朋友群体，也能看到天天追着巴扎跑，具有“巴扎癖”，时间节奏不快不慢、爱看热闹的地缘性群体。

第三，巴扎里的人群具有多目的合一性的特点。在巴扎里无论是什么样的群体，也无论他们有着怎样的群体目的来赶巴扎，做生意？闲逛？观光？会朋友？消遣时间或是基于其他更为小众化的群体目的，一旦他们参与到这个以经济交易为主的空间实体里，就一定会被巴扎本身内含的交易货物或者交换信息的要求所内化。他们中，有的群体可能什么东西也不买，什么人也不见，但其群体内部仍然因为在巴扎内获知大量有形与无形的信息而发生潜在的分化与变化。一个本来只是地摊摊主的群体，会因为频繁地与拥有店铺的群体打交道，而在一个有效的时间规划里，跃迁成为拥有店铺群体中的一分子。

第四，巴扎里的人群具有多行为聚集性的特点。我们在第一节中就此问题已经罗列过大量的例子，可以判断，巴扎是一个包容了多种人群行为的集合。这其中无论是主流的还是边缘的行为类型，符合相关标准的或者不符合相关标准的行为类型都有自己的容身之处。人们会因为有感于自己所属行为类型的诸多体验，推己度人，认同他人的行为，并在承认的过程中，承受差异行为间由于受到彼此的接触与吸引所施加的影响。第一个带着扬声器重复自己吆喝声的行商摊主，在离去后会将其行为的痕迹施加于他离去后的巴扎里，不用多久，会有一个地摊群体相继使用他所带来的“技术专利”，并凭此形成一个可被命名为“扬声器一族”的群体。

总之，巴扎里的人群是一个自身不断构建又在不断自我拆开重组反身解构的一个复合型群体。历时地看，巴扎并不特定为某一个群体所长期拥有，共时来看，这些划分巴扎群体的标准间彼此也有可重合之处，群体的边界也在互相交叉，来回漂移。

一旦我们承认群体边界间存在的相互影响与改变，问题便出现了：巴扎间的群体边界究竟怎样发生改变，它们之间相互作用的过程是如何发生的？为了进一步探讨这个问题，我们不妨先假设在巴扎内存在一个相对稳定的本原群体，即一个原生人群，比如用于店铺的人群，他们从巴扎形成之初便已存在，具有相对稳定性，在长期的历史流变中，也并未发生任何显著的改变，仍然部分地保留着这个群体的基本特点。在巴扎里，既然有一个原生群体，就必然有一个相对于原生群体而存在的外来群体，比如说行脚商人。如是，上述思考便可以被置换为：在巴扎里，作为巴扎主体的原生人群与作为肢体的外来人群之间存在一种什么样的关系？其各自群体的边界在彼此接触与交往中是否会发生改变？若会发生改变，如何改变？被改变的边界又将怎样经历一个各自被认同的过程？原生人群与巴扎之间又是一种什么样的关系？

首先可以肯定的是，原生人群与巴扎之间显然具有一种张力复杂的共生关系，这种关系主要体现在两个方面：一方面，从历时角度来看，巴扎作为保存巴扎里原生人群的旧日时光与历史传统的文化空间，因其一定的区域封闭性，在强化原生人群群体方面有着重要的作用；而另一方面，从共时层面来讲，巴扎作为原生人群与外来人群间贸易往来和文化接触的处所空间，因其一定的区域开放性与区域里人口的流动性，在消解原生人群共同体的文化边界方面也有着一定的影响，这种影响会造成群体内部的变异。换言之，巴扎在其原生人群的传统与当下、守旧与革新、集体记忆与个体经验间极为辩证地扮演着一个“文化调和者”的角色。这种角色使得巴扎里的诸多事象貌似和谐共处于同一个框架、同一种橱窗之中，然而其内部却包含着各种权力互动、矛盾冲突以及它们之间的种种汇合。

下文中，作为对上述理论假设的进一步推理演绎，笔者将分别从巴扎的主体构成、巴扎里的言语行为以及对巴扎空间拥有的观念与巴扎里原生人群认同的关系等方面，逐一论述外来群体对原生群体施加边界变异的发生经过。

一、熟人世界与生人世界

巴扎最不可或缺的主体之一便是巴扎里的人（包含卖者与买者）。由于巴扎历史悠久，巴扎里早期的人的成分复杂：有贩夫走卒、地主、一般商人；有宗教人员、信众、土匪和帮会的信徒；有军官、江湖游医还有从事耕作的农民；有闲逛者、流浪汉、歌舞艺人等等，无论这些原住民的职业成分多么复杂，他们之间是一种熟稔的关系，是巴扎里原生人群的内部组成。他们构成了巴扎主体中的原生人群，是一个熟人世界。后来，巴扎里来了大批的打工者、观光客、移民者等外来人群，这些人构成了巴扎主体中的生人世界。

熟人世界的贸易往来包含着一种通过血缘和附属纽带形成的扩展关系。即原生人群通过平价的商品贸易完成对相互之间亲戚们（包括血亲和姻亲）的人情往来，建立更深度的熟悉关系。这种熟人世界的贸易往来，会促进原生人群间人际的和睦，强化原生人群共同体的认知，进而在宗教和血统的扩展联系里激发群体意识。相对而言，生人之间的贸易往来仅仅是一次供需交易，而不具备更多的社会文化含义。然而，巴扎里生人世界的迁入，将会打破巴扎既有的市场格局。随着熟人世界与生人世界贸易往来、商品接触的日渐频繁和深入，他们合并和组合成为一个新的世界，即“半熟人”与“半生人”世界，不得不有时从对方的文化身份出发思考问题，当原有的同一体向他者开放，原生人群熟人世界共同体的文化认知会被稀释，进而造成群体的动态改变。可以说，巴扎主体内部的这种分化，主要取决于其内在包含的个体们在群体间的流动。

二、坐贾与流商

我们也可以单从卖者的角度来看巴扎的主体构成，也是一分为二，由坐贾与流商这两类不同的市场代理人构成。对此，法国人布罗代尔曾生动地描述过集市里这两种差异主体的共生现象：“一些‘灰脚板’告别浪迹天涯，开一家小店铺定居，与工匠为邻。最早是一些‘什么都卖，但什么也不生产’的杂货店。因为最早的手工工匠，要离开店铺到集市出售产品，他的工作使他同店铺保持‘蜗牛与外壳’的关系，后来在集市歇业的日子也能在‘自家’门口售货。于是充当中间商的‘坐商’出现，他们周旋于生产者与购买者之间，仅从事买卖，而从不亲手（至少不是全部）制造他们提供的商品。集市（指早期的只有流商的集市）的开放时断时续，而店铺却几乎从不停止营业。”① 诚然，根据布罗代尔的说法，坐贾与行商之间有时是一个相对而言的概念，

① ［法］费尔南·布罗代尔著，施康强译：《十五至十八世纪的物质文明、经济与资本主义》第 2 卷，生活·读书·新知三联书店 1993 年版。第 42—46 页。

在这个集市里是行商的主体，在另个一集市里也许就是坐贾。

坐贾，顾名思义指的是巴扎里的固定店铺，这些店铺在经营中往往会成长为巴扎里的商业巨贾，随着时间的流逝积累自己的信誉资本从而成为巴扎里的老字号店铺。由于其经营的稳定性和信誉度，坐贾在巴扎中往往极具市场号召力。巴扎里世代经营的铁匠铺、药铺、缝纫铺、土陶铺等等都是坐贾的代表，这些坐贾由于其经销内容往往与原生人群的传统手艺相关，因而常常在一定程度上表征了原生人群的传统经验。传统之所以是传统，就在于它是那种一经形成便具有难以遏制与违抗的“惯性的力量”。随着坐贾店铺的世代继承，以及坐贾经营技艺的家族性传承，这种“惯性的力量”借以传递下来，并在合适的场合能够统一人群的认识进而达到群体的一致。

因之，坐贾经营的商品对于原生人群而言，在使用价值外还具备一种原生人群内部文化的交换价值、认同价值。对比而言，流商，也称作行商，则是巴扎里的流动商贩。他们由于经营的流动性和销售场所的不固定性而大大迥异于坐贾。在巴扎里，推着货车或者骑着三轮车、赶着驴车沿街叫卖的商贩、临街随意摆出的地摊都是流商的代表。他们大多肩挑背驮，早出晚归，步行往来，穿梭于各个巴扎之间。流商对坐贾而言是巴扎里的新入者，更是市场贸易的挑战者，他们不但会造成巴扎空间聚合关系的重新规划，冲击巴扎里既有的市场格局。同时，他们作为相对于巴扎里原生人群的陌生人，不可能融入其传统生活与经验里，进而造成对原生人群价值观的冲击。例如行商的行为取向必然迥异于坐贾基于“惯性的力量”服从于义务、面子、身份的行为取向，进而造成坐贾经营所形成的原有交往仪式的失落。行商与坐贾基于利益诉求以及市场竞争关系必然有不可避免的行为接触，它们彼此间由于利益冲突、地位分化和生活方式差异所造成的文化摩擦，必然会影响巴扎里原生人群的群体，从而造成认同的变形。

三、不可译言行与可译言行

巴扎里的话语有多种形式，如问候声、吆喝声、闲聊声、吵骂声与讨价还价声等等。但是，总体而言可以分为不可翻译的话语行为与可以翻译的话语行为。

不可翻译的话语行为，主要存在于巴扎里原生人群内部，它们是日常随时可以发生的言语行为，是原生人群长期共处、进行互动的义务性行为，采用本人群的族属语言，只在熟人世界内部流通，其强制性和无需协商性使得这种言语行为具有不可译性。比如说熟人之间的问候和打招呼，这是巴扎里原生人群内部一项默认的行为规范，作为其中的个体有必要履行和遵循这个行为规范，而人群之外的人则不必也无法遵守。在巴扎里，原生人群或者说熟人世界内部的打招呼、问候和闲聊是该人群个体间相互熟悉和深入了解的重要途径，这些每天看似见惯不怪的言语行为中，有着关于原生人群群体性不可翻译的文化信息，这些信息经过日积月累在原生人群内部形成“惯性的力量”和情感联系的纽带，最终成为有关整个巴扎的原生人群环境的知识库，进而归纳该人群的血统关系，定义该人群的群体归属和圈子意识。

因此，这种只在单一人群内部义务性进行，不可译的话语行为实际上是划分人群边界、巩固群体的一种行为方式。

巴扎里还存在一种可翻译的话语行为，它存在于两个主体、多元人群以及两种文化之间，具有交流和协商性。比如说巴扎里卖家与买家间的讨价还价声。作为巴扎原生人群的卖家面对作为巴扎里新入者的买家，可以毫不计较人情，任意抬高货物的价格，他们之间是一种生人间的交易，除了利益清算外没有情感维系的必要。陌生人之间或者说两个差异人群间的交易可以锱铢必较、相互算计和反复协商。这种讨价还价的话语行为，因其信息传递的文化协商性而具有可译性。当可译的话语行为进入巴扎，叠加于不可译的话语行为之上时，当生人之间由于各自利益诉求的需要也能够扮演熟人之间义务性的问候和打招呼时，巴扎里原生人群内部不可译的信息便会变得可译，可被读解，属于原生人群内部个体才能享受的特权变得可以被忍让，该人群内部的原有的基于血缘家庭单位的群体关系便会发生变形。

针对这种变形，最常见的表现便是巴扎里买卖关系中熟人世界的“宰熟”，与生人世界的“VIP 待遇”。

四、边界与边界漂移

提及巴扎的边界，要从两个层面理解：一个是巴扎自身的地理边界或者说处所边界、物理边界，这种边界是肉眼可察的，是用来划定一定的地理空间范围的，具有相对的封闭性，主要通过巴扎里街道左右上架篷盖，进行画地标记；巴扎里的另一个边界是无形的社会文化边界，是由巴扎里的人群活动以及社会关系形成的文化边界，具有一定的开放性。

巴扎的物理边界通过设定一个原生人群聚集的处所空间，强化了巴扎里原生人群的同一性，或者说人群自性，具有“门槛功用”，旨在进行文化分层与剥离，比如巴扎里熟人世界的关系缔结、圈子形成都是巴扎里原生人群区隔于非原生人群的门槛式存在。

而巴扎的文化边界因为更多涉及人群的活动和交往，在划定边界的同时其实也划定了文化交汇的地区，或曰“接触区域”。换言之，“文化边界”在充当文化壁垒的同时也充当着“文化碰撞的场所或文化接触的区域”①，如巴扎里生人间的交易、流商与逛巴扎的人的穿梭往来、讨价还价中物品价值的减值与增值等又使得巴扎的边界产生临界效应，即巴扎的门槛会在多元文化的接触与碰撞中不断浮动与位移。边界与边界的漂移，使得巴扎里原生人群内原本清晰可见的群体边界变得模糊起来，原本单一的认同变得混合起来。

这种文化边界随着巴扎内不同成员的流动以及进入和退出而扩展和收缩，其内含的边界漂移模式一如雇员们被公司解雇，又被其他公司雇佣；工人们加入工会；顾客们出入不同的商店；较低阶层的成功个体通过个人选择进入较高社会阶层，而不成功者将降到较低的阶层。

总之，一如笔者在文前所指出的那样，巴扎的文化边界的漂移使得其在构建原生人群群体的同时，也在不断解构原生人群的群体，或者说构建“群体的变形”。

---

① ［英］彼得·伯克著，蔡玉辉译：《什么是文化史》，北京大学出版社2009年版，第140页。

这使得巴扎里的诸多事象貌似和谐实则矛盾地共处于同一个空间、同一种框架中："一方面是对于在不同情形下品质合格的相邻物品的贬低，另一方面则是强调同一物品价格的昂贵；一方面是由于相同环境的夷平和整齐划一，另一方面，通过诸多印象的积累，个体得到前所未有的强调；一方面，个体只是整体的一个元素，只是更高的统一体的成员，另一方面，宣称同样的个体就是一个整体，一个统一体。"①

五、占有与寄居

在提及巴扎空间之于巴扎主体的关系时，往往有两种截然不同的观点和态度。一种观点认为，巴扎存在的物理空间完全为原生人群所占有，即在"人—空间"的关系模式中属于占有与被占有的关系，巴扎的存在取决于原生人群所依赖的交易场所，而这一场所不能为他族所剥夺。另一种观点认为，巴扎存在的物理空间不过是原生人群的寄居之所，即在"人—空间"的关系模式中属于寄居与被寄居的关系，巴扎的存在随着原生人群的流动而呈现为动态，取决于原生人群基于生存需要进行物质交换时与人的时间约定。

就前一种观点而言，历史地看，巴扎内原生人群的生存固然必须依赖于外部周围一定的空间，并通过感知对交易所划定空间的占据，保障整个群体的生存物资、群体生活、社会交往来源的必须空间，并在一定程度上

① ［德］格奥丁格·齐美尔著，朱生坚译：《柏林贸易展》，转引自薛毅主编《西方都市文化研究读本》第 2 卷，广西师范大学出版社 2008 年版，第 77 页。

通过既定方式的保护，使其不受外族生活方式的影响。对此，需要指出的是，在一个巴扎中，当原生人群对其所处的交易空间产生直接的占据意识，并打算采取历史与习俗已经认可的传统和标识，划出既定空间的界限——这种宣称对空间进行认领的行为与意识无疑会深化原生人群内部群体性的认同。

就后一种观点而言，社会性地看，巴扎的空间区域随巴扎主体间的时间约定而变化，并随之不断漂移，而无法被主体固定占据。

因此，巴扎内的原生人群并不能以巴扎空间的主人而自居。巴扎内的原生人群寄居于巴扎的空间之中，目的在于完成生活物品的交换、社会关系的缔结以及交易共同体的建立。巴扎基于交换物品所需时间约定的历史起源，决定其社会化的发展要求，意味着巴扎主体必须将自身放置于与他人共处的环境之中。这种共处，也就是基本的社会化过程，使得巴扎内的原生人群必然遭遇空间上的矛盾：即对于原生人群自身而言，它仅仅需要一个能被自己所认领的空间，但是它的社会化要求，又决定着它必须把任何能够进入巴扎内进行交易的他者或者外人群体纳入自己所划定的空间。原生人群正是在承认自己所认领的空间与他者闯入时所带来的空间同样存在的过程里，接受了其群体变形的事实。需要指出的是，这个过程中，群体与认同变形的关系无疑是辩证统一的，就如同巴扎内空间的分布是“棚屋”与“道路”的统一一样，“棚屋”供人们逗留、停留、赏玩与攀谈；而“道路”则具有空间上贯通衔接的功能，它敞开并连接，它使得巴扎里的人、物品、信息等通过连接体从一个空间进入另一个空间，从一个边界进入另一个边界。前者是相对固定的，承接自传统，后者则伸出触手，接受来自其他空间渴望沟通的意向，满足来自巴扎外渴望联系的愿望。

综上而言，上文我们分别从巴扎的主体构成、巴扎里的话语行为以及巴扎的处所空间与巴扎里原生人群群体认同的关系入手，分析了巴扎内原生人群群体认同与认同变形的辩证性构建过程，旨在揭示巴扎里人们的群体性实则内在地包含有一个动态性的变化过程，并非本质性的永恒存在。固有的、一成不变的人群“认同性与文化认同性只是在与世隔绝的原始部落（在当今社会，这种原始部落是假设的）才可能形成一致”①。

推理至此，我们在文前所争论的论点可以得出一个较为完整的结论，即巴扎内的诸多人群，其边界（主要通过群体成员内部认同而构建）大多会因为彼此间的接触而发生挪移与变形。这种人群间的接触方式较为普遍地表现为话语接触、空间接触、行为接触以及观念接触。

结　语

在本章中，我们结合大量的田野调查观察实录，再现了巴扎中各种人群千姿百态的行为方式。有关巴扎与人群间的关系，笔者认为，必须在两个向度上予以关照，其一是人群行为的具体方式，其二是人群间的接触。前

① 第欧根尼中文精选版编辑委员会：《文化认同性的变形》，商务印书馆2008年版，第13页。

者决定着一种人群之所以能够成为群体的基本特点，后者决定一种人群的活跃周期与持续时段。这一章正是围绕着这样两个研究范畴展开论证。

在第一节中，我们通过系统梳理与归纳，认为巴扎里存在四种基本的行为类型，即交易行为类型、生产行为类型、消费行为类型与“其他”行为类型，每一种行为类型又由若干种行为方式构成，并分别有自己的行为规则与规则例外。通过结合具体的行为片段，这一节旨在构建起一个有关巴扎群体行为的类型谱系，并试图为这些具体的行为方式背后所隐藏的心理动因、文化支撑以及观念控制寻求合理解释。

在第二节里，我们先承前总结了巴扎里人群的总体特点，接着从提出问题入手，探讨巴扎内的人群间是否会存在一种通过相互接触、影响从而改变彼此边界与认同的现象，并进而分析了这种边界或曰群体内部认同发生漂移与变异的具体方式，特别以原生人群与外来人群为例，演示了这种变异主要是通过两个群体间具体的行为接触、言语接触、观念接触发生，认为巴扎在其内部人群间相互影响与变形的过程中其实充当着一个调和者、仲裁者的角色。

总之，巴扎行为，如同巴扎时间、巴扎空间一样，对每一个赶巴扎、逛巴扎的个体而言，不仅是聚集类似行为的归属地、划分不同群体的标准线，同时也为每个个体的行为表现提供群体认同的诸多心理暗示与规则支持。从这一点上讲，巴扎里的人群又不简单是包容相似行为的容器，更是形成精神共同体的胚芽，它在巴扎里的存在，提醒我们在观察巴扎时注意：

（1）行为确实能够通过“党同伐异”、同类项合并来划分不同的人群，进而区分不同的人群，这使得我们以“行为”为视角分析巴扎的主体构成成为可能；

（2）要想界定清楚人群与民族间的关系是困难的却也是必要的，就一个巴扎内部而言，人群是一个大于并等于民族的概念范畴，表面上看，“巴扎是由不同人群构成的”这句话与“巴扎是由不同民族构成的”似乎没有区别，说明这二者间有交叉与重合，仔细分析会发现，民族的定义是被包括在人群之中的，民族的边界比人群的边界严格；

（3）在所有的人群行为类型与态度的背后，确实都可以发现一个由群体观念和价值所构成的观念世界，它们通过制定行为规则来更好地巩固人群的边界；

（4）当每一个“我”的行为，变成了“我们”的行为时，如“人形墙”的例子，从行为分析的角度看，我们就可以换群的概念为族的概念了，这说明，人群的确是形成民族的基础。这样看来，“巴扎”这个词作为一个概念的出现要远远晚于它作为一种交易空间的出现。

第五章　巴扎行旅志

让我们进入市场驰骋想像吧，
我已展示了琳琅满目的商品，
从哥本哈根直到东方的欧亚，
拱顶的柱廊排出宏伟的全景。[①]

我把这一章献给古往今来，赶巴扎的旅人们。

巴扎（Bazaar）源自15世纪的波斯语，就是市、街子、场、墟、巴刹、八杂、八杂尔、八栅、巴札尔、把撒儿、把咱儿、集市、市集；是驿站，是瀚海绿洲中人群的汇聚，是面对道路的打开，面对逗留的盛放，是大门外所有际遇的事物、人情、礼节、经验，当然，还有缘分。记得苏珊·惠特菲尔德在《丝路岁月》中讲过一个商人的故事，这位名叫纳奈凡达克的商人来自撒马尔罕，公元8世纪，他经过长安的西市，这片回汉互市的集市周边有外国使节的客栈、道观、佛寺、波斯寺庙、摩尼教或祆教教堂、歌舞伎教坊区，还有将近3000间店铺，每间店铺里都展示着丝路商队所带来的珍奇商品，

① ［丹］安徒生著，刘季星译：《诗人的市场》扉页题诗，中国文联出版社2005年版。

各式各样的金、银制品，姜，丝制薄纱，鲜鱼、鱼干、螃蟹、金鱼，糕点，鞍具、铁器、磅称量具，药品、鲜花、蔬菜、香料以及任何在当时你所需要的服务，你甚至在当时的长安集市上能够听到天南海北的说书人，讲述形形色色的故事，还有饮酒斗诗的人、杂耍百艺的人……纳奈凡达克声称在当时的巴扎上，他能听到突厥语、汉语以及吐火罗语等多种形式的语言。他在丝路行旅二十余年，从懵懂无知的少年逐渐成长为中亚地带跨文化贸易的著名商人，筚路蓝缕，一路见证过各种绿洲巴扎上的买卖。

整个丝绸之路几乎是由无数的巴扎串联而成的一条商旅之路，而每一个巴扎都像是一个微缩世界，容纳不同文化、不同族属、不同经验与千差万别消费需求的旅人们。对比苏珊·惠特菲尔德笔下公元 8 世纪长安西市的盛景，我们大概也能想象裴矩在那部早已散佚的《西域图记》中对回纥与汉民互市情形的诸多描述。即便今日，在新疆南疆的乡村巴扎里，千年前纳奈凡达克眼中的世界仍然存在。新疆南疆绿洲上的巴扎作为丝绸之路贸易的若干节点，吸引着背井离乡、千山万水而来的“商业专家”“文化掮客”“冒险先生”们，以“移民”的身份深入到与“土著”的“跨文化贸易”行为之中。即便在新疆南疆最偏僻的乡村里，起初也可能会因为一座清真寺、一个圣人墓或是一个乡民们有志能识的处所，吸引大批的奉教者；随后，商人与货郎闻风而至；再后来，寺庙、圣地、奉教者以及商人们为当地的统治者、法庭、日常秩序、学校以及收税人的出现提供前提，根据菲利普·D·柯丁的说法，上述人物出现的次序并不重要，关键在于各种专业化功能趋于集中的现象出现，将成功促使城市聚落的形成。因此，你会发现今天新疆南疆的许多个乡镇，其名字最初都叫做“某某巴扎”。因为巴扎，行旅的人们终于找到了可以短期逗留的理由，并在巴扎逐渐转向城镇化的过程中，寻获到可以长期居住的条件，瀚海阑干中，旅人们追着绿洲的巴扎跑，他们的停留、迁徙、离散与聚合竟确然离不开对绿洲巴扎的寻找。历史地来看，即便今天，在城镇化高度发达的城市，人们急着下班赴朋友的宴请，或者在上班的闲暇打开手机，浏览自己微信的朋友圈，急于捕获各种有用的信息或是积累一定的谈资，以期获得兑换一定生活资料的筹码，或者力图获得另一种生存资料的交换，信息时代的互通有无，究其内心动因，又何异于漫长丝路岁月中，绿洲巴扎里四处赶集的旅人们？今天，高度城市化中热衷虚拟社交的人们，分分秒秒守着手机微信的你

图 5-1 英国女传教士冯贵珠、冯贵石与盖群英

我，又何异于同一时间序列中乡村里争先恐后赶集的老乡们，抑或是历史中翻山越岭、鞭长驾远，四处赶集的人们？的确，不论乡村与城镇如何各执一端，今天与昨日怎样此消彼长，除却物质空间迁徙的外部动作，我们本质上都是“自我赶集”的旅人们。

还记得20世纪初期，三位来自英国，五次横越新疆戈壁沙漠的女传教士冯贵珠（依凡洁琳·法兰屈，Evangeling French）、冯贵石（法兰西丝卡·法兰屈，Francesca French）以及盖群英（蜜德蕊·凯伯，Mildred Cable），在她们的传世之作《戈壁沙漠》中，真实记录了千年之后新疆的南疆腹地，纳奈凡达克在公元8世纪时所见证的多民族聚集的集市盛景，“当各路人马全在市场集合，种族、肤色的多样化使市场景观有如图画般多彩生动。游牧者高大健壮的体格很是显眼，其中，哈萨克妇女总是自成一群，特别引人注意……常于市场的另一个族群是吉尔吉斯人，此族的人头上戴着鲜艳花布制成的尖顶帽，帽缘围着一圈羊皮，身上穿着很厚的毛皮外套，天气热时也是这身打扮”①。此外，还有既高又帅的诺罕人，宽阔、饱经风霜的脸上总带着“沉滞”“善良”微笑的蒙古族人，举止高贵、风度出众的满洲人，头戴银线刺绣的帽子的乌兹别克人以及他身后跟着“被马毛编织的面纱完全覆盖”住脸的乌兹别克女人。近一个世纪后的今天，在新疆喀什周边乡村及南疆各地的乡村巴扎上，时间仿佛凝固一般，我们仍然见到这一幕幕百年前各族群人群熙攘的巴扎情景。能够

① ［英］蜜德蕊·凯伯、法兰西丝卡·法兰屈著，黄梅峰、麦慧芬译：《戈壁沙漠》，中国青年出版社2002年版，第185页。

让这些持有不同价值观、宗教信仰、语言文化与审美态度的人群彼此谦让，互相对话的“魔力”也确然来自一种“赶巴扎”的内在需求。一如作者在书中立场鲜明的认知所示，链接这些迥异信仰、语言与文化群体的共同利益在于“互通有无”的商贸需要。在绿洲的巴扎上，当这些来自不同“文明部落”的旅人们相遇了，以“互市时间”为时间节点，为迁就贸易往来做出各自的让步和协商，他们甚至会放下彼此的成见，这些发生在巴扎上的协商、对话、交谈以及相互间的让步，在三位女传教士看来，完全是基于一种“共同利益”的判断，进而所做出的沟通努力。对此，作者写道：“基于沟通的需要，当地已有了这么一种风俗习惯：两个陌生人相遇，其中一人就会对另一人说：‘我的话是关于耕种’，或食物，或买卖，视情况而定，这可以给听者一条线索，使他更容易了解说话者。”①

接着，随着散集时间的来临，这种魔力突然便慢慢消散：到了一天的终了，将这些纷驳不相类属的人们维系在一起的那份共同利益松弛了，群众各自散去，游牧者催促坐骑快速离开讨厌的人群，回到愉悦的寂寥中；汉人拉上店门，将伙计叫拢来，清点一日所得，并讨论白天生意上的得失；漂浮在店里的食物香味应许着一顿可口的菜饭。突厥生意人专心一致从事傍晚时分祈祷仪式的细节，然后仔细梳洗穿衣，赶赴日落的祈祷大会纳马兹（Namaz，回教祈祷仪式）。镇上尖塔的顶端出现一个小小的人影，以洪亮的声音宣称神的独一无二，此时

① ［英］蜜德蕊·凯伯、法兰西丝卡·法兰屈著，黄梅峰、麦慧芬译：《戈壁沙漠》，第 184 页。

回教寺院的广场上，祈祷用的席子被铺展开来，每个男人都回应宣告祈祷时刻的人，纷纷面向麦加伏倒；走在回家路上的哈萨克人、吉尔吉斯人、乌兹别克人、萨尔特人和诺罕人，无论身在何处，皆跪下来，口中重复这一则教谕“真神只有一位，穆罕默德是他的先知”[①]。

如若我们抛开时间，以空间为轴，把丝绸之路上的巴扎看成一个相对恒定的区域，或者将它恒定地还原为多民族地区跨文化贸易的交易地点，你将看到天涯海角、五湖四海、古今中外难以计数的旅人们，陆陆续续穿梭于人来人往的市集，你会看到如张骞、班超、裴矩、玄奘、法显、马可·波罗、斯文·赫定、斯坦因等一些耀眼的名字，还有更多无名的名字隐身于荒漠的星河，在不同的时间节点，他们排成一队往来穿行于瀚海深处、丝路途中、绿洲市集之间。当然，我们还可以看到更前面逗留市集的人或许还会有神农、轩辕、西王母、周穆王。一部新疆绿洲的商贸史，离不开行旅的路线，逗留的驿站与通市的处所，互通有无，从此地到彼地的行旅，这是支撑最古老的旅行的动因，所有伟大的旅行和冒险，其实质都是商旅另外的变更形式，即便是有的放矢的“军旅”也不过是一种更为强势，充满单向的文化输出的“互通有无”。整个丝绸之路上的巴扎，为这些穿越边界、“互通有无”的旅行者们提供中途之家，它们收容这些探险家、商人、骆驼客、流浪者、流放犯人、和亲公主、修女、比丘尼、朝圣者、传教士、香客、盗墓

① ［英］蜜德蕊·凯伯、法兰西丝卡·法兰屈著，黄梅峰、麦慧芬译：《戈壁沙漠》，第188页。

贼、马贼、观光客、使臣……

一部巴扎贸易史也就是一部记述古往今来、天南海北、南来北往赶巴扎的旅人们的历史，这些不知疲倦的旅人们，他们被巴扎里相遇的际遇、交换的物资与分享的经验所感喟，在历经重重离心、分裂、迁徙、放逐的同时，重新找到自身的位置，相互揣摩心思，并分享擦肩而过道听途说的诸多消息，他们作为“戈壁的耳朵”，找到了茫茫荒野，孤旅之中理想的“谛听者”。一如盖群英所体会到的，沙漠戈壁绿洲上，巴扎里行旅的人们未尝不像大海上航行的人们，不停靠于任何一方，他们对前途与人生的看法，的确在于对边界的不断穿越和“在穿越”。

一、最初的“市”与最后的“市”

长长的商队走过平原
步伐坚定，银铃奏鸣
他们不再追求荣耀和收获
不再从棕榈树环绕的水井中求得安慰[①]

“巴扎”是“市”，与“市”的区别恐怕在于它会容纳更多欧亚文明跨文化贸易的行为，此外，至迟到元末明初，西域与中原才有了用“巴扎”替代集市的文献记录[②]。

---

① 詹姆斯·艾尔罗依·弗莱克：《通向撒马尔罕的金色旅程》。

② 详见本书第一章“巴扎历史志”第一节对“巴扎”一词的词源考据。

《说文解字》云："市者，买卖所之也。"《易·系辞下》云："日中为市，致天下之民，聚天下之货，交易而退，各得其所。"《孟子·公孙丑下》亦云："古之为市也，以其所有，易其所无者。"这些对"市"进行的经典释义，无不说明"市"的本义指买卖交易和买卖交换的场所。所以，只有在发生相当规模的商品交换的前提下才可能出现"市"，没有交换就根本谈不上市的起源。古史传说中有"祝融作市"；"包牺氏没，神农氏作，列廛于国，日中为市，致天下之民，聚天下之货，交易而退，各得其所"，《周礼·司市》载，"大市日昃而市，百族为主；朝市朝时而市，商贾为主；夕市夕时而市，贩夫贩妇为主。"早先是有市才有城，如今有城方有"市"。

遥想华夏大地最早的集市源自神农、祝融，并一早便有称作"朝市"的早市，与称作"夕市"的夜市，其集市类型也取决于所聚合人群的诸多特点，为贵族、商贾与流民贩夫所流连的市集各有不同，其共通之处都在于聚合物资，互通有无，各得其所，各安其分。此后，华夏各地集市为城，赶集为约。有了市，遂有了市井、城镇，百工技艺、行业作坊，又依据聚集人数之多少遂有了大小城镇之分，乡村集市逐渐被城镇里的商业区、步行街、时尚广场所取代。自公元前 2 世纪的周朝到唐朝末期，整个丝绸之路上，从长安西市经河西走廊，至喀什噶尔一直到君士坦丁堡的城镇的大小集市上，粟特商人几乎居于垄断性的支配地位，他们不仅贩卖中原城市的纸张，还促成了造纸术的西传，与此同时，还促成了琐罗亚斯德教、摩尼教沿丝绸之路向中原城市的一路东传。怎么形容粟特商人在丝路绿洲城镇的集市上所扮演的“文化商人”角色都不为过，他们是促成中原地区通往西方丝绸之路最为重要的贸易运营者与管理者，并一度促使粟特语成为中亚地区贸易往来的日常通用语。

图 5-2 吐尔地·伊明画作《早市》

有汉以来，自张骞凿通西域，“边界集市”便兴盛起来，当官方在西域进行探索，并不断地向西域输送使节、公主与军队的时候，中亚各民族也通过这些无名的“边界集市”完成与汉朝之间形式多样的民间贸易，中原汉人大多换得一些动物，如马、驴、异域奴隶以及各种各样如犀牛角、象牙、龟甲、夜明珠、翠鸟羽毛这样的奇珍异物，再有如芝麻、芫荽、豌豆、洋葱、葡萄、安息茴香、黄瓜等果品菜蔬，而西域各民族则买进铁制工具、布匹、粮食以及丝绸、漆器、玉制品等奢侈品。“边界集市”的生意兴隆，以至于汉朝政府不得不建立一批关市以防止商品走私，这几乎可以看作是汉文史书记载最早的“护照时代”与陆路“外贸时期”。汉武帝时期，在长安与西域交界的这些“边界集市”上，除了各种奇珍异宝，还可看到表演幻术的“眩人”，这类人最初是在东罗马的市场上被当作奴隶出售，后来被丝路商人运往长安，靠在“边界集市”上进行幻术表演，赖以为生。

除了“边界集市”蔚为兴盛，还有一种被称作“鬼市”的集市出现在丝路的尽头。东汉时期，甘英曾一度远赴西海。据说，在那里他看到一种被称作“鬼市”的集市。这种集市之所以被称作“鬼市”，是因为集市上。买卖双方都不与对方见面，而价格就摆在摊售货物的旁边，交易的实现是通过买卖双方互不相见的形式得以达成。想一想，千年之前的鬼市，与今天互联网时代的淘宝集市，原理几近相同。

唐代，大量的进口食品、香料、化妆品与药物从中亚引进，对此，谢弗在《唐代的外来文明》一书中有详尽的说明，它们从丝路的诸多“边界集市”上交易而来，此时经由丝绸之路沿线的集市引进的“胡床”（椅子），深刻地改变了中国汉人的服饰、建筑、家居审美和生活习俗，由坐榻转向使用椅子。这些来自罗马和拜占庭帝国的边界之地，它们在西域与中原交界的集市上被贩卖。首次对胡床的文学描写，可见于大约公元552年诗人庾肩吾所写的一首诗《咏胡床诗》中：

传名乃外域，入用信中京。
足欹形已正，文斜体自平。
临堂对远客，命旅誓出征。
何如淄馆下，淹流奉盛明。

更不用说，自汉至唐，大量的佛教经文通过中亚商人及僧侣如安玄、安世高、竺法护、竺叔兰、鸠摩罗什、法显、玄奘等人穿越绿洲集市的旅行，陆续传入。

宋朝失去了对中国西部边疆的统治，陆上贸易逐渐被海上贸易所替代，丝绸之路上的绿洲城市慢慢被伊斯兰教所征服，通往西方的陆上商路渐渐变得不再重要，而日渐兴盛的航海业却使宋朝通往东南亚的海上商道愈发重要，海上丝绸之路的兴起使得宋朝出口丝绸、瓷器、漆器以及部分钢铁有了另外的通道，陆上丝绸之路上的集市变得不如宋朝海上航船的船舱与码头重要，这些海上贸易的兴盛促使宋朝的远洋运输技术日新月异，日渐强大，其技术领先的重要性一点不亚于今天苹果系统在信息通讯行业所引起的经济效应。与此同时，与前朝国际贸易相较而言，陆上丝绸之路沿线绿洲城镇上的集市日渐边缘，这种情况一直持续到13世纪中后期的元代。

13世纪，当马可·波罗经两河流域、伊朗高原、帕米尔高原，沿陆上丝绸之路，历时四年来到元大都，亲眼见到了泉州港口的贸易繁华程度，小小的海边港口所集散的人群、货物胜过他过去四年在欧亚大路上任何一个集市上所见过的繁盛景象，他写道："总之，这一港口货物、宝石和珍珠的吞吐量庞大，让人叹为观止。大批外国商品运到这里，再运到福建各地销售。我确信，如果有一艘船运胡椒到亚历山大港或其他港口，再被带往基督教区的话，那么就有100艘船运胡椒到泉州。"①他以此比喻泉州的外贸吞吐量是亚历山大港口的100倍。

---

① 引自班尼狄托的翻译版本（伦敦，1931），摘自D·霍华德·史密斯，"刺桐5个世纪的中外贸易"，《皇家亚洲社会》，1958：165-77（1958），第168页。还可见罗荣邦，"海上商业及其与宋朝海军的关系"，《东方经济和社会史》，12：57-101（1969）；爱德文·O·赖肖尔和费正清：《东亚：伟大的传统》（波士顿，1960），第211—224页。

与此同时，他也记述了古老的陆上丝绸之路上著名的绿洲城镇和田集市上的商品贸易情形，认为当地的人民靠种植葡萄、棉花、水果以及手工艺品与外地人兑换物资所需，并指出历史上的和田正是通过向中原输送牦牛毛、良种马和“碧玉和玉髓”来实现自身的区域价值。今天的和田，依然有新疆最著名的玉石巴扎，每年的玉龙喀什河，每逢洪水期过后就会举行“采玉节”。从和田、喀什到阿克苏南疆各地城镇乡村都有种类繁多的玉石巴扎。总之，正是这位使臣在他的《马可·波罗游记》中，由于他对东方最富有的国家亲历见闻的详细记述，进而激起欧洲人对这个东方国家的热烈向往，从而对以后贸易“新航路”的开辟产生了深远影响。

图 5-3　李尧天《和田玉》

2012 年秋天的夜风里，当我坐在乌鲁木齐二道桥大巴扎最后的夜市中，灯火辉煌，各色人等，不同的心事，同样的时光交错；各路年纪，不同的境遇，同样的交际浮水。我突然想起在喀什市东巴扎里，我经常去拜访的一位维吾尔族商人所开的丝巾商铺，这家店主在乌鲁木齐、喀什、和田、库车都拥有自己的分店，其丝巾既有新疆本地的罗布麻布、艾德莱斯绸，也有来自土耳其、巴基斯坦的绣花羊绒围巾，他曾一度自豪地对我说，他家的丝巾店铺，从伊斯坦布尔一直到喀什，闻者皆知。2013 年，他开始在淘宝开店，实体店面陆续转租；2014 年，他尝试在微信朋友圈开店，他的丝巾店铺进入微店时代。城镇化程度高的市镇巴扎里，实体店铺正在以惊人的速度被电商所取代。

时至今日，交易的处所正在以一种令人“潜移默化”理解并认同的方式逐渐消失，交易的行为却永恒存在。信息网络中，各种“电子集市”贸易兴盛，淘宝上每日交易量的庞大程度，估计让马可·波罗也不知如何能够形容。电商时代，海陆丝绸之路的集市、港口和码头全被整合进一个新的“市”——电商时代的“丝路集市”里。这个“市”会否也像我们所熟知的那个集市一样——只不过也许不必经历两千年的时间变迁——经历更短的周期更迭，由最初的市走向最后的市？

二、喀什噶尔的巴扎与伊斯坦布尔的巴扎

宋朝以后，用“巴扎”称呼集市的表述，越来越多地为更多中原人所了解，越来越多的东西方旅人们，慕名去赶中亚西亚诸城的巴扎。从喀什噶尔到君士坦丁堡（今天的伊斯坦布尔）的路上，那些曾经聚集商人、僧侣、使臣、探险家的巴扎如今也聚集着越来越多的观光客。一度，从喀什往西和往南有多条路线完成行旅之人的夙愿，譬如佛教僧侣可以经过塔什库尔干，翻越兴都

库什山，到达佛教王国犍陀罗和塔克西拉，而风尘仆仆的商人们则可以选择经过帕米尔高原北部到达撒马尔罕和布哈拉，或者从帕米尔高原南部到达巴尔赫，然后到马里。以马里为起点，又可以选择多条路线，或可经巴格达到大马士革或安提阿或君士坦丁堡（今伊斯坦布尔）通向地中海，还可到达黑海沿岸的特拉布松市。

在布哈拉（今乌兹别克斯坦南部）巴扎上，伦敦商人安东妮·詹金森看到了印度、波斯、巴尔赫、俄罗斯以及来自中国的商队，并罕见地记录了医生为患者抽取麦地那龙线虫的一幕：“这种虫长一厄尔（45 英寸），一般情况下寄生在人的腿上，长在皮肤和肌肉之间，通常是在踝关节附近被以非常熟练的技术取出。外科医生对此练习得非常纯熟，如果虫子在向外扯时被拉断，断在体内的部分就会死掉。每天可向外拉出约一英寸，边拉边把它卷起来，这样一直到麦地那龙线虫被全部拉出来。”① 无独有偶，在 20 世纪 20 年代初，艾拉·克里斯蒂（Ella Christie）也是在前往布哈拉巴扎，观察剃头师傅工作时，详细记述了这个取虫的过程：“取虫时，要把虫子缠绕在棍棒上，同时轻轻按摩患处。这是一个非常缓慢的过程，一天只能拉出几英寸长。如果寄生虫在手术过程中被扯断，留在体内的部分就会把毒释放到血液中，病人通常会死亡。”② 我们可以得知的是，20 世纪初期的布哈拉巴扎上，理发师还兼职做起了医生，为误

① ［英］艾拉·克里斯蒂：《通向撒马尔罕的金光大道》，伦敦：锡利服务出版公司 1925 年版，第 114 页。

② 同上，第 128 页。

食虫卵的人们进行外科手术式的治疗。大量的外国人从布哈拉这座东方城市的巴扎上学会了取出“麦地那龙线虫”的方法，据说，这其中包括乔治四世、威廉四世和维多利亚女王的外科医生本杰明·布罗迪医生。

图 5-4　17 世纪荷兰雕刻师詹·鲁肯作品，从一个人腿中取出麦地那龙线虫

元朝，撒马尔罕城被周长 5 英里的深沟和高墙（帖木儿所建）环绕，从城门有路通向市中心，它的巴扎非常富有特色，它被建在市中心，是一个巨大的圆顶集市，有关它的记载初见于冈萨雷斯·德·克拉维约的笔下。撒马尔罕的巴扎上应有尽有，F. W. 巴托尔德记述了他在巴扎上所见到的，巴扎上有来自布哈拉的祈祷跪毯，来自呼罗珊的缎子，来自花拉子模的黑貂皮、银鼠皮和狐狸皮，来自费尔干纳的葡萄干、杏仁、芝麻、“鱼牙"、剑、铜、铁，以及瓜果和榛子[①]。在帖木儿的统治下，这座中亚名城的巴扎上，商贸繁盛，奢靡至极。

20 世纪初期，艾拉·克里斯蒂光顾此处时，也描写道："早晨生意就已经开张，理发师在清真寺墙角下理发，诱人的食品如用铜盘盛的煎肉饼和用碗盛的具有民族风味的肉饭等也被端上来，小把草和细枝不断地被加进小火盆中使之不停地燃烧以用来烤肉快，这叫做烤羊肉串，是串在烤肉钎上烧烤的……不太富裕的顾客可以买用调味香菜做的煎蛋卷，这是用直径一英尺半的铜锅做的。这种蛋卷切成片出售……也卖煮老的鸡蛋，都被染成红色和蓝色……糖果受到老年人和年轻人的普遍欢迎（即使肥羊肉也没有这么诱人），糖果通常是用水果做的软糖加上杏仁和阿月浑子果仁，再在外面包上颜色鲜艳的糖衣做成的。面包师傅也很精明，他们也用面粉、蜂蜜和阿月浑子果仁做蛋糕……在春天，未经煮过的大黄杆可就这春天的洋葱一起咀嚼。新收获的洋葱成捆地出售，通常是由孩子们来兜售，他们喜欢把洋葱像帽子一样顶在头上，洋葱的球茎像流苏一样从他们头上垂下来。"[②]

即便今日，新疆南疆的乡村巴扎上，维吾尔族商贩们仍喜欢将洋葱、大蒜捆成一长条，围在脖子上，像围脖一样招徕生意。而维吾尔族的切糕以及中亚的糕点，

---

① ［俄］F. W. 巴托尔德：《蒙古入侵时期的突厥斯坦》，伦敦：鲁扎克出版公司 1968 年版，第 235—236 页。

② ［英］艾拉·克里斯蒂：《通向撒马尔罕的金光大道》，第 150—151 页。

尤其是乌兹别克斯坦、哈萨克斯坦的果仁蛋糕仍然保留其古老的烹制秘方。

元朝，这些受蒙古族影响的中亚宫廷生活与街道上巴扎的生活细节，影响了许多诗人作家，马修·阿诺德便是其中一位，他在《生病的布哈拉国王》这首诗中描写了撒马尔罕城内集市的环境："……可怜的人 / 在高高堆起的货摊旁游荡 / 他的脚下 / 就是雷吉斯坦广场 / 他说：'他很高兴，他住在那里！' / 穿着丝衣、贮存大米、各种水果和葡萄汁 / 还有彩色冰块，为了渡过旱季' / '就像樱桃掉进雪里。'"[①] 诗歌中描述了布哈拉国王的宫廷果园中有从远方移植而来的奇花异果，还有储存雨水的水池。值得一提的是，1832 年，英国东印度公司的成员，中尉亚历山大·伯恩斯坦也来到了雷吉斯坦广场，他为这座高高的拱形结构砖砌的市场所着迷，广场上到处是顶棚撑起的店铺，即便在夜晚，也有大量商人打点生意。

爱德华·菲茨杰拉德在一首四行诗中同样记述了撒马尔罕街道巴扎上的商旅客栈："想一想，这家破旧的商旅客店 / 昼夜在它的门口更替 / 一代又一代苏丹怎样随心所欲 / 维持他命定的浮华…… // 我有时想玫瑰永远不会开得那么红 / 就像凯撒埋葬时流的血 / 花园中的每一朵风信子 / 从曾经可爱的穗子掉落在她的衣裙中。"[②]

---

① ［英］米列姆·阿洛特编：《马修·阿诺德诗歌》，伦敦：朗曼出版社 1979 年版，第 86—87 页。

② ［英］乔安娜·理查森编：《菲茨杰拉德作品选集》，伦敦：鲁珀特·哈特-戴维斯出版社 1962 年版，第 243—245 页。

即便是诗人奥斯卡·王尔德在诗歌《祝福你，女王》中也提及经商的旅人们经过撒马尔罕城的情形：“……从那里继续前行直到伊斯帕罕 / 这是个撒满阳光的金色花园 / 满是征尘的长长商队 / 带来了杉木和朱砂。”①

提到前往撒马尔罕的城市赶巴扎经商最著名的诗歌仍然是詹姆斯·艾尔罗伊·弗莱克的《通向撒马尔罕的金色旅程》，在这首诗中，作者写道：“我们旅行并不仅仅为了经商 / 热风吹拂着我们烦躁的心 / 为了探求未知的渴望 / 我们踏上了通向撒马尔罕的金色旅程。”②

清朝末年，随着清廷对边疆统治的衰弱，新疆的莎车、喀什等丝路重镇成为英、俄在中亚“角逐势力”的前哨，英、俄两国分别在喀什噶尔陆续设立领事馆，随同领事馆而来的英俄领事之中，除了带来大量的外国居民之外，还有英、俄两国的生活方式、价值观念与物质细节，这些互为异国情调的感受，在喀什巴扎等公共空间引起了“外国移民”与“本地土著”之间更多的交流。马噶特尼夫人经常喜欢去逛喀什老回城的巴扎，而毫不在意当地人起初惊异的眼光，她认为巴扎里的产品与吐鲁番看到的一样，无外乎是葡萄、杏等水果。

1895 年，瑞典传教士在叶尔羌建立差会站，在当地传福音、施医赠药、开展救济。1896 年马格努斯·鲍格

---

① ［英］奥斯卡·王尔德：《奥斯卡·王尔德书信全编》第一册，伦敦：牛津大学出版社 2000 年版，第 136—137 页

② ［英］海伦·加迪纳编：《新牛津英语诗集》，伦敦：牛津大学出版社 1972 年版，第 852 页。

伦德（MagnusBacklund）来喀什传教，他是第一位来喀什前掌握了维吾尔语的瑞典传教士。次年，古斯塔·拉奎特（Gosta Raquette）医生也来到喀什。古斯塔·拉奎特除了接受过系统的医学训练，并获得医师资格的学位外，还能听、说、读、写较为流利的维吾尔语。在莎车时，拉奎特一家住在巴扎旁一个小巷子里的一座房屋内，室内“摆放着一张桌子，上面照例摆放着所有使人感到温馨的东西”[①]。

19 世纪，依靠俄、英两国在新疆南疆所设立的领事馆、“中转站”、接待厅，普尔热瓦尔斯基、斯文·赫定、奥里尔·斯坦因、弗兰西斯·杨哈斯本、阿尔伯特·雷格尔、兰登·华尔纳、格伦威德尔、冯·勒柯克、伯希和、沙畹、伊斯沃思·亨廷顿……这些丝绸之路上的探险家、学者以及如乔治·马噶特尼这样的外交家们，不仅发现了埋在地下的宝藏、沙埋地下的废墟、中亚沙漠下隐身的帝国与城市，他们还在像莎车、和田和喀什噶尔一样的丝绸之路城镇巴扎上发现了出售的古董、文物残片以及大量的古文书。他们在新疆南疆巴扎上的惊人发现，为西方世界的“东方学”研究提供了最权威的一手资料。20 世纪初，中国向这些西方的盗宝者们关闭了大门，俄、英两国在中亚的“角逐”随着在圣彼得堡签订的《英俄协约》而于 1907 年正式结束，此后，丝路上的巴扎不再是探险家、政治家的“乐园”，但依然没有停止它接纳行旅者的进程。

---

① ［英］吴芳思著，赵学工译：《丝绸之路 2000 年》，山东画报出版社 2008 年版，第 128 页。

1931 年，盖群英、冯贵石姐妹来新疆传教，在五次出入新疆的戈壁沙漠之后，对新疆的戈壁、荒野与巴扎有了更为深刻的理解。她们在《戈壁沙漠》一书中，详细描述了丝绸之路北线上戈壁滩以及绿洲城镇巴扎上的见闻。这期间，当然还有大名鼎鼎的欧文·拉铁摩尔和他的妻子艾丽诺尔赴新疆度蜜月的行旅，他们由乌鲁木齐到吐鲁番，再沿丝绸之路北线到达伊犁、阿克苏再赴喀什噶尔。在经过吐鲁番的的街道巴扎时，艾丽诺尔心情愉快地写道："我们在日出之时骑马经过圆顶土坟墓、一支宿营商队和灌溉的田野后，进入了新疆城市吐鲁番

图 5-5　盖群英在绿洲城镇一个客栈的"庭院"

那中国画一样美丽的街道，这是一种愉悦的漫游生活，充满了美景和无比的欢乐，我们贪婪地希望这种生活永远持续下去。但很快我们就从高原上的乌鲁木齐来到了低于海平面的低地。这里的街道集市现在都用席子做房顶，葡萄藤和树都被修整得在席子上面生长以便遮阴，

即便这样，还是热得让人喘不过气来。街道也很干净，被洒上水以保持凉爽，所以林荫街道和城墙外沙漠之间的温度惊人的不同……（街道）画着彩色线，昨天我骑马进城时，对这一切简直入迷了。街道两旁排列着店铺，挂着灰色的器皿、亮丽的编织小地毯、马褡裢、黄色和红色棉布做的长穗边门窗帘，柜台上摆满了干杏、葡萄干、坚果和红胡椒”。[①]

1932年，瑞士女作家艾拉·梅拉特（Ella Maillart）与彼得·弗莱明结伴开始了她的新疆之旅，在和田的巴扎上，她并未经历艾丽诺尔那样的美好体验，她看到“死水在满是泥泞的小巷里发出恶臭，货摊的食品因爬满了苍蝇而变成了黑色……”[②]，而在喀什噶尔被称作“秦尼巴克”的英国领事馆里，她遇见了来自瑞典传教团的修女洛维沙·恩瓦尔女士，她们之间有短暂愉快的相处。在喀什噶尔，她最大的消遣就是逛老城的巴扎，她还指出当时的喀什噶尔民间，四处充满着“间谍热”的舆论氛围。

记得盖群英经过辟展（今鄯善）时，通过对当地巴扎的观察，认为这个绿洲的居民基本都是为了服务旅行者的迫切需要而存在。彼时，他们所做的营生只有一桩，供应沙漠旅者各种旅途上的必需品。“满载着吐鲁番葡萄、库车水果干或生棉花捆包的驴子，不分日夜成群涌

① ［英］艾丽诺尔·霍尔盖特·拉铁摩尔：《中亚重新统一》，纽约：约翰·德出版社1934年版，第110—111页。

② ［瑞士］艾拉·梅拉特：《被禁止的旅行：从北京到喀什噶尔》，伦敦：海尼曼出版社1937年版，第224页。

入此城。来自喀什噶尔的笨重板车，吱吱嘎嘎走着，车上载着土耳其斯坦的粗糙棉制品、和阗的壁毡或者漂亮的皮革制品。所有这些货物都将运至哈密，再从那儿分送到中国沿海各个市场。这些货品和来自万里长城里、向西运送的物流，在鄯善的旅店中相遇，西行的物流包括中国的纸张、烟草、绸缎、织锦，以及土耳其斯坦尽管盛产棉却织不出来的精致棉布。东干回人从哈密骑马到阿克苏或叶尔羌的长程旅次中，也会穿过这儿的大市场……从早到晚，冲撞声、讨价还价声、吆喝声、咒骂声，自市场这一端传到另一端"[①]。的确，无论古今，巴扎的存在都为新疆南疆绿洲城镇的乡民们提供了别样的生活状态、生存信念与人生价值，他们作为造访新疆绿洲"后继行旅者"的"前任旅人们"，最先被戈壁上的绿洲所收容，并通过设置巴扎，收容更多的旅人们。

2007 年 7 月上旬一个静谧的午后，我第一次尝试赶喀什疏勒县的巴合齐乡巴扎，我在喀什市色满宾馆（19 世纪的俄领事馆驻地）内的约翰露天餐吧逗留，从我那天落座的位置正巧可以看见正对着约翰餐吧的方向，花木扶疏处重新粉刷修葺过的前俄国驻喀什噶尔领事馆，怎样的历史交错，时空颠簸，当年的俄国领事馆，现在的中国式餐吧，一样宾客盈门，通宵达旦，畅谈不休，德国人、俄罗斯人、法国人、荷兰人、意大利人、英国人、美国人、土耳其人依然在这条路上走，依然在那雕梁画栋、蕾丝粉簇的房间住，只不过身份角色早已被历

---

① ［英］蜜德蕊·凯伯、法兰西丝卡·法兰屈著，黄梅峰、麦慧芬译：《戈壁沙漠》，第 180 页。

史纠正回应有的秩序，他们作为行经喀什全新的行旅者，偶尔驻足，留下无限神往的数声惊叹，回荡在约翰餐吧露天的回廊里，复归于沉寂。

2013 年 10 月的某一天，我坐在伊斯坦布尔卡帕勒恰舍巴扎（KAPALICARSI GRAND BAZAAR）的角落里，读起安徒生在《诗人的市场》一书中，题在扉页上的这首诗，突然有一种恍如隔世的萧索之感。这个大巴扎里有 60 多条街巷，4400 余家商铺，2000 多个作坊。1841 年，安徒生开始了他从丹麦至土耳其君士坦丁堡和黑海的漫长旅行，当年 4 月下旬，他来到这个巴扎，后来在《诗人的市场》一书的“市场”一篇中，他用动人的笔触描述了伊斯坦布尔大巴扎的昔日盛况，根据他的叙述：“占地一方，建筑华丽；规模宏大，摊贩云集；白天营业，夜晚关闭；内部分划不同的区域，出售同类商品的商贩分别集中在一起。”千年之前的伊斯坦布尔巴扎与今天差别不大，人文景观或许要更丰富一些，以至于仅靠外貌服饰，游人便能准确分辨出巴扎上各个民族的准确身份，波斯人、亚美尼亚人、埃及人、希腊人、犹太人、土耳其人、保加利亚人荟萃一处。他还描述了巴扎里香气扑鼻的面包作坊，卖麝香的香囊、乳香以及香鼠尾巴，散发玫瑰油芳香的香料街区，用摩洛哥牛皮和水牛皮制作马鞍和皮鼓的马具街市……

安徒生在游完君士坦丁堡的巴扎时，写道：“与君士坦丁堡的市场比较起来，罗雅尔宫（在巴黎，罗雅尔宫为法国王宫，建于 1636 年，此时已成为商业区，宫内设有剧院、餐馆、商店及娱乐场所等）里那些华丽的商店只不过是一块涂得花花绿绿的粗布而已，这里却是一个华服盛饰、美发上洒着玫瑰油和没药而芳香袭人的东方姑娘啊。”①

从新疆的喀什噶尔到土耳其的伊斯坦布尔，赶了一场万里迢迢的巴扎，恍然觉得，赶巴扎的行旅，越走越孤独，越走越静默，在巴扎里人群热闹之处，我既存在于周遭人声鼎沸的喧闹里，又置身无人能解的荒僻之中，不得不逆游历史，去寻找理想的行旅者。

三、新疆的巴扎与内地的集市

如我在本书第二章所提及的，新疆的巴扎，相当于北方的“集”，江南的“市”，两广的“墟”，云南的“街子”，川黔的“场”。于是，赶巴扎便是赶“集”，逛“市”，转“墟”，溜“街”，看“场”。

今天在我的书房，还收藏着一幅龙清廉先生所绘的微缩卷轴长画，这幅名为《和田一条街》的百米长卷，长115米，宽2. 10米，画家描摹了200多位接近真人大小的和田维吾尔族人，他们携家眷，带家什，逛巴扎，赶集市，龙清廉先生用朴实深厚的画笔再现了这一传统生活方式，并耗时30余载将当年入疆采风的构想成功转换为一套关于新疆文化有效交流的美学符码。无疑，《和田一条街》画的是一幅纸上的巴扎，描摹的是一个巴扎里的新疆。这幅画生动传神地再现了南疆农村的田园时光，在这片绿洲上，巴扎里赶集的男女老少，他们约好时间，共赴一个传统的约定，完成一个日常的协商，赶巴扎对他们而言既是一种日积月累形成的生活方式，

① ［丹］安徒生著，刘季星译：《诗人的市场》。

图 5-6　龙清廉画作《和田一条街 · 巴扎的凉粉真好吃》

也是一种街坊邻居进行人际交流、兑换物资的生存途径。

同时，《和田一条街》也是一次关于画家的精神旅行，画出的是画家回忆的异地模仿，一种自我经验的他者叙述，完成的是一份关于国人共有经验的价值流通。除却交易的物品和赶集的族群外，就集市上的买卖行为和赶集经验而言，新疆与内地并无不同。因此，可以想见，从湘西苗寨山区走出的画家龙清廉，第一次逛南疆的巴扎时，其幼年时赶集的记忆在南疆的绿洲巴扎上得到了一种异域的呼应，获得了一种身份与地理位置的认同，继而引发了他的创作灵感。对此，画家在前言中也坦言，作为一名出生于农民家庭的苗族画家，他的情感与和田农民真实相通。我想，这也是为什么著名评论家韩子勇先生会认为这是一幅“西域绿洲版的‘清明上河图’”的原因。因此，在画家的笔下，淳朴的和田老乡的行为以一种原生再现的朴素笔触加以呈现，不加美化也不予以虚构想象：他们拖家带口，赶着毛驴车来到集市；他们坐在地上，数着买卖物品换得的钱，陶然喜悦；他们就着炭火点着烟枪，闲话家常；他们弹着热瓦甫，唱着情歌，载歌载舞……

这幅纸上的巴扎，以一种借他者的身份演示自我回忆与共有经验的方式，书写了一份新疆绿洲生活的人文备忘录，一份微观的影像人类学记录。我去看过《和田一条街》的画展，收藏龙清廉先生的绘画，这种行为像是在现实经验中找到了一位赶巴扎的理想同游者，他的《和田一条街》通过一幅纸上巴扎，收容了不同代际、性别、民族、际遇、心情与阅历的赶集之人。

我记得小时候，有一年，从乌鲁木齐坐火车回成都老家，途经张掖，去看望父母的朋友，在张掖的夜市地摊上买过一种当地的土制肥皂，椭圆形的，没有香气，摸起来像塑胶的表面那般顺滑，又有粗糙的质感，多年后，我才知道这种被称作胰子的土肥皂在甘州久负盛名，具有悠久的制作历史，采用牛、羊的胰子油捣碎加入皂角、石碱、冰糖等磨细，再用面粉加水熬制而成。今天，在新疆南疆任何一个城镇乡村的巴扎上，都有维吾尔族人的土肥皂卖，它们看起来像芋头、窝窝头与酸奶疙瘩的混合体，维吾尔族人将其称之为“吐哈齐苏甫”，意为圆形肥皂，它以残剩的羊尾巴油为主要原料—用火反复三次熬制—使用模子固形—固形后接受太阳自然的烘干过程，新鲜的土肥皂就这样诞生了。它曾经来源于一种铅草（草绿盐角草）与羊油的混合制法。据说这种植物先要拿到窟中烧烤至坚硬，色泽透明之后，再与羊油一起熬煮，便可制成简易的手工肥皂。这种土肥皂制作的手艺技法与甘州胰子的制作技艺一样悠久，都延续了大约一个多世纪。只不过，在前者的制作过程中，铅草的萃取逐渐被打造肥皂坯形的模具所取代。

虽然巴扎与集市上挤满了人，但不一定所有赶巴扎（赶集）的行旅经验都是嘈杂热闹、热烈喧哗的，我想起有一次去中越交界处的水上集市，小雨淅沥，我与同伴从划船的越南商人手中买回越南咖啡、香水与竹筷。语言不通，我在一艘船的船尾，越过细雨如帘的雨幕以及划船商人手中的船桨，通过打手势比划价钱，在一种无声的讨价还价之中，买回了那些盛在船板上的物品。接着，我乘坐的船与对方的船起先并排，接着一前一后，缓缓划向德天瀑布，桨声、水声、雨声与瀑布声的协奏曲中，我们似乎共同分享了一种内心的寂静。这让我联想到，在漫长的沙漠戈壁的行旅之中，这种寂静是格外受到欢迎的，就像绿洲巴扎上发生在夜晚的交谈，简省、自抑、从容，充满寂静的回声，因为“广袤的空间教人分享其尊严，教人将聒噪和饶舌鄙夷为城中俗人的专利品。在静谧的空气中，声音的传递效果好得有若危机将现，于是，静默成为本能的谨慎”①。面对任何集市、巴扎上的一种跨文化交往，除非你能对你所聆听的处境有所改善，否则多去聆听，不必轻易开口，盖群英在《戈

① ［英］蜜德蕊·凯伯、法兰西丝卡·法兰屈著，黄梅峰、麦慧芬译：《戈壁沙漠》，第 120 页。

壁沙漠》中对此有过一个巧妙的比喻，我们大多时候都需要拥有一双“戈壁的耳朵”，去透过群声鼎沸的表面，谛听沙漠戈壁里的荒芜之声，而不必像在城市生活中那般，被时间紧催慢赶，这有助于我们重新聚焦于一切微小之物，回归内心深处的寂静。

值得一提的是，盖群英在《戈壁沙漠》中凭借对沙漠绿洲上行旅之人的观察以及对自身体验的概括，尝试对城市生活与沙漠生活做出个人的解读，并对绿洲匮乏水、粮食、奢侈品等一系列生活物资的人们，不得不通过“赶巴扎”所进行的商贸交换，以期获得更多生存空间与生活空间的生存方式所进行的人文地理思考与跨东西方文化的分析，极富启发性。她认为，一个人一旦投身瀚海绿洲，在西方生活中一切精致的修养便自动宣告无效，她的观察和表述精彩又不乏内省的力量：“在西方生活中，始终以无情的滴答专制统治人类，对它稍有疏忽便招致非难和羞辱，但在沙漠中，这种心理状态将完全获得解放。计速器颤动的指针不会在那儿催逼他作更大的努力；速度的达成本身不再令人牵肠挂肚。他有充裕的时间来观察，他可以在任何有趣的事物上投注注意力。谈话的步调总是从容不迫，没有任何沙漠旅人会被急匆匆的同行者干扰，也不会受慢吞吞的旅伴耽搁。一副已经找到天然节奏的人类身躯，会很奇异地不再注意自己，而将专注于转化外在事件成为自身经验——这才是正常的功能。每一位沙漠行者都秉着自己的根器，成为观察者、哲学家、思想家、诗人或先知。他将学会不依赖日历，因为月亮就是时间测量员；他没有导路的地图，但他的路线正确无误，因为众星就是向导。一顶孤棚便是万里征途中随处的居所；它迫使他守着生活的单纯规则。将步调放慢成沙漠的标准，旅行者会发现：所有值得获取的东西，他都一直有收获，而他所失去的完全是物质领域的事物，是那种无常而终究不重要的东西。有时候三十英里的脚程将他带到一处石粒遍布的平原中心，那儿没有一丝半毫的植物踪迹，也见不到任何人类可借以生存的手段。这种地方没有任何防护，蜥蜴以可怖的力道横扫平原，但甚至在这儿，也会有一间用散布在地面上的石头盖起来的小屋，而且，在旅店的门口总有一口井；井水味道不好，却可以救命。"①

的确，对于在沙漠绿洲行旅的人而言，没有什么比看到那一个个被顶棚所支起的天地更令人感到陶然喜悦或者信念坚定的了，它让我们重新记起，无论城市化发展多么的迅速，也无论它所承诺的生活多么便捷，历史地看，我们其实都是从荒野演化而来，我们完全有理由不必惧怕重新被荒野所接受。当然，对于从内地水陆集市或是山地集市，赶集来新疆巴扎的旅人们而言，也要记起自己"赶集的两栖"本领，才能寻回一种如何将"赶巴扎"的现实经验带入"赶集"记忆之中的方法和路径，进而真正被绿洲的巴扎所接受。盖群英、冯氏姐妹以及寄身新疆沙海绿洲的一大批女传教士、探险家、外交官夫人、女学者等，她们"反传统"的绿洲行旅，以及她们在绿洲集市里每一次饶有趣味的细致观察，无不反映出她们对溢出自身教养与知识框架的世界富有好

---

① ［英］蜜德蕊·凯伯、法兰西丝卡·法兰屈著，黄梅峰、麦慧芬译：《戈壁沙漠》，第136页。

奇心的探索，作为一种“文化行动”，她们在一次次追赶绿洲集市的行旅体验中，将自身的行旅变成了她们理解世界最富于表达力的媒介。

四、“我”的巴扎与“我们”的巴扎

我们对巴扎的认识，当然更取决于逛巴扎的主体，对于他（她）所生活的世界一旦面临巴扎上所展示的多种多样的生活方式——这种新的“文化拼图”时所采取的态度、立场、行为与情感，“文化距离”将会随着巴扎里人来人往，摩肩接踵的“空间接触”而渐渐缩短。这种体验尤为显豁地来源于我在喀什疏附县的木什乡巴扎以及疏勒县的伯什克然木乡巴扎的田野调查经验。疏附县木什乡巴扎是一个很小的巴扎，它的出口和入口形成一个窄小的 U 形区域，这使得置身其中以较慢步速行走的人，不得不与后来更多人数的闲逛者保持贴身的距离；疏勒县伯什克然木乡巴扎的入口是一个较为陡峭的下坡，窄小而具备起伏的弧度，当你因为重力被迫弯腰缓步进入巴扎时，难免会因为步幅的“速度差”以及由于被牲畜迅速占满而变得更加窄小的空间，而与身边熙熙攘攘、川流不息的人群紧密接触，在巴扎上，一旦你习惯了个体间身体距离的取消，你将会迅速融入其中，并对你所陌生的“差异性”饮食与生活方式深深打动。难怪马噶特尼夫人偏好逛喀什老城的巴扎，这是外来移民迅速融入本地生活与文化最有效的一种方式，同时也是获得本地认同的一种必要行为，借助亲自参观本地巴扎里琳琅满目的商品展示，行旅遭遇的异地经验与移民的固化身份间的分裂被有效缝合了，异乡突然极其容易地被变作了故乡。

然而，初次逛“异地他者”的巴扎，任何行旅者一定会为那远离了自身经验、认知以及习惯的“差异性”所迷惑，有的行旅者，其文化适应的过程相对缓慢，但也有的行旅者，其“文化适应”的过程异常短暂，让我们再次回到本章开篇，苏珊·惠特菲尔德笔下，那位中亚商人纳奈凡达克眼中令人眼花缭乱，为多民族群体所填满的巴扎世界里。他在巴扎上因为辨识各色人群、各色人种所产生的识别困惑与震撼体验，恰恰在千年后另一位冒险家的笔下获得了“令他兴奋”的探讨。上个世纪初期，C. P. 斯克林（Clarmont，PercivalSkrine，1888—1974）在夫人陪同下跋涉了新疆南疆的大部分地区，包括帕米尔群山中的某些山谷。他特别注重描述居住与旅行、与当地官府及民众的关系，令他印象深刻的是道路上响起马蹄踩踏戈壁和驴蹄践踏灰尘的声响、村民们自巴扎返回的声音、清真寺中呼唤做礼拜的声音。与此同时，他也描写了在莎车巴扎上所见到的民族的多样性：“安迪贾尼斯人（来自费尔干纳的信奉伊斯兰教的俄罗斯人）、巴达克人（来自阿富汗巴达克山区）、巴尔蒂人（来自喀喇昆仑山南部谷地）、布哈拉人、汉人、区出罗人、都兰人（来自叶尔羌河谷的土著人）、吉尔吉特人（大部分是获得自由的奴隶和他们的孩子）、坎竺蒂人（来自罕萨和纳加）、克什米尔人、吉尔吉斯人、拉达克人（来自印度的拉达克）、帕坦人、阿富汗人、英国人、旁遮普印度教人、旁遮普穆斯林人、希迦尼人（来自俄罗斯和希迦南阿姆河上游地区）、信德人（来自希格普尔的放债人）、塔吉克人（来自中国帕米尔高原)、东干人（来自新疆北部和甘肃的回教徒)、维吾尔族人、瓦吉人（来自瓦罕和兴都库什山谷地)。”[①] 与纳奈凡达克的震撼体会不同，C. P. 斯克林颇为兴奋地用笔记录了他在巴扎上看到的形形色色、分属不同族群的人们，他为了能更好地区分和识别出巴扎上不同族群的人，甚至专门绘制了一张表格，用以表示这些来自不同民族群体的旅人们所使用的不同语言。丝路巴扎上，“在英属印度一般说乌尔都语，在古拉伊斯和阿斯托尔：克什米尔语，在吉尔吉特：希纳语，在罕萨和那加：布鲁沙斯基语，在小古伊海尔以及在中国帕米尔地区的达夫达尔：波斯语（瓦吉方言)，在萨雷阔勒：吐峪语，在新疆一般是维吾尔语”[②]。

无独有偶，吴芳思（弗兰西斯·伍德）在《丝绸之路 2000 年》中对于新疆南疆绿洲巴扎上差异族群的外貌特征、衣着打扮也做了一番颇有兴致的描述：“不管政局如何动荡，在赶上像喀什噶尔星期日大集一样的时候，他们一如既往地聚集在一起。在羊群、健壮的小马群、有时是骆驼群扬起的尘土中，或者在古老城镇的狭窄街道上，他们制作壶、锅、马鞍之类的马具和传统乐器，摆满卖羊肉串、手抓饭的小摊。今天，根据牧民们的部分衣着（如果不是全部的话)，仍能将他们区分开来：维吾尔族人戴着绣花黑绒小帽，维吾尔族妇女仍然穿着

---

① ［英］吴芳思著，赵学工译：《丝绸之路 2000 年》，第 15 页。

② ［英］C. P. 斯克林：《中国中亚》，伦敦：梅休因出版社 1926 年版，第 106—108 页。

带有条纹、颜色有些暗淡的扎染色的丝绸做的衣服；吉尔吉斯男人戴卷沿、有时还镶有白边的黑色帽子，穿着长及膝盖的灯芯绒大衣，上面饰有用汉族商人卖给他们做被子用的印有粉红色大朵玫瑰图案的丝绸或者红色棉布做的条纹。”① 今天的新疆南疆乡村巴扎上，我们依然能看到维吾尔族、哈萨克族、乌兹别克族、塔吉克族、回族、汉族、俄罗斯族、美国游客、日本游客、韩国游客、土耳其游客等不同族属、国属的人群聚集一处。

当然，在巴扎上，外地移民、观光客等异地行旅者，往往通过“本地装扮”来获得一种文化融入的直接体验，同时，也是观察差异文化与生活方式，亲身参与“文化交往”的行为实践。对此，一百年前，斯克林的夫人戴安娜在逛莎车的巴扎时，提及她戴着“毛皮镶边的平绒小帽”，“透过面纱”，看到各种各样的人。另外一位名叫亨德里克斯的传教士，他在喀什最主要的兴趣就是穿着“中国式”的脏袍子，戴着破烂不堪的黑色牧师帽，奔走在喀什噶尔的大街小巷以及乡村巴扎上，通过隐身人群，搜集各种信息。而20世纪40年代，法国女子安娜·菲力普来到喀什的巴扎，也提及她看到女人们身穿从头到脚的长袍。当然，现在在南疆的乡村巴扎，我们仍然看到一部分传统的维吾尔族妇女依然习惯于扎着头巾，在巴扎上购买货物，也并不轻易褪下遮着头发与面庞的纱巾。我在疏附县乌帕尔乡巴扎进行调研时，为避免招人注意，的确也披上了一条粉紫色的头巾，除

① ［英］吴芳思著，赵学工译：《丝绸之路2000年》，第14页。

图 5-7　阿不都克里木・纳斯尔丁画作《古道集市》

了遮蔽飞扬的尘土之外，也是寄希望于这样的装扮能够让我获得融入本地巴扎生活更真实的“亲在感”。

逛一次巴扎，异地行旅者可以通过带走巴扎上的特色商品、纪念品、服饰、吃喝体验以及撰写心情文字，怀念并证明他们曾经参观、参与过的文化生活。在巴扎上，异地行旅者所遭遇到的一度排斥了自我的“文化拼图”得以变成包含于自我的“文化的熔炉”，无数个有关“我”的巴扎因此被整合成有关“我们的巴扎”。

需要指出的是，巴扎世界里充满种族、性别与文化的差异，但同时又以一种安全窥视的方式得以被参观、浏览。然而，这种亲密无间的“文化交往”的设计又完全不同于互联网上的图片浏览，或是商业区、民俗博物馆中的民俗参观，也不同于淘宝上的文化纪念品采购，巴扎上的行旅者们，的确会被这种切身感受的差异感所打动，行旅之人真实可感、"在地性"的逛巴扎经验，并非一种被简单化的技术效果，而是跨文化社会交往真实的自然结果。互联网时代“抽空”商品交易场所的唯一问题在于，它的确无法给每一位登陆淘宝账号的消费者提供真实体验“全球文化互联多样性”的切身感受。

记得20世纪最后一位探险家塞西格在形容他对沙漠的情感时，说过：“没有人能度过那样的日子而不改变。他将带着一种沙漠的印记，那种印记在游牧民族身上的标记，不管多么微弱；而且他的内心将一再呼唤他回去，或强或弱但看其天性。因为这个残酷大地所给的诅咒，其他天候将无法比拟。”他笃信，生活越清苦，人格越高尚，进而拒绝一切物质的诱惑。与此类同，无论历史与现实，过去与现在，赶过那么多次巴扎，它难免会在我身上创造出一种需要，我这样追着巴扎跑的行旅之人，就像一个带着巴扎印记的人，惯性一般地朝着日落之地，去赶一场不会散集的巴扎。

对我而言，经过亲身实践方可证明我对“异地他者”巴扎的适应过程，远远快过我的“本地同族”同游者们。较之于我，我在喀什疏勒县乡村巴扎的维吾尔族同游者艾力，在他身上则体现出一种城市之于乡村经验而言，相对缓慢的“文化适应”过程。至今，我仍然记得，逛巴扎的第一天，他自诩为一个城里的维吾尔族人，即便在尘土飞扬的乡村巴扎里，也要坚持穿着一身被精心保养，上过油、打过蜡的皮衣；坚持在每一个允许停步的瞬间，俯下身子，用随身携带的手绢、餐巾纸一遍又一遍地将鞋子上的浮灰抹去；更坚持在喝茶等饭的中场时刻，亲自示范，告诉我，城市维吾尔族人与乡村维吾尔族人在沏茶倒水的姿势上有着怎样显著的区别，他甚至对我在乡村巴扎上席地而坐、不洗手就吃饭等诸多“能将就便将就”的“邋遢行为”颇多微词。聆听他有些别扭倔强的表述，我只笑不语。三天之后，他终于放弃坚持将这些城市生活中追求精致细节的讲究行为带入乡村巴扎的尝试，有一天在喀什疏勒县塔孜洪乡巴扎的落日黄昏里，一个糖果摊灰尘阴暗的角落，百无聊赖的他，犹豫再三之后，终于坐在专心写田野观察笔记的我的旁边，而忘记事先用手绢或是餐巾纸扫去他要落座的台阶上厚厚的粉尘浮灰。

就这样，我的巴扎、艾力的巴扎，以及无数个差异个体认知的巴扎，在或许并不始终同步的“文化适应”过程中，被重新整合，装订为“我们的巴扎”。

一路上，总有人会问我：

——嗨，姑娘，你从哪儿来？

——乌鲁木齐。

——要到哪儿去？

——巴扎上去。

无论是历史、过去、现在，无论古今东西，无论你拥有怎样的出生，经历过怎样的历练，当我们置身新疆南疆的城镇乡野，我们仅仅是一群赶巴扎的旅人，一旦我们要在巴扎上开始交易，那就意味着我们必须放下我们原有生活中的诸多成见、经验、判断、情怀，穿越无数" 自我挣扎" 的边界，让无数个" 我的巴扎" 得以变成" 我们的巴扎"，无一例外。

敲下最后一段文字的此刻，我不由又想起了我那异地行旅中的本地同伴，我在多事之秋的去年 5 月和 11 月，曾写下一首想念他的短诗，作为这一章也是此次行旅终点的结语，我把它誊抄如下：

赶巴扎的人（外二首）

给喀什的艾力

艾力
你还开着那辆桑塔纳吗
你的车后座还有雪白的鸽子吗

艾力
你的新娘仍穿着鲜红的石榴裙吗
你的愿望仍是来乌鲁木齐开车吗
艾力
巴扎里没有人
镰刀下没有倒影

艾力
我还能和你一起逛巴扎吗
我还能亲亲你儿子苹果般的脸颊吗

2014 年 5 月 26 日

借着在巴扎里生活

完成对疏离的克服
我们取回公共的空间、生活以及这公共的身份

借着在巴扎里生活
重新发现了行走的意义
寂寞的路成为可以阅读的学校

生命由经过荒野的旅行
变作直接相遇的地点

我们可以微笑
也能够离开

2014 年 11 月 28 日

附　录

附录一　巴扎记游一则[①]

库车的巴扎

一

“巴扎”是波斯语的集市，在新疆统指维吾尔族以及信仰伊斯兰教的少数民族的集市。

早在2000多年以前的西汉时期，西域一些主要城镇如疏勒（今喀什）由于社会生产力的发展和居于丝绸之路上的地理交通优势，已经出现了成行成列的作坊、摊挡、店铺，形成了颇具规模的集市，当时称为“市列”，也就是后世巴扎的雏形了。来来往往的商人、军旅，交易栖息，巴扎就是最早沟通东西文化贸易的小小城堡。

清末《新疆图志》载，库车“巴扎之盛一如温宿”。库车的巴扎历史悠久，而且在1983年以后有了明确的时

① 收录于王敏：《龟兹物语》，新疆人民出版社2006年版。

间划分。星期一，比西巴格；星期二，阿拉哈格；星期三，齐满；星期四，哈拉哈塘、乌尊；星期五，县城、阿克乌斯塘；星期六，东河塘；星期日，三道桥、牙哈、草湖。在库车，只要你有时间和精力，似乎天天都有巴扎可逛。

而我选择了星期六的巴扎。就在龟兹古渡。

有人帮我找来一位导游，因为巴扎上大都是讲维吾尔语的维吾尔人，我的语言贫乏将是一大障碍。我的这位导游是略通汉语的维吾尔姑娘，长得粗犷深邃，结实魁梧；不施粉黛，也不配首饰。头戴着深绿色的布巾，穿着灰色的西装裙，黑色的小靴子。不似一般的维吾尔姑娘热情浪漫，这个姑娘沉默寡言，惜字如金，笑容吝啬，表情陈凝。我开始感到很是别扭，她似乎善于营造紧张的气氛，让我在不知不觉中不知所措。有那么一小会儿，我恶意地猜测她可能是导游小姐中最失人缘和生意的一位。但是渐渐地我的心思全被巴扎的热闹景象所占据，也就没有心思去抱怨小姐的不解风情了。其实，我们完全可以打车去龟兹古渡的，便宜、省事、方便、最重要的是效率。但是，小姐非说走路去方便。我也就由着她去了。有一点倒是拜她的坚持所赐，沿途的风景一览无遗，而且赶集的人的表情似乎也能更为真切地在我眼前分解成不同的故事。

巴扎的摊位分布有着随性的落拓，除了平常在这里的固定摊位——有屋有货柜的那种，其余摊位的摆设，无外乎是以拖车和驴划出一片任意地盘，大致归归类以聚揽游客。以我站的方位为中轴线，左侧多是工艺品，花帽、首饰、土陶、葫芦瓢罐等等；右侧是食用和日常用品，现在的天气只有苹果、梨子、香蕉、桔、桂圆等水果应应景，其他的蔬菜由于天气还没完全转暖也是种类不全。至于日常用品，种类就繁多了，卖什么的都有。梳子、镜子、围巾、护身符、苜蓿草、奥斯曼草、还有一些我叫不出名字的物什。倘若从空中俯瞰整个巴扎市集，可能会有全景似的定位。你会发现大街小巷水泄不通，店铺比肩而立，五颜六色的布棚，摆满货物的售货车和摊档，五行八作，分门别类，以类相聚，各占一隅。还有一些隐匿的小巷小道，有的专卖帽子，有的只卖干果，有的则是理发的去处。还有些角落卖的是牲畜、旧家电和禽类。

我有些好奇地停在一处摊位上，摊主卖的是土黄色的奇形怪状的东西，每个大约都有两个拳头那么大，像萝卜，又神似芦笋，油亮地立在铺着花布子的地面上。我无奈地看了一下摊主——一位维吾尔大娘，她显然是没法和我交流的。我只好求助于我的导游，虽然她看起来有些冷漠，但起码能听懂我说的话。

“阿依古丽，”我唤着她的名字，名字倒是挺好听，翻成汉语是月亮花的意思。

“嗯?”她斜着眼看我，不紧不慢地从鼻子里哼出一声。双手维持着环胸的姿势。

“呃，那个，这个卖的是什么?”我吞咽了一下口水，降低声音小心地问。其实平日里我是不会这样说话的，只是我的这位叫作“月亮花”的导游气势上有着天然的优势，我又全然不通他们的语言，难免有有求于人的顾忌来。

“那个吗?”她的汉语维腔极重，所以听起来显得霸道而且语气强硬。

“对，我……”我刚想发表一下我的见解，我以为它是蔬菜什么的，她就用一长串维语打断我直接和摊主聊了起来。维语属于阿尔泰语系，说起来不似汉语是一个词儿一个词儿地吐露，它是连贯的一长串，让你未来得及消化就感到头脑发晕。感觉信息含量不堪负荷，连捕捉他们发音的时间都没有。我就看着她二人的嘴皮在动，那位大娘还一直玩味地看着我，眼神慈爱，我虽觉有些懵但也只好赔着笑脸，表现出自己的好学和礼貌，不胜尴尬。

“喂，”阿依古丽拍拍我的胳臂。

“啊，什么，是吃的吗？”我如梦初醒，连忙回道。

扑哧，我听到阿依古丽的笑声，完全不给面子，第一次见她笑居然还是很怀念她不笑的样子，因为她的笑声很大，声音洪迈，周遭的人都会朝我们这边望来，一下子我成为众人注意的焦点，老实说，感觉非常糗。我还是尴尬地赔笑，不时对行注目礼的人表示无害而讨好的微笑。心里却在埋怨我的导游，我觉得她是故意的。

“这个嘛，”她拖长了音，偏一下脑袋，然后说：“这个是土肥皂。”

我睁大了眼，有些不敢置信。脸上“腾”地一下，烫烫的，红了。

“哦，是这样啊，是这样啊。”我嗫嚅几句，只敢从眼角看她。

阿依古丽好像对情绪能够收放自如，只是几分钟的时间，她就已经完全调整过来，又能板着脸说话了。

“走吧。”她对维吾尔大娘点了一下头，微笑着说了一句话，我猜应该是再见什么的。

虽然我对当地土肥皂的制法仍是充满好奇，但碍于情面也就没能细问，以后总有机会，我想。况且在这里我也不打算对巴扎上的新鲜玩艺儿作巨细靡遗的介绍。我默默地将它们记录在案，准备另外找个时间好好研究。实际上我的潜台词是，阿依古丽这姑娘太有威慑力了，以我欺软怕硬又别扭拘礼的性格，怕是只有这样性格强势的导游才能管束住我而不惹出事端。不知道库车本地的其他导游是怎样的脾性。当然这也为我在巴扎上尽顾得看新鲜而不去作刨根问底的研究找到了托词。

天气还是不温不火的调调，比起北疆的天气，库车这个南疆小镇的风真是很客气，虽说是初春，北疆的大地还是冻土一片，北风仍是常驻之客，而且绝不会有谦逊的脾气。但是大清早在库车的巴扎上转悠丝毫也不觉冷，因此人也极容易被周遭的热闹景象所吸引。

一位维吾尔大叔极为殷勤地招呼着买东西的家庭主妇们，脸上的表情是在 50 米开外也绝不会错认的笑容。歪戴的皮帽，两撇浓郁的小胡子，上面还留有食物的残渣，笑眯眯的眼睛，脸上油光明亮，点缀着几道岁月的馈礼。大头的黑亮皮靴，过膝的袄子，让他整个人看起来有几分滑稽但更多的是风趣。说起话来声如洪钟，让你以为像是要和人吵架，每句话的尾音都要降个八调并且延长半拍，让你感受到他真切的目的确实是冲着推销他的产品的诚意而来的。显然有一位大娘对他的葫芦瓢很感兴趣，两个人就快速地用维语讨价还价了起来。这迅速就引来了一堆人的好奇，男男女女，维吾尔族、汉族、回族、俄罗斯族或者还有柯尔克孜族都聚拢了来看。

我敢保证，大部分人是因为留意到有人要买集市上的物品而去进行参考，思量自己是否也该效仿的。只要有一个人围拢了过去，在视觉上就会给远处的人造成一种启示，是否又有什么便宜又精致的东西在处理了？或者就是有什么新鲜的玩意儿在待售？无论如何，精打细算的持家人是不会错失良机的，于是就一层层聚合在一起。所以对一个摊主来讲，能吸引住第一个客人是盈利的关键。倘若你能游说他在你的摊位驻足超过十分钟，距离发财就不远了。起码在心理上你给了众多采购者以暗示——你那里确实是有他们需要的东西的。现在那位大叔的脸上绝对全是兴奋的褶子。

在乌鲁木齐，小商小贩更乐意用扩音器进行宣传，显然是对自己的嗓子没有太多自信。更有人聪明地把自己商品的好处编成顺口的段子进行录音，一盘磁带里可以将同样的段子录制 100 遍不止——以一句宣传词占时一分钟保守估计。然后就由着录音机去传销了。摊主则在一旁懒洋洋地守着，他所负责的只是开关录音机为磁带翻面和对被录音机吸引来的买主进行解释说明外带买一赠一的诱惑招揽。库车的巴扎还没有吸取这种先进的宣传手段，摊主们都是各凭本事，扯着嗓子，像是赛歌大会，喊累了，坐下来歇息片刻，喝碗茶水，再接再励。当然家里来的人多就会占尽优势，可以补位，继续进行叫卖的阵仗。

一个小巴郎，红着粉扑扑的脸蹲在地上。他的大眼睛泛着蓝蓝的水光，执著地在给笼子里的鸽子喂食。可惜鸽子全然没有他的兴致高昂，偏过头有些惊惶地看着笼子外围观的人群。旁边很多它的同伴已经被倒提着拎走了。那只鸽子毛色黯淡，本来就灰色的羽毛可能因为心情郁闷就更显出悲伤的情绪了。小巴郎似乎有不达目的不择手段的毅力，只见他左手一把攫住鸽子的下颚——如果鸽子有下颚的话，强迫那个小家伙张嘴，右手将手中的馕还是什么食物渣子塞进鸽子的嘴巴。可怜的鸽子绝望地看着小主人将嘴里嚼过的食物残渣——满是唾液粘答答地热情地塞进自己的嘴里。闲逛的人被这一幕逗乐了，交头接耳，议论纷纷。我想他们讨论的绝不是鸽子的价钱，很有可能是自己的哺育心得。小巴郎的母亲似乎终于意识到自己的儿子和鸽子过从甚密，放弃地收过刚才还不肯同意的钞票价目，蘸着唾沫大致数了一下就塞进自己的长统靴子里。然后这位惊怒的母亲就冲了过去，用拳头狠狠地敲了儿子一个响头，残酷地将其与鸽子分离。小巴郎的反应是仍不放弃地回头张望着笼子里的小伙伴，后者则是明显地打了一个激凌。

我指这一幕给阿依古丽看，满以为她会对孩子流露出莫名的温情从而有了谈话的兴趣。结果她仍是紧抿着唇，只是眼睛闭了闭，嘴角的线条抽动一下算数。我自讨没趣，只好耸了耸肩继续往前走。我想我的这位导游小姐昨晚必定没有睡好，否则不会精神怏怏。因为我的兴奋是显而易见的，方圆 10 米的人可能都可以感觉得到这种愉悦的辐射，和她形成极大的反差。恰巧我头天夜里睡得异常安稳，着床就睡，连梦都没有做。

一位维吾尔姑娘（讲到这里，你们一定很是惊讶，怎么全都是维吾尔族的朋友，为了诚信也为了不再让这个问题继续困扰你们，我有必要给诸位一个统计学上的权威数据。库车是以维吾尔族为主体的多民族聚居区。

据1990年统计，库车的维吾尔民族占全县人口的90.76%，其次是汉民族，占8.63%，回族，占0.55%，柯尔克孜族、蒙古族、俄罗斯族、锡伯族、塔吉克族、乌孜别克族、满族，其他民族，依此类推。以中国现行的计划生育政策，十几年间这种状况不会有太大的改变，所以在库车巴扎上贩卖的多是维吾尔族）很闲适地坐在地上，艳丽的裙子堆在膝盖上，头上扎着大红绣金花绿叶的头巾。她的摊车上是各式各样的化妆品，奥斯曼做的睫毛粉、睫毛膏，海那花制成的染发剂，还有土制的洗发水、香皂、香水、眉笔，亮闪闪的仿金银首饰，大造型的耳坠，多样的几何图案，镶嵌着假的水钻，乱迷人眼，品种多样的戒指，硕大的戒面也是赫然的假水晶。但是都已十分神似真的珠宝首饰了。项链、箱包、头巾，一应俱全。这样的摊位简直是女孩的天堂。当然有钱人会对这样廉价的物品嗤之以鼻，但是似乎也可以从中找到莫大的乐趣。这些首饰制品除了质地并不优良，不是什么非洲钻石、土耳其水晶之外（在露天的巴扎也不可能售卖如此贵重的物品，就算可以也倒用不着卖了，做展览可能更实际些），做工却是十分精细，设计也分外考究，风格更是复古怀旧，充溢着民族风情。不妨买下几件做个纪念。那个维吾尔姑娘，似乎心不在焉，并不急于销售她的商品。她嘴巴里嚼着酸奶疙瘩，嘴子中哼着小调，见到光顾的客人也只是微笑，直到有人问及才细声细气地报个价，就再也不愿开口了。我倒愿意给她一个大草原的背景，一望无际的草场，周围零星地散落着羊群，她坐在草场的任意位置，眼神慵懒而倦怠，嘴里最好还叼着一根草——老套是老套些，但是实用，电影里不总是这样诠释与世无争的写意派头——配着热瓦普的快板节奏形成一种落差，更凸显出姑娘的悠闲安静。我感到阿依古丽似乎有了反应，她对我说等一下，然后就过去和那姑娘说起话来。我远远地站着，看见那姑娘激动地站了起来，先是热烈地拥抱，然后两人进行了颊吻，吻完左边又是右边——这是维吾尔民族见面朋友之间亲切的问候礼仪。眉梢眼角全是笑意，那姑娘手里还攥着咬剩的酸奶疙瘩。我突然感到，虽然阿依古丽在我身边并不言语，但是有一个伴儿感觉还是温馨的。她现在在距离我十米开外的地方，表情完全不同，热情洋溢，笑声不断，绿色的头巾和红色的头巾在人群中极为乍眼。两个姑娘的神情举止都脱离了我原先的定位，生动活跃起来。随后我看见那姑娘朝我这边看过来，露出善意的微笑，我也友好地点了点头。之后，她用涂着海那花桔红的手指从口袋里拿出两三个白色的酸奶疙瘩，一古脑儿地塞到阿依古丽的手里，阿依古丽推辞了几句也就恭敬不如从命地收下了。之后又是拥抱，说几句看似叮咛的嘱咐。阿依古丽回来的时候表情已经控制得宜了，她什么也没说，我们也就继续向前走。那个姑娘又坐回她原来的姿势，目送着我们离去。

我们基本上已经在巴扎逛了一圈了，除了街两边的“精品店”没有光顾，大部分都看了一遍。时间也迫近中午，我的肚子开始有饿的感觉，双腿也不争气地发软。看着不远处的饭店早已聚满了人，我好像已经预见到自己狼狈地与人挤着买饭的情景，不觉先行丧气地呼出一声长叹。阿依古丽并没有察觉到我的沮丧，她反而兴致勃勃地邀约我去那家围聚人数最多的馆子，对她而言，我想，饿了就吃是最正常不过的事情了。这可是逛巴扎以来，她首次表现出积极的态度。

旁边的一位维吾尔大爷正抽着土烟，表情深沉地看着不知名的某处，他面前摆放着简陋的土陶罐，我逛巴扎之前就看见他以这样的姿势蹲坐。只是还没抽烟，现在土陶罐还是那么多，连位置都没变换，他大概也是在想着什么美食吧。我倒是想买一个库车本土的土陶罐，但是一想到回家的路程就只好悻悻地作罢。况且当下显然有比这个更为紧迫的事情急需解决。我再一次鼓足勇气看向那家小饭馆，餐厅已经延伸到门外来了，几张圆形的大桌挤满了人。刚挪出来的桌子迅速被几位中年汉子大剌剌地占据，大碗儿的茶水转眼间就见了底。周围围聚着络绎的人群虎视眈眈地紧盯着腾空的座位，随时准备替补丝毫不放松的样子足以让与之竞争者打消念头。还有些食客显然已经顾忌不了许多，就手拿着大盘的拉面靠着墙根蹲靠着大快朵颐起来，呼啦啦的声音只会更刺激饥饿者肠胃的加速蠕动。胃酸开始泛滥成灾，嘴巴里天堂一抽，清口水就汇聚成河了。

阿依古丽说我们就去那家，那家的客人多，看样子主人的手艺肯定十分好。

我怎么不知道我的导游小姐还是位挑剔的美食家？如果她不是这么精益求精的话，我倒是不怎么介意厨子的手艺。毕竟，我们总不能站着吃吧——我可怜的双腿都开始打颤了，阿依古丽必定会嘲笑地说你怎么这么娇生惯养呢？去就去吧，这一次为了个人的尊严，不就是站着吃饭嘛！

二

果然我们被发配到外面等待。开馆子的是一家维吾尔人。年轻能干的小姑娘，十八九岁的样子，但已是家务的能手了。她默默无语地收拾着桌子上的碗碟，脸上因为干活所以有着红扑扑的腮晕。另一位小伙子，身上单薄的汗衫泛着汗渍的米黄色（后背已经被汗水浸湿），肩膀上搭着一条白色的毛巾，黑色的长裤挽起了一只裤脚，光脚趿拉着两只黑布鞋。他在人群中自由地穿梭，嘴里念念做声，声音晴朗响亮，报着一大串饭名，如数家珍，而且是一口气报完中间都不用换气。他一边报着手里也不见闲着，忙着招呼客人，登记客人点的饭菜。往往是才见他消失在厨房，一会儿他又满面微笑，端着一个大大的托盘报着饭名出现在众人的视线中了。若是中间稍有空闲，他就又会在门口热情地赞美今天的天气和客人的美丽善良了，当然之前必不可少的是一长串的饭名汇报，先是维语一遍然后再用生硬而蹩脚的汉语汇报一遍，我以为他汉语汇报时会打吭儿，谁知他仍然一气呵成，不管中间吃掉多少个音或是念拐了多少个字儿，嘴巴里总之是有词儿在吐。虽然他一遍念完让人感到更加发晕，但是多次重复以后，我大约知道，这家馆子经营的是维吾尔族的典型伙食。

我站在门口，肚子里已经在打鼓了。周围的人赞不绝口的吃相和浑然忘我的神态都是催命的魔咒。阿依古丽显然也招架不住，脸上有了冷漠之外的第二种表情。我以为我们还要等很久，但是有些食客似乎无意久呆，风卷残云般吃完就抹着嘴、腆着肚子、打着嗝儿走了。然而也有些人还要用茶喂一喂嘴，还要和许久没见的老朋友闲聊一会儿。男人们不停地遇见熟人，也就不停地起立、握手、微笑、坐下。让我的心也起起落落，在失望和希望中徘徊。每当我要冲到一个空着的座位跟前，抢占先机时，旁边邻桌的人就会好心地告诉我，姑娘，这位子的主人正在看着你呢。阿依古丽显然要比我老成，她只是站着——不像我东跑一趟西跑一趟——眼睛却像雷达不停地扫描。渐渐地我总结出三条规律：第一是除非你观察到其他人都有了反应，否则即便看到有人离开自己的座位也不要冒然地跑过去自以为捡到了便宜，浪费本来就所剩不多的体力；第二是排队的礼仪在这里派不上用场，只有朋友才是问题的关键所在；第三是外交辞令在饥饿的人群中的作用基本上为零。

还是阿依古丽厉害。

当我正疑惑她到哪里去时，她神出鬼没地在我身旁出现问我要吃些什么，并且骄傲地向我展示了她抢到的位置。其实那也只是在一堆人中间硬挤出的两个空位——她问集市上的人借来两把凳子挤进沿墙根坐成一圈的人中。两张破旧的桌子拼在一起，上面摆满了碗碟盆盘，桌脚危险地晃动，坐满了食客的两张长凳可疑地发出“吱呦”的声音，每当往下下沉一两公分时，就会有不耐的食客站起来将其往里踹一两脚，再恨恨地落座。原来凳子是被绑在墙侧的老榆树上才得以加固的，难怪禁得起如此多的人频繁地落座。我们的两个凳子就在两张桌子拼凑的缝隙处。左右各是两个膀大腰圆的先生和太太。我投降地走向我的座位，终于可以解放苦撑不住的双脚了。我和阿依古丽被挤在吃饭虎虎有声的人中，面对面地看着。这时，两大碗满茶被送到了面前——倒得太满了，以至于放下的时候茶水飞溅。茶是浓酽酽的复茶，颜色深沉，茶叶骄恣地漂在水面上。不像茶馆里的茶细腻精致，茶叶都被人过滤了。这样的大碗茶虽粗糙但是禁喝，味道确实散发浓郁的茶香，令人不觉胃口大开。接着那个熟悉的声音就开始热情地播报了："城里来的小姐，炒面凉面拉条子揪片子、烤肉烤包子薄皮包子面肺子馕、抓饭饺子纳仁羊肉汤……（其他说得太快而且听着陌生就没能全部记下）你吃什么?"我立时振奋了不少，就问他要了一盘凉面、四个薄皮包子还有五串烤肉。阿依古丽也要了一碗凉面。我一时惊讶于她怎么就吃这么点儿，刚才看起来她也是很饿的样子。然后阿依古丽用维语对小伙子说了句话。小伙子就领命去厨房了。

我回头看那土房子，只有两个绿漆棂的窗户，隐约看见忙碌的身影。阿依古丽说做饭的是大娘和大叔，手艺非常好。我估量着她说的好的含金量，忍不住猜想起主厨人的样貌，有一口没一口地喝着热茶，看着不远处还围着不少的人等待着空位，心下竟不由自主地得意起来。阿依古丽倒又一次平静了下来，她仔细聆听身边的人说话，不时露出会心的笑容。还好她没有与他们交谈，否则在桌子来回晃悠，以及两边的人不时调整凳子的动作中，我的尴尬当是没法避免的。我左手边的妇人正在喂她的宝宝吃饭，吃的是薄皮包子，每一个有拳头那么大，面皮薄如白纸，里面包的是胡萝卜、南瓜和洋葱，还有羊肉末儿。黄澄澄地滴着油水，再拌以醋、酱油、辣子面、蒜泥，那味道真是让人垂涎三尺。我的肚子若不是在嘈杂的人声淹没中早就暴露出没出息的信号足以让我无地自容了。右手边的是位大叔吃着过油肉拌面，油光澄亮的面条看起来弹性十足，里面拌着羊肉、红澄澄的西红柿，还有洋葱、生蒜瓣儿、青辣子。那颜色着实可爱，大叔吃起面条呼呼带声，嘴唇上也是油亮油亮的，眼睛都眯成了缝儿，十分地专注。我注意到他们吃饭都十分安静，不会分心进行长篇累牍地宣讲或是表示友好地互相夹菜。接受饭菜和请茶的时候都是用双手礼貌地接过并且微笑地颔首。可能因为他们吃的不是米饭，没有共用的菜肴，因此吃起来自成一家，各自独立。而且盘子会吃得很干净，临了，还会用包子或馕将盘子中多余的油和菜汁蘸抹着吃掉。然后是满足的一声长叹或是一个响亮的饱嗝儿，表示对主厨人由衷的赞赏。再大口地饮干碗中的茶水，那滋味想来都十分逍遥了。接着或是闲聊（这种情况比较少，因为来赶集的人大都是有着比闲聊更重要的事情的），或是擦抹着嘴心满意足地离去，附带着凳子的晃摆摇荡，也像是满足地松了一口气。

我们的饭终于不紧不慢地端了上来。先是两碗凉面，我有点傻眼，我以为是在乌鲁木齐的黄油凉面，就是浇调料汁儿的那种，显然这中间存在着地域的偏差，出现了概念上的混淆——和我在乌鲁木齐的经验有着实质的区别。

在库车一碗凉面意味着一碗拌面。我近乎绝望地问："你们把拌面叫什么？""就是拌面啊。"阿依古丽处变不惊地回答。"我说的是过油肉拌面，很大份的那种，可以加面。”我不死心地说。阿依古丽慢条斯理地回答：“那个就叫过油肉拌面。”我感觉还是有些糊涂，继续请教道：“那你们把凉面……”阿依古丽看怪物似地打量我，她看了一下四周又看了一下我的“凉面”，似乎在说，不要闹笑话了，你现在吃的就是凉面。我只好更正我的说法，“呃，我是说浇调料汁儿的那一种，醋、酱油、蒜、香菜……”我竭尽所能地解释。“哦，你说那个啊，”阿依古丽似乎了解到了我的窘境，她要笑不笑地回答“那个叫黄面”——说这个词儿的时候，害怕我听不分明，这位小姐刻意地将这两个字儿的音咬得很重，中间的间隙也被拉长了。

“哦——”我懊丧地看着我的面，一大碗，饿的感觉不翼而飞，我开始设想我吃完它可能付出的代价。

“吃吧，”阿依古丽揶揄我：“还有烤肉和薄皮包子呢。”

天那，我四下里看了看，人声喧闹，似乎没有人注意到我的尴尬。众人都在愉快地进餐。

此时阿依古丽的面也上桌了，小姐心情愉快地大口吞咽。我的肠胃发出进食的警告。由不得我多想，吃吧。我拿起卫生筷，没想到掰偏了，只好再拿一双，小心翼翼，可是也许有些事情就是如此，当你越谨慎慢微地想做好一件事情，世事却未必会尽如人愿——果然第二双筷子不负所望地又一次掰偏。好不容易掰正了第三双，我的肠胃像是经历了漫长的煎熬，终于进食时显得毫无章法。虽然感觉到阿依古丽不赞同的凝视，我却顾不了那么许多吃将起来。

味道真正是久违了的美味，芹菜和羊肉的美味调剂，汁油浓郁，炒熟了的蒜的滋味再佐以香料和青椒。光是看着就让人垂涎不已，只可惜……

烤肉上来时，我已有七分饱，迅速停下吃面的姿势，将肥瘦相宜的那一串递给阿依古丽，脸上堆满了大大的笑容，生怕她拒绝后剩我孤军奋战。阿依古丽了然地一笑，客气地双手接过肉串就着钎子大口嚼食，那表情和声音诱惑得人齿颊泛酸，唇齿溢津。烤肉总要选半肥半瘦的才好吃，全肥的过于油腻，精瘦的又缺乏油水，偏是要那半肥半瘦的咀嚼起来牙齿感到韧劲儿，嘴里感到流汁儿，调和得恰到好处，吃起来回味无穷。最好肥腻的部分火候稍重一些，烤得略微泛焦又不至于吃出胡味儿，洋溢着烧烤的野味儿衬着粗糙又有嚼头的瘦肉平添品味的余地。一串吃毕，再仰头喝一大口浓郁的热茶冲洗去残留于味蕾上的烤肉滋味儿，以便进入下一道美食的品尝。这其间还是有着微妙的艺术审美和就餐步骤，我显然还不至于饿令智昏，但是就狼吞虎咽的程度而言，我可是丝毫也不让人专美于前。阿依古丽吃完三串烤肉后，嘬吮掉手上残留的汁液，美滋滋地咂巴出声音宣告着她的胃腹口舌已经满足到了无以复加的地步，就连那之前为抢占座位而进行的筋疲力竭的等待也已然忘却。而我还得继续为接踵而来的薄皮包子犯愁，阿依古丽已经对此表示无能为力。我的胃里实在是不宜再摄取食物，早都撑胀得举步维艰了。更别说我的肠胃还潜伏着一种危机——那是一种和拌面会产生化学反应的“病变”。只怪我没弄清楚凉面的性质，错以乌鲁木齐的经验来适应库车的伙食，所以一时也就顾不了许多。另一方面当然也因为老板的拌面做得实在诱人，不吃会是一种遗憾，哪怕会遭遇潜伏的危险也是在所不惜啊。所以怀着不会中招的侥幸硬是将满盘的拌面吃了精光。

这种自我安慰的论调在薄皮包子上来时就难以成立了——我垮着脸对阿依古丽说能不能不吃，打包带走？阿依古丽严肃地说吃不了那么多干嘛还点这许多呢，浪费总是不好的。我心下委屈但自知理亏也就赔笑着说下不为例。还好阿依古丽只是摇了摇头没硬逼我吃完，她倒是说了一句颇有哲理的话：以后要饭的时候要先弄清状况三思而后行。这句话中因为一个歧义词的出现突然有了抽象为哲理的意蕴。我敢笑不敢言。

结账的时候，我将五只包子打了包。费了好大的力气才让老板娘（一个微微发福的老大娘，脸上红润润的，有着一双眯眯眼）相信并非不满意她的手艺，确实是因为我吃得太饱心有余而力不足。这时适才的维吾尔小伙子拿了两头皮牙子（洋葱）给阿依古丽，我好奇地看着他，一头雾水。后者在收完我的钱后看着桌子上的四双筷子（其中我掰坏了两双）嘀咕了一句维语，就利落地收拾完下去了。我纳闷不已，就见阿依古丽脸上隐隐有着笑意。看出我的疑惑，她拉起我等到离开小饭店的势力范围时才说："以后别那么浪费了，刚才人家看在你远道是客所以没有为难你呢！""哦——"我有些脸红，问道，"那他说的维语什么意思呢？"阿依古丽解释道："两个人四双筷子，不知道怎么吃的！"我也不由地笑了。维吾尔族在吃饭的问题上当真质朴俭约得可爱呢！

我又想起阿依古丽刚才拿的洋葱，此时看她神情不若刚才严肃，我也就大着胆子问："那皮牙子是做什么用的？"

阿依古丽说皮牙子自有它的神奇效用，刚才吃的油腻东西太多，她的肠胃不好所以拿着以备不时之需。

我似乎突然找到了知音，无形之间感到这位姑娘格外地可亲起来，仿佛瞬间有了共同的话题，当然也是在为我的肠胃谋福利，因为我刚才才吃了对其有危险的食物，虽然是嘴馋惹的祸，可是如果阿依古丽有好的办法，那我以后完全可以放开胆子吃拌面而不用担心闹肚子的后果了。这对我可是喜讯啊——身在新疆却不能畅怀吃拌面的痛苦相信新疆人都能够体会。阿依古丽了解到我的问题时，她也有些意外，好像也是重新调整了我在她头脑中的印象——因为我在不能吃拌面的情况下吃了误叫的拌面，她在不宜吃过多烤肉的情况下帮我解决了三串儿。我们俩好像都在一定程度上帮了彼此一个忙。而且还是悄无声息毫无怨言的。我的人格在她面前高大了起来——可以忍受委屈的人是好人呀，尤其是考虑到我可能下意识地不想给她增添麻烦——虽然我更乐意理解为嘴馋种的因，但阿依古丽自有她的一套平衡逻辑。不管如何我们终于发现了彼此的共通之处，这对我们以后可能的相处不啻是福音——我以为。

回宾馆的路上，阿依古丽把她的一头皮牙子给了我，并且还从口袋里掏出刚才在集市上得来的酸奶疙瘩中的一块儿，一并交予我——我们还破例坐了公交车。那时已是下午五六点的光景了。她告诉我如果发现症状时的操作步骤，非常简单。后来我将这个神奇的药方记录在了笔记本上。当天晚上，我头一次紧张并迫切地期待肠胃化学反应的发生——以往都是避之唯恐不及。实在是因为太想检验那个药方的神奇功效了，这种亢奋一直持续到母亲的电话打来询问我近况的时刻。我期待的腹泻最终没能发生，兴许是水土问题作祟。按道理我应该高兴，但我情绪沮丧，感觉老天总是自有安排。不过母亲的电话打来时，我还是厚颜地卖弄了一番，告诉她如果以后有肠胃方面的问题可以采取那样的措施。于此对我的腹泻未果多少是有些补偿——当然幸好母亲不是医药学的专家，也不是我那个学医的姨父，更不是我的民俗老师，否则必定会嘲笑我的无知。卖弄也是要看对象的。

因此，亲爱的朋友，在此容我卖弄一下——治愈腹泻与腹绞痛的药方大抵是：大葱（洋葱）皮、大葱根捣碎，放入酸奶（酸奶疙瘩冲水），饮服，症状即消。甚是好用，不妨一试。

2004 年秋，新疆阿克苏库车镇

附录二　谢彬《新疆游记》中有关巴扎的文字记述①

表 1—2　谢彬《新疆游记》中叙述的巴扎

序号	原文	页码	说明
1	十二里，八栅，（回语街市，即鄯善城东关外。）人家栉比，汉回错居。	28	
2	南关多缠商，南大街多晋商，藩后街多津商，东大街则众帮杂处……缠商多囤积居奇，不尚门市，观其表似非富有，实则规模甚宏远也。	46	
3	五里，四棵树，车店五，商廛四十余家——乌苏西境大市集也。住。	72	
4	三十里（精河），黄土梁。五十里，大河沿，即托里驿。大小商店约三十家，民居八九十家，有邮政代办所暨牲税分局，为精河第一繁盛市镇，蒙、哈、汉、缠互市处也。	75	
5	（温宿）东西三百二十里，南北六百五十里，有庄十。旧回城殷富，有市列，缠民九万余。牛羊马之革，西输俄罗斯，羊毳西南贸英吉利。染毡旄旃，东贾迪化。而俄商自其国运藻布及缠民所服用磁髹杂器，一岁所获，恒倍其值——南疆大市场也。	113	
6	住阿克苏。上午，督查印花，多临时粘贴者。今日为本城八栅，北关一带，人山人海，百货云屯，极其热闹。八栅者，缠俗商场之称，犹东南各省之赶墟赶集，满、蒙、直、晋之赶庙子也。	116	

① 资料来源：谢彬：《新疆游记》，新疆人民出版社 1990 年版。

续表

7	（发八台西行）三里，过桥，入东关八栅，桥下即葱岭北河，俗称洪河，水流甚少。	122	
8	（东过巴楚城北）二里，八栅尽。进东门，住学校。是日行七十二里。	123	
9	四十里，麦盖提八栅。其地杨柳夹道，地味膏腴，村舍鳞次，有市街七八条，商务之盛，人烟之繁，过于县城。大路扔向西行。三十里，阿瓦台镇，村树扶疏，市廛栉比，居民三四百家。	123	
10	二十五里，牌楼，入莎车境。折南十二里，泽普勒善河河沿。五里，米霞八栅。折西南，二十里，满哈八栅。二十五，头台八栅。三里，头台，即爱古特虎驿，译言其地有鬼魅迷人也。二十里，托胡列克八栅。二十里，科什巴思塘八栅。	123	
11	（六月二十一日）又距阿瓦台庄四十里，有新开八栅，曰阿哈墩，现岁征税银一千二百两。	125	
12	（六月二十二日）今日市中值八栅，乡民皆来交易，颇形拥挤。	125	
13	（六月二十四日）十里，伽师八栅，土人皆呼素巴特。住官店。伽师无城，商务多在南街西街，全市商廛居民，共四百余家，余皆土著缠民。	125	
14	（疏附）而牛羊驼马，富者阡陌成群。瑰货雾集，华夷荧樛，迁引之盛，甲于南疆。葱岭之东，一大都会也。当全盛时，人习技巧，雕玉镂金之器，跨越上国。而习俗奢靡，多妓女，娴歌舞。富家皆蓄声乐，客至命酒，出以侑觞。然畏法，事官长如神明，不似库车以东，悍然僿野而已。	129	

续表

15	(疏附) 城中衙衢交互，廛肆纠纷，楼房层列，全疆稀有。郊外绿树成阴，良田万顷，行人往来，车水马龙。商务之繁，人烟之庶比于省城。故自汉唐以来，为西域建庭之所，今日犹全疆命脉所系	130	
16	(喀什) 城中商务，最繁盛处为北大街、西大街、大寺前、布八栅诸处。	131	
17	英吉沙尔，回语新城也，与喀什噶尔（今疏勒）、叶尔羌（今莎车）、和阗，共称西四城。城周三里，中隔一墙，通以栅门。墙之南，回民居之，其北官厅汉民萃焉。商务皆在南关，八栅长二三里，俗称回城。出西门，有歧路经阿克托八栅，至疏勒，为清乾隆时台路，迄今烽墩多有存者。	142	
18	物产如伽师，有市列八栅，交易不出一方，共利纤矣	146	
19	过渠桥。二里，茄列克八栅，市民二十余家，附近农民二百五十余户。	147	
20	(莎车) 而邻国之民，羼杂错处，无虑千数百人，皆英俄商贩。全盛之时，列市长十里。值八栅，陈百货，男女蜂聚，珍怪琦赂券握之物，不可殚述。	149	
21	(莎车) 回城多行店，业批发（俗呼黑八栅）。	149	
22	自莎车西往，计十三程。出西门，三里，上密霞庄。十里，卡木拉庄。十里，阿拉巴哈奇八栅。	150	
23	新城为汉官厅所在，三门洞辟，周八百九十四丈，东关市街整齐，商廛栉比，气象甚雄。商务虽逊疏附，繁庶殆冠南疆，说者称为缠回菁华所萃，洵不诬已。	151	

续表

24	（发莎车，出东门）沿街廛肆，鳞次栉比，人烟稠密，甲于他县。八里，官厅，刘、张、谭三君送别于此。向南偏东行，沟渠纵横，稻田弥望，杨柳桑株，夹道绿荫，渠桥新整，道路宽平。民事之修，为人新来所仅见，刘知事可谓克勤厥职矣。	152	
25	过河，即叶城县境。三十里，波斯坎，市民商铺，二百余家，官店一，在大礼拜寺侧，车店三，附近农民五六百户——叶城西北大聚落也。前清于此设稽查一员，处理民事而受成于叶城知县。	152	
26	又东至噶巴克阿克齐集，合于葱岭过河。过桥。二里，升小坡，夹道居民数家。十八里，亦肯苏新八栅，居民二百余家。	153	
27	四十里，矢勒克，俗呼五十里铺，小店一家，外无居民。十五里，莫桂雅，小店一家，居民二家。知事蒋先焘来迓。三十五里，库玛八栅，即皮山县治。	156	
28	二十五里，帔尔幔，居民十余家，官店一，车店一。住。是日行一百里。	157	
29	（发札瓦）五里，又过渡船一次，询即哈拉哈什河之沱流。一里，哈里巴克八栅，市民十五家。二十里，哈斯库雅，夹道居民六家。	159	

续表

30	和阗工艺发达，甲于全疆，最著名者，一曰毡毯，而毯尤佳，有丝织、毛织两种。丝毯之价，倍于毛毯，皆缠民人工织成，精致可观，如有绘成图样，则任何花彩都能织成。人谓缠民愚陋，岂尽然耶！二曰夏夷绸，原料之丝，织成之布，皆视莎车、叶城所产为佳（毯绸除供本国人民需用外，尚有大宗岁贾英、俄，并多彼国商人，在此设厂，就地织制，运回销售）。三曰皮纸，较皮山所制坚而白，方今全省官厅，缮写公文，率用斯纸。四曰皮箱，视迪化、喀什用品，皆有过之，可埒吾湘常德、长沙所产。五曰刀，精利虽不逮库车，形式尚属可观。六曰棉，产额虽逊吐鲁番，然用以织布，足供民用。	160	
31	（发和阗）二十五里，新八栅，居民四五十家，汉人六家。知事桂芬、管狱员张博洽，远道来迓。茶尖即行。苇湖弥望，碧绿可赏。	163	
32	（发策勒村）五里，固拉哈玛八栅，居民二百余家，汉人十二家。有税卡，附近农民约三百户。乡约于此备茶尖，少憩复行。出八栅，过固拉哈玛河，源出卡依拉乞莽山，北流，经安坝庄，曰安坝河；经恰哈庄，曰恰哈河；至固拉哈玛，有源出庄东南六十余里之泉水来注，合流灌固拉哈玛庄田后，入于沙。自发源至入沙，流长一千余里。过河，仍东行。二十五里，过潘拉克水，入达木沟八栅。居民一百余户，汉人八家，附近农民约二百户。道北二百余里，有破城子，外人曾往掘古物，无所得。茶尖后，出八栅，过达木沟水，行戈壁，间有胡桐红柳，无杨柳村庄。	166	

续表

33	驿北三十里许，罕兰沟庄，农民四百余户，有八栅，市民四五十家，汉人六家。自喀什东行以来，沿途护从一抵站口，必群呼“塔玛果”一度，声浪盈耳。余详询之，始知缠语呼烟，即税则习见之淡巴菰也。其烟具以葫芦为上，上下嵌铜或锡为头嘴，中灌以水，纳烟叶于下头，以麸炭引火，而互相传吸，其形甚笨（间有全体以铜制者，则较美观）。繁盛八栅，亦有专营此业，如内地之装水烟然者。又有一种，取烟草制为颗粒，含之口中，压之舌下，咀其味而吐其渣，名曰纳丝，缠俗男妇多嗜之。其烟草价值闻甚贱云。	167	
34	细黑喇水东北分支，流至罕兰沟老八栅南三十里，有喀喇苏泉水自东南注之，合为一流，灌溉罕兰沟庄田后，没于沙。	167	
35	二十里，新八栅，俗呼三十里铺，居民五十余家，汉人一家。五里，倭头提拉克栏杆，附近农民九十余家。十五里，小八栅。五里，苏介提阿里克栏杆，附近农民九十余家。三里，官厅，冯知事、马守备、刘管狱员先登，复来迓。二里，县署。住。是日行一百二十里。沿途道路平坦，车行甚捷。自喀什回城至此，共程一千八百二十九里。	168	
36	（于阗）大金厂八栅，居山峡中，共计金夫六百余户（冬季有千余户）。八栅居民百余家，汉人八十余家，皆放账，无采金者。厂外四面环山，水草皆无。平日饮水，须驮自三十里外，路径险窄，两日可驮三回，桶水价银二钱。柴草食用储物，近则购于往返二百八十里之尼雅八栅，远则须来县城采买。金洞百余区，距厂十二三里或五六里，深达五六十丈乃至百余丈。	172	

续表

37	(尼雅河) 渡口有堤障水，循堤而过。二里，尼雅八栅。住。是日行一百五十里。抵此已交八月一日上午五时矣。八栅居民五六十家，附近农民，连坎生里克、哈玛库图克、兰披 (尼雅八栅所在) 三庄并计，九百三十一家，俄籍农民四十余家，种地约五千亩。庄北二百余里，有古麻札，相传为回教始祖穆罕默德之女，嫁阿扎提阿里，生子亦麻木玉逊。亦麻木玉逊曾孙甲披萨依的克，于回历一百五十二年，因争教行兵至此，战败身亡，遂葬其地。南疆缠回来朝拜者，络绎于途。	176	民丰县伊玛姆扎法萨迪克麻札所在处
38	(婼羌河) 十五里，卡克里克八栅，市面逊于且末。知事廖振鸿来迓。二里，婼羌县署。	188	
39	其八栅一如各城，而不及其繁盛。	188	
40	(蒲昌城) 三十里，铁干里克庄，农民一百四十余家，分新户、老户。新户人数较少，多来自吐鲁番。有汉语学校及八栅。住。是日行一百里。有支路，折东行。四十里，孔雀河，有卡篷，居民一家守之。	200	
41	(尉犁) 回众皆星居，相距或数百里，而长林丰草，多毛虫，猎者得其皮以鬻。俗好游，男女皆鞚鞍驱骤，谓之赶八栅。得麦数斛，则一妻二妾洒如也。	203	
42	伊犁则于咸丰年间，早经划出。迨经回乱，俄人代我收复伊犁，即在城东自辟商场，建造市廛，宏敞富庶，冠于各城，领事驻焉。	216	
43	(发紫泥泉) 十里，三台。街市齐整，商店三四十家，有税句及邮政代办所。商务之盛，胜于县城。	227	

续表

44	奇台城周一千四百五十八丈，近又增并满城，辟六门，西南皆有门二。城池之大，商务之繁，皆可拟于省会。城关居民一万一千余家，汉人较多于他族。商店多在城内大街，晋、津大商三十余家，俄国洋行八家，俄籍小贸商民二三十家。乌里雅苏台、阿尔泰、科布多诸地百货粮食，皆仰给于此。	230	
45	（奇台）市街商店门户，多售月饼水果，购者甚众。询之郑知事，云大后日即中秋节，居民预备过节赏月耳。下午，就道尹、游击、知事公宴于县署，傍晚始散。	234	
46	（承化寺）东中西三正街，当中骈列，南北二横街当其两端。汉人商务，多在中街与南横街。缠商、俄商，概居西街。北横街则汉缠杂居。东街正在兴筑。汉商共六十余家，以永吉庆、天一庆为大。缠商二十余家，以萨的尔阿浑为富，其店洋楼高筑，华林冠全市。俄商十余家，刻多歇业。合之附郭居民，不下二三百家。南望克仑河，自西北曲折向东南流，三道桥屹立其中。对岸旧日俄兵避暑营垒，历历可数。	258	

附录三 贡纳尔·雅林《重返喀什噶尔》中对巴扎的文字记述[①]

表 1—3 贡纳尔·雅林《重返喀什噶尔》对巴扎的记述

序号	原文主要信息	页码	说明
1	在喀什噶尔巴扎上，人们可以看见装得满满的口袋重重地搭在毛驴背的两侧，它们的主人骑在上面，还抱着一个或两个孩子。没必要给毛驴戴上笼头，只要驴的主人骑在驴身上，手里提一根棍子，就可以引导他的驴穿行在来来往往的人流中。让驴朝左或是朝右走，主人只须在驴耳朵上轻轻一拍就行了。主人为了加快驴行走的速度，也只须在驴屁股上重重抽一下……	58	1929 年初到喀什
2	在那些年代，喀什噶尔城被大约 10 米高的结实的城墙环绕着……城门暮闭晓开。城里有各种各样的巴扎，规模巨大的清真寺，还有富人和穷人住的房子。	59	
3	喀什噶尔的巴扎都有顶棚，每一条小巷都有在白杨树干上面覆盖着的用树条、树枝和草搭的顶棚。太阳光照不进巴扎和这些小巷子，在夏天气温上升到 40℃的最炎热的日子里，在顶棚下的荫凉处令人非常舒服……	60	
4	在喀什噶尔各个巴扎小巷子里的两边都是铺子。铺子的主人盘腿坐在……吆喝拉客是那些街道上没有固定摊位的小贩们的特权……喀什噶尔巴扎上价格不固定……一段时间的讨价还价，这是让双方逐步活跃起来的艺术形式。	62	

① 资料来源：根据贡纳尔·雅林《重返喀什噶尔》整理。

续表

5	在巴扎上，每一个行业和手工艺行当都有它们固定的场所。在编织品和地毯巴扎……铜匠巴扎上的噪音形成了鲜明的对比……维吾尔人，穿着宽大的上衣，神态镇静威严，在巴扎里来来往往。有时候你能够偶尔见到用黑色盖头遮住面部的妇女，不披盖头，妇女是不允许走出家门的……编织品和地毯巴扎是一块宁静……来自和阗、莎车或喀什噶尔本地产的绣花织品和地毯。		
6	在20年代，人们可以在巴扎上发现真正的年代较远的地毯，这些地毯由于不用现代化学染料——如苯胺——染色，而不失其古朴风格……在这个巴扎上有一个特殊的去处，即所谓的“和阗后宫”，在那里，卖的地毯大多来自在喀什东边丝绸之路南道上的和阗城。		
7	食品巴扎地处特殊地段……大师傅们会给你端来可口诱人的各种炒菜，烤在炉子上的肉，切成小方块的肉，米饭和香喷喷的抓饭……凡是维吾尔人厨房里能做出来的或是汉族人烹调手艺所能做出的食物，在巴扎上都有……穷人和乞丐们……肉类巴扎是屠夫的巴扎。		
8	我经常梦见我沿着长长的巴扎小巷漫游。那里的天棚上吊着一串又一串的葡萄（实际情况经常就是这样，这不是我的想象）。		
9	在临近黄昏的时候逛巴扎，是一次奇特的经历，特别如果是在斋月那个斋戒的月份里。天一变黑，那些正统的斋戒者们就开始吃饭进食了。这样，他们漫长的一天斋戒就结束了……喀什城的安集延区没有巴扎，也没有带天棚的巷子……这是一个新时代即将来临的信号，也是喀什噶尔会很快现代化的标志……有一次，一个汉族人带了一辆自行车到喀什噶尔，当地人把它叫做Shaitanarbcsi，意思是“魔鬼车”。	63	

续表

10	这里还有一些印度人，在人流滚动的巴扎上。	65	
11	在到达喀什噶尔的几天后，我到了巴扎，也就是说到了卖书和手稿的那一片巴扎上。那里卖的书中有石印版中亚古典典籍……年高德劭，头上缠着白色头巾的毛拉们坐在自己的铺子里。	80	
12	杜尚别……意思是“每个星期一这里有集市”。	85	
13	我们步行穿过巴扎，立刻引起了人们的极大好奇心。	86	
14	在巴扎上，我们买了一些西瓜和馕，这些食品要够我们以后在塔克拉玛干沙漠里吃两到三天。	88	
15	街道两边都是手工匠人：鞋匠，裁缝，修理裂了缝或破瓷器的老匠人，在饭铺子里，卖馕人盘腿坐在一堆堆疙瘩馕和哈马克馕中……为马上好一副新掌……古老的喀什噶尔的大部分旧貌都消失。	108	1978 年重返喀什
16	这里也没像以前那样多的骆驼，以前，骆驼庄重地走向巴扎上的最遥远的角落。		
17	在过去的日子里，街头小摊上一直摆到清真寺门前。	139	
18	在从前，高昌城……一座庙，还有巴扎、街道和广场——现在都成了废墟。	162	
19	……从俄属中亚进口了一些石印书籍，在新疆比较大的城镇里的巴扎上出售。这些石印书籍……	268	

参考文献

一、著作

1、(清) 七十一:《新疆外藩纪略》, 清乾隆间刻本。

2、(清) 傅恒、英廉等:《钦定皇舆西域图志》卷三十, 清乾隆武英殿刻本。

3、(清) 和宁:《回疆通志》, 清嘉庆九年 (1804) 刊本。

4、(清) 松筠、徐松等:《钦定新疆识略》, 清道光元年 (1821) 武英殿刻本。

5、(清) 祁韵士:《西陲要略》, 清道光十七年 (1837) 刻本, 台北: 成文出版社 1968 年版。

6、(清)《筹办夷务始末》卷一, 清道光三十年 (1874) 刻本,《萨迎阿奏》。

7、(清) 托津等:《钦定回疆则例》, 清光绪三十四年 (1904) 排印本。

8、(清) 萧雄:《丛书集成初编 · 听园西疆杂述诗》, 商务印书馆民国二十四年 (1935) 版。

9、曾问吾:《中国经营西域史》, 上海商务印书馆民国二十五年 (1936) 版。

10、[伊拉克] 阿卜杜勒 · 瓦哈卜 · 白雅帖著, 魏和泳译:《流亡诗集》, 人民文学出版社 1959 年版。

11、(清) 王树枬等纂, (清) 袁大化修:《新疆图志》, 台北: 文海出版社 1965 年版。

12、(清) 永贵、固世衡编撰:《回疆志》,台北:成文出版社 1968 年据不著纂修人名氏清乾隆间抄本影印。

13、De Grazia, S. (19772) "Time and Work", in H. Yaker et al. (eds), *The Future of Time*, New York: Anchor Books, 1972.

14、Csikszentmihalyi. M, *Beyond Boredom and Anxiety*, San Francisco: Jossey Bass. 1975.

15、Kantor, D. and Lehr, W, *Inside the Family*, San Francisco: Jossey-Bass, 1975.

16、Allen, V, (1975) *Social Analysis*, London: Longmans.

17、Cottle, T. J, *Perceiving Time*, New York: Wiley. 1976.

18、[英] 包罗杰著,本馆翻译组译:《阿古柏伯克传》,商务印书馆 1976 年版(内部发行)。

19、张星烺:《中西交通史料汇编》,中华书局 1977 年版。

20、刘发俊、井亚搜集并整理:《喀什噶尔情歌》,新疆人民出版社 1979 年版。

21、[俄] 尼·维·鲍戈亚夫连斯基著,新疆大学外语学俄语教研室译:《长城外的中国西部地区》,商务印书馆 1982 年版。

22、冯家升:《维吾尔族史料简编》,民族出版社 1981 年版。

23、马坚译:《古兰经》,中国社会科学出版社 1981 年版。

24、Weigert, A. J., *Sociology of Everyday life*, London, Longman, 1981.

25、[俄] 阿列克塞·尼古拉耶维奇·库罗帕特金著,中国社会科学院近代史研究所翻译室译:《喀什噶尔》,商务印书馆 1982 年版。

26、[日] 佐口透著,凌颂纯译:《18—19 世纪新疆社会史研究》(上、下),新疆人民出版社 1983 年版。

27、(清) 阿不都热依木·纳扎尔:《阿不都热依木·纳扎尔集》(维吾尔文),民族出版社 1985 年版。

28、Hagerstrand, T., *Time and Culture*, In G. Kirsch. Nijkamp and K. Zimmermann (eds), *Time Preferences: An Interdisciplinary Theoretical and Empirical Approach*, Berlin: Wissenschaftszentrum, 1985.

29、(清) 毛拉·穆莎·莎依然米:《伊米德史》, 民族出版社1986年版。

30、(清) 穆罕默德·萨迪克·喀什噶里:《和卓传》, 喀什维吾尔文出版社1988年版。

31、[奥] 弗洛伊德著, 杨韶刚译:《一个幻觉的未来》, 华夏出版社1989年版。

32、(清) 傅恒等:《平定准噶尔方略》, 全国图书馆文献缩微复制中心1990年版。

33、中国社会科学院中国边疆史地研究中心:《新疆乡土志稿》, 全国图书文献缩微复制中心1990年版。

34、谢彬:《新疆游记》, 新疆人民出版社1990年版。

35、林永匡、王熹:《清代西北民族贸易史》, 中央民族学院出版社1991年版。

36、[奥] 米赛斯著, 夏道平译:《人的行为》, 台北: 远流出版事业股份有限公司1991年版。

37、[英] 雷蒙德·弗思著, 费孝通译:《人文类型》, 商务印书馆1991年版。

38、阮明道:《西域地理图说注》, 延边大学出版社1992年版。

39、段锟、李德华、刘星主编:《新疆与内地关系史》, 新疆人民出版社1992年版。

40、穆相林:《新疆民族贸易》, 中国商业出版社1993年版。

41、厉声:《新疆对苏(俄)贸易史(1600—1990)》, 新疆人民出版社1993年版。

42、[法] 费尔南·布罗代尔著, 施康强译:《十五至十八世纪的物质文明、经济与资本主义》第2卷, 生活·读书·新知三联书店1993年版。

43、[美] 费正清、刘广京著, 中国社会科学院历史研究所编译室译:《剑桥中国晚清史(1800—1911)》(上卷), 中国社会科学出版社1993年版。

44、[日] 佐口透著, 章莹译:《新疆民族史研究》, 新疆人民出版社 1993 年版。

45、新疆维吾尔自治区档案馆：《新疆与俄苏商业贸易档案史料》，新疆人民出版社 1994 年版。

46、[俄] 彼·彼·谢苗诺夫：《天山游记》，转见魏长洪、何汉民：《外国探险家西域游记》，新疆美术摄影出版社 1994 年版。

47、[瑞] 贡纳尔·雅林著，崔延虎、郭颖杰译：《重返喀什噶尔》，新疆人民出版社 1994 年版。

48、刘志霄：《维吾尔族历史》，中国社会科学出版社 1996 年版。

49、孙周兴选编：《海德格尔选集》（上、下），上海三联出版社 1996 年版。

50、薛宗正主编：《中国新疆古代社会生活史》，新疆人民出版社 1997 年版。

51、牛汝极：《维吾尔古文字与古文献导论》，新疆人民出版社 1997 年版。

52、[英] 凯瑟琳·马嘎特尼著，王卫平、崔延虎译：《外交官夫人的回忆》，新疆人民出版社 1997 年版。

53、[阿] 格扎维埃·勒巴克：《了解阿拉伯—伊斯兰文化》，布鲁塞尔：CBAI 和工人出版社 1997 年版。

54、新疆维吾尔自治区地方志编纂委员会《新疆通志·商业志》编纂委员会：《新疆通志》第六十一卷《商业志》，新疆人民出版社 1998 年版。

55、[美] 施坚雅著，史建云等译：《中国农村的市场和社会结构》，中国社会科学出版社 1998 年版。

56、中国社会科学院民族研究所编：《墨玉县维吾尔族卷》，民族出版社 1999 年版。

57、[德] 阿尔伯特·冯·勒柯克著，陈海涛译：《新疆的地下文化宝藏》，新疆人民出版社 1999 年版。

58、[英] 约翰斯顿著，唐晓峰等译：《地理学与地理学家》，商务印书馆 1999 年版。

59、[法] 涂尔干著，渠东、汲喆译：《宗教生活的基本形式》，上海人民出版社 1999 年版。

60、(明) 陈诚、罗曰褧著，周连宽校注，余思黎点校：《西域行程记西域番国志》《咸宾录》，中华书局 2000 年版。

61、[德] 艾米尔·特林克勒著，赵凤朝译：《西域探险——未完成的探险》，新疆人民出版社 2000 年版。

62、[法] 戈岱司著，耿昇译：《希腊拉丁作家远东古文献辑录》，中华书局 2000 年版。

63、纪大椿：《中西回俄历表（1821—2020）》，新疆人民出版社 2001 年版。

64、[美] 凯文·林奇著，方益萍、何晓军译：《城市意象》，华夏出版社 2001 年版。

65、艾利希尔·纳瓦依著，铁依甫江·艾里耶夫整理，张宏超译：《纳瓦依格则勒诗选集》，新疆人民出版社 2001 年版。

66、[阿拉伯] 安萨里著，张维真、马玉龙译：《圣学复苏精义》(上)，商务印书馆 2001 年版。

67、邹礼洪：《清代新疆开发研究》，巴蜀书社 2002 年版。

68、[日] 新免康·真田安：《新疆的巴扎与麻扎》(日文)，东京外国语大学 2002 年版。

69、[英] 罗伯特·沙敖著，王欣、韩香译：《一个英国“商人”的冒险——从克什米尔到叶尔羌》，新疆人民出版社 2003 年版。

70、[英] 罗伯特·拜伦著，顾淑馨译：《穿行内陆亚洲：伊斯兰建筑与人文之旅》，广西师范大学出版社 2003 年版。

71、喀什地方志编纂委员会：《喀什地区志》(上、下)，新疆人民出版社 2004 年版。

72、[美] 凯尔纳、贝斯特著，张志斌译：《后现代理论——批判性的质疑》，中央编译出版社 2004 年版。

73、[埃及] 穆斯塔发·本·穆罕默德艾玛热编，穆萨·宝文安哈吉、买买提·赛来哈吉译：《布哈里圣训实录精华》，中国社会科学出版社 2004 年版。

74、(清) 徐松:《西域水道记》，中华书局 2005 年版。

75、[英] 弗朗西斯·鲁宾逊著，安维华、钱雪梅译:《剑桥插图伊斯兰世界史》，世界知识出版社 2005 年版。

76、韩连赟、程万里:《新疆巴扎——新疆民俗风情录》，新疆人民出版社 2006 年版。

77、殷晴:《丝绸之路与西域经济——十二世纪前新疆开发史稿》，中华书局 2007 年版。

78、陈世明、孟楠、高健:《二十四史魏晋南北朝时期西域史料汇编》，新疆大学出版社 2007 年版。

79、[澳] 乔治·厄内斯特·莫里循著，窦坤、海伦译:《1910，莫理循中国西北行》，福建教育出版社 2008 年版。

80、[德] 阿·冯·勒柯克著，齐树仁译，耿世民校:《中国新疆的土地和人民》，中华书局 2008 年版。

81、韩子勇:《浓颜的新疆》，新疆人民出版社 2008 年版。

82、沈苇:《喀什噶尔》，青岛出版社 2008 年版。

83、[法] 米歇尔·苏盖马丁·维拉汝斯著，刘娟娟、张怡、孙凯译:《他者的智慧》，北京大学出版社 2008 年版。

84、薛毅著，朱生坚译:《西方都市文化研究读本》，广西师范大学出版社 2008 年版。

85、第欧根尼中文精选版编辑委员会:《文化认同性的变形》，商务印书馆 2008 年版。

86、(清) 林则徐:《乙巳日记》，转见周轩、刘长明:《林则徐新疆资料全编》，新疆大学出版社 2009 年版。

87、[芬兰] 马达汉著，马大正、王家骥、许建英译:《百年前走进中国西部的芬兰探险家自述——马达汉新疆考察纪行》，新疆人民出版社 2009 年版。

88、新疆维吾尔自治区丛刊编辑组《中国少数民族社会历史调查资料丛刊》修订编辑委员会:《南疆社会》，民族出版社 2009 年版。

89、新疆维吾尔自治区丛刊编辑组《中国少数民族社会历史调查资料丛刊》修订编辑委员会：《维吾尔族历史》，民族出版社 2009 年版。

90、周涛：《周涛散文 · 游牧卷》，新疆人民出版社 2009 年版。

91、［英］芭芭拉 · 亚当著，金梦兰译，陈生梅校：《时间与社会理论》，北京师范大学出版社 2009 年版。

92、韩子勇：《深处的人群》，新疆人民出版社 2009 年版。

93、［英］彼得 · 伯克著，蔡玉辉译：《什么是文化史》，北京大学出版社 2009 年版。

94、（清）七十一：《西域闻见录》，上海古籍书店 2010 年影印嘉庆本。

95、马大正、黄国政、苏凤兰：《新疆乡土志稿》，新疆人民出版社 2010 年版。

96、［英］戴维 · 英格利斯著，张秋月、周雷亚译：《文化与日常生活》，中央编译出版社 2010 年版。

97、［美］爱德华 · 霍尔著，何道宽译：《无声的语言》，北京大学出版社 2010 年版。

98、［乌］Б. А. 艾哈迈多夫著，陈远光译：《16—18 世纪中亚历史地理文献》，人民出版社 2011 年版。

99、童强：《空间哲学》，北京大学出版社 2011 年版。

100、［奥］赫尔嘉 · 诺沃特尼著，金梦兰、张网成译：《时间：现代与后现代经验》，北京师范大学出版集团 2011 年版。

101、刘亮程：《在新疆》，春风文艺出版社 2012 年版。

102、麻赫默德 · 喀什噶里编，校仲彝译：《突厥语大辞典》，民族出版社 2002 年版。

二、学术期刊

1. MichaeL. E. Bonine：*Islam And Commerce*：Waqf And The Bazaar Of Yazd，Iran ［J］ Erdkunde，1987（41）. 182-196.

2. 李吟屏：《论新疆历史上的巴扎》，《新疆大学学报（哲学社会科学版）》1991 年第 19 卷 4 期，第 55—60 页。

3. DEBORAH A . KAPCHA N. *Hyridization and the Marketplace*: *E-merging Paradigms in Folkloristics* [J] Western Folklore 52 (April 1993): 303—326.

4. 潘志平:《清季新疆商业贸易》,《西域研究》1995 年第 3 期,第 73—83 页。

5. 齐清顺:《清代满汉文人笔下的维吾尔人生活》,《喀什师范学院学报》1998 年第 2 期,第 42—49 页。

6. 李竹青、昊天:《喀什的巴扎》,《华夏人文地理》1999 年第 6 期。

7. 王茜、李晓琴:《维吾尔近代集市贸易述论》,《新疆社科论坛》2001 年第 2 期,第 76—78 页。

8. 袁志广:《原始文化在新疆南部绿洲的"活化石》",《西域研究》2001 年第 1 期,第 63—69 页。

9. 尚衍斌:《吐鲁番绿洲文化的特点及其形成原因,《中央民族大学学报》2002 年第 5 期,第 5—10 页。

10. 赵美:《独特的巴扎风情》,《中国地名》2003 年第 11 期,第 20 页。

11. 凌琛:《民族性与地域性建筑文化的现代诊释——新疆大巴扎建筑设计浅析》,《重庆建筑》2003 年第 2 期,第 31—33 页。

12. 苏畅:《塔什干的大巴扎》,《俄罗斯中亚东欧市场》2005 年第 2 期,第 52—53 页。

13. 吴淼、王欢、惠军:《乌鲁木齐民俗文化旅游开发现状及对策研究——新疆国际大巴扎》,《新疆师范大学学报》2005 年第 3 期,第 228—231 页。

14. 程万里:巴扎:《绿洲的:"说明书"》,《文明》2005 年第 6 期,第 102—116 页。

15. Axel Leijonhufvud. *The Individual*, *the Market and the Division of Labor in Society* [J] . Capitalism and Society. 2007. Volume2. Lss. 2. Art. 3.

16. 方晓华:《巴扎的文化解读》,《新疆社会科学》2007 年第 5 期,第 85—89 页。

17. 张波、景然：《喀什巴扎——别样的西域风情》，《当代人》2007 年第 10 期，第 35—37 页。

18. 金宏伟：《大都市里的巴扎》，《中国宗教》2008 年第 1 期，第 53—56 页。

19. *Bartlomiej Kaminski and Gael Raballand. Entrepot for Chinese Consumer Goods in Central Asia: The Puzzle of Re exports through Kyrgyz Bazaars* [J]. Eurasian Geography And Economics. 2009. 50. No. 5. 581-590.

20. 潘志平：《归属于中国文化圈的新疆》，《新疆大学学报》2009 年第 1 期，第 98—101 页。

21. 黄佛君：《试论绿洲巴扎非物质文化遗产资源及其田野保护——以喀什巴扎为例》，《干旱区资源与环境》2009 年第 1 期，第 164—167 页。

22. 江平、孟楠：《外国探险家游记所反映的新疆近代文化变迁——以喀什为例》，《黑龙江民族丛刊》第 2009 年第 3 期，第 101—105 页。

23. 张春霞、马岳勇：《西域绿洲少数民族文化生成规律及启示》，《新疆财经大学学报》2009 年第 3 期，第 61—65 页。

24. 郑瑞涛：《社会转型期农村的非正式公共空间：集市》，《社会学与社会发展》2009 年第 2 期，第 14—17 页。

25. 瓮森：《试论地域文化符号在城市家具中的应用——以乌鲁木齐大巴扎商业区为例》，《太原城市职业技术学院学报》2009 年第 8 期，第 152—153 页。

26. 周云：《从国际大巴扎的设计看新疆地域文化影响下的设计审美特征》，《新疆艺术学院学报》2010 年第 3 期，第 58-60 页。

27. 艾尼瓦尔．买提赛地：《浅谈维吾尔人的巴扎文化》，《喀什师范学院学报》2010 年第 9 期，第 36—43 页。

28. 张跃、王晓燕：《少数民族地区集市的文化内涵分析——透视县华彝族“赶街”》，《思想战线》2010 年第 6 期，第 122—126 页。

29. 赵海霞：《清代新疆商屯研究》，《西域研究》2011 年第 1

期，第50—59页。

30. 娄在凤：《国际大巴扎旅游购物现状及发展措施研究》，《科技经济市场》2011年第9期，第95—97页。

31. Sharmin Jahan，Farhana Noor. Consumers'Responsiveness toward Marketing Mix of Super Stores in Bangladesh：A Case study on Meena Bazaar［J］. 2012. Daffodil International University Journal of Business and Economics，Vol. 6，No. 1&2. 75-92.

三、学位论文

1. 王正伟.《伊斯兰经济制度论纲》，中央民族大学2003年。

2. 阿达丽·斯拉义：《民族学视野下的乌鲁木齐国际大巴扎研究》，西北民族大学，2006年。

3. 黄达远：《隔离下的融合——清代新疆城市发展与社会变迁（1759—1911）》，四川大学，2006年。

4. 阿达莱提·塔伊尔：《从地方文献看清代南疆维吾尔商业经济状况》，新疆大学，2007年。

5. 夏晨茹：《清末民国时期新疆商会研究》，新疆大学，2007年。

6. 赵莉：《乌鲁木齐国际大巴扎文化旅游与开发研究》，新疆师范大学，2007年。

7. 田欢：《维吾尔族视觉艺术的族群性研究》，复旦大学，2007年。

8. 李卡丽：《晚清新疆维吾尔族商业研究》，新疆大学，2008年。

9. 娄在凤：《新疆国际大巴扎旅游购物行为研究》，新疆大学，2008年。

10. 哈丽达·斯拉木：《维吾尔族巴扎文化研究——以和田地区为例》，新疆大学，2008年。

11. 朱虹：《现代化进程中二道桥巴扎的变迁——经济人类学的认识》，新疆师范大学，2009年。

12. 刘正江：《新疆城市民族商业社区变迁研究——以乌鲁木齐市南关民族社区为例》，中央民族大学，2009年。

13. 王菁菁：《乌鲁木齐市民俗风情旅游开发及其变迁——以二

道桥大巴扎和达坂城为例》，新疆大学，2010 年。

14. 依马木吾山・阿布拉：《新疆的巴扎建筑与地域特色研究》，湖南大学，2010 年。

15. 覃伟伟：《城市化进程中新疆民族传统商贸方式保留的可行性研究》，新疆师范大学，2010 年。

16. 阿依努尔・吾甫尔：《新疆沙雅县城镇巴扎商业习俗研究》，中央民族大学，2011 年。

17. 阿布都热合曼・尼牙孜：《“巴扎”在维吾尔族社会生活中的作用——以新和县乡村巴扎为例》，新疆大学，2012 年。

后　记

本书的完成得益于2010年国家社会科学基金艺术学重点项目《新疆的生活与文化》的课题指引与框架规划。特别感谢课题主持人、区域文学与文化研究的著名学者，亦是我的博士生导师韩子勇先生对我的充分信任，能够将对新疆绿洲生活的典型空间形态——巴扎的文化研究托付于我，并以其长期扎根于新疆生活的基层经验、理论高度与文化胸怀指导我对该论题进行田野调查、数据分析与学术论证的具体研究工作。

谈及对新疆生活与文化的认知，韩子勇先生远见卓识、学术著述丰富、贡献巨大，其学术影响力与说服力极其难得地兼顾全球风向与本土实际，注重经验与阐释的两翼并举，强调理论蕴藉与实践面向的有力贯通。韩子勇先生早年获得“鲁迅文学理论批评奖”的著作《西部：偏远省份的文学》以及先生关于新疆生活的文化批评专著，如《深处的人群》《浓颜的新疆》《木卡姆》等，无不以其生于斯长于斯的新疆情怀、扎根体验、理论功底与华彩文辞博得赞誉不断、拥趸无数。即便在先生离疆前往北京工作的相当长一段时间里，新疆文化艺术界的前辈、同仁、后生与广大文化艺术工作者仍常怀感念，我更是因为乍然离开导师的指引而顿感焦虑，面对庞杂具象、多元繁复的新疆文化资源，每每在进行文化阐释与学术推介时，便想念先生在疆时，能时有人请教、探讨、咨询与分享在学术研究的具体实证过程中所遇到的诸多理论瓶颈与表述困境。然而，幸好有网络、有电子邮件的交流界面，使得我每在网上了解先生工作的近况，一方面心下安慰，安慰于先生能去首都为国家文化建设与发展贡献才智，另一方面也为自己在面对棘手的新疆文化研究问题时寻求精神依靠提供了便捷通道。

时光匆匆，念及与先生第一次讨论该课题的写作时，先生要求严格，高瞻远瞩，他认为，巴扎、涝坝、清真寺，是绿洲生活的前堂和后堂，是绿洲的肉与灵，是每次上演但缺乏记录的文化秘史，并主张关于“新疆学”，其本质是“绿洲学”，构成“绿洲学”的基座恰恰是巴扎、清真寺、涝坝、麻扎、果园等一系列绿洲生活的主要公共空间，遗憾的是以往的边疆史地专家，或受制于学科背景，或折翼于僵化的学术规范，并未能够系统而深入地对这些在新疆大地上古来便有，现今仍旧鲜活的历史记忆、文化现象进行追根到底的学术探究、基因考辨、田野实录与理论升华。因之，他嘱咐我扎根于田野，访察自民间，切忌从理论到理论，从概念到概念，要明确问题域，选准观察角度，剖析到位，要懂得在一个具有地方特色的论题里自始至终贯穿地方性知识、现场阅历以及亲身的体验与感受，就一个问题变换视角，善于使用多种分析工具，深入浅出。韩先生一贯主张，好的文章，别人无法摘取。

感谢课题主持人韩子勇先生的智慧，在巴扎研究普遍缺乏理论深入的语境里，为我找到了学术研究的实验田，鼓励我从身边的文化现象出发，通过有效分析与理论阐释赋予其应有的意义。有缘于这样的研究机遇，我与我爱人先后多次前往喀什周边县城的乡村巴扎进行田野调查，采集了一手的观察信息与影像数据，撰写了大量的观察日志，绘制了乡村巴扎的空间地图，这些具体而实际的调查工作为我论文观点的生成提供了大量的佐证。与此同时，我通过与喀什县城维吾尔族老乡们一起赶巴扎，观察体验、调查研究所得的分析内容与田野经验，有助于我今后为新疆区域研究延伸向更开阔的空间提供思路，也有助于我就一个研究对象在不同学科间的对话架起桥梁。

感谢韩子勇先生作为课题的总设计师，其方法指引和关键时刻的观点纠偏，帮助我的论题调研实践得以在高校学者与南疆乡民的身份切换间具体展开，更得以在民族学、民俗学与文化学的跨学科视野中整合进行。它让我时而在赶巴扎的南疆生活体验里回复研究者的清明，反观自查赶巴扎的行为方式与思考模式，时而在论文撰写的中途，回味巴扎经验的诸多细节，并在理论的烛照中获得文化意义的提炼与升华。尤记得初赴喀什疏附县乌帕尔乡巴扎进行实地调研时所收获的体验和感动，一位维吾尔族老大爷握着我的手，脱下花帽，向我展示他新剃的光头，努力地敞开心门，邀请我参观他所生活的世界。碍于篇幅与文章类型的规约，更多的细节无法一一道来，却统统沉淀于我记忆的深处，收录于影像实录中，长远作用于我今后的学术研究，为其提供强而有力的论据支撑、经验佐证。我想，关于新疆绿洲文化的研究，我才启程，一切来日方长。

在我敲下后记文字的此刻，适值“昆明 3.1 暴恐案件”舆论不息的风口浪尖，也恰逢新疆二十万机关干部赴南疆“访民情、惠民生、聚民心”，进行“干群交往”实践的第一个年头。唯愿一切都好。关于新疆，关于家乡，关于我和我的研究，我只想说，我是新疆人，是二代汉人移民，我从小与维吾尔族老乡们生活在一起，小时候一起在大院玩儿过，一起念过初小，现在一起共事，一起教学相处，我热爱新疆。这份爱支持我能够在“乌鲁木齐 7.5 事件”的第二天，在全城警戒下，徒步走 5 站路去新疆大学为学生们监考，也支持我在疆内暴恐事件甚为猖獗的2011—2013年间，赴喀什乡村进行实地田野调研。我想，新疆是我的家乡，我除了以切身经历的田野调查实践以及扎根基层的学术体验回馈它之外，无以为报。就此而言，导师韩先生更是一位热爱家乡、热衷学术、让人敬佩的人。希冀我的研究能够打开一些话题，邀约一些共识。

学问之外，更感谢韩先生对我日常生活、为人处世的叮咛与提醒，对于长期学习、生活在高校的我而言，无疑打开了另一扇认知世界的窗户，仅驻足于窗口向外瞭望，便已感慨世界广博，有限经验的贫瘠不足以检验生活真理之万一；更感佩先生的阅历、见解与耐心点拨，感谢他对我的鼓励、栽培以及在学术意见之争时对我的固执己见、任性而为所给予的宽免和包容。先生于我是恩师、严父与益友，诸多恩情，铭感五内，终身不忘。

书稿撰写过程中，有幸得到新疆史地、民俗与文化研究诸多领域先生们的帮助，请允许我在此一一致谢：感谢阿扎提·苏里坦教授与刘宾教授，二位先生精通维吾尔族文化历史，名士夙儒、经师人师，他们在我进行书稿撰写时，就巴扎研究的具体内容进行了思路启发与经验分享；感谢牛汝极教授从民族文献文字古籍以及现代文化引领地域文化发展的高度，对我所研究内容予以的提醒；感谢孟楠教授从新疆历史、政经文化的维度，对我所研究的内容提供的历史支撑；感谢管守新教授，先生所负责的西北少数民族研究中心所提供的海量民族文化图书以及地区县志为我的论文撰写提供了资料查阅的平台；感谢郝苏民先生、热依拉·达吾提教授与周亚成教授，三位先生硕学通儒、学问渊博，他们从民间文化与民俗学的学科视野，对我的巴扎研究进行了思路引导，并在田野调查与社会学统计方面对我进行实地调研给予了方法帮助与经验指引；感谢爱丽丝博士为我查阅国外文献所提供的方便；感谢冯素老师在我查阅资料时提供的方便；感谢万雪玉教授；感谢欧阳可惺教授、刘志友教授；感谢张新武教授在文献整理方面对本人的帮助与指导；感谢马品彦教授；感谢雷琳教授；感谢李希冰先生；感谢沈苇先生；感谢喀什的艾力。

在我对书稿进行最后修订的时间段落，也恰是我完成我的博士后出站报告"城镇化语境中新疆巴扎文化的可持续发展研究"时期，这部书稿的完成也离不开从事博士后研究工作时所进行的一些学术探讨，更离不开对我的思考进行点拨、帮助与启迪的合作导师们，请允许我写下他们的名字。感谢我的博士后合作导师李中耀教授、汪晖教授就"巴扎与城镇化""巴扎与公共空间"等问题对我的启发。二位导师博学多闻、经纶满腹，百忙之外，他们分别从各自的学科领域与研究专长出发。对我的研究内容提出了更具社会意义与现实维度的工作要求。尤其是汪晖先生，他有关区域与跨体系社会的研究为我从事新疆的巴扎研究，并从立足“一带一路”语境，看待巴扎在丝绸之路上的经济与文化功用，颇多启发和帮助。

感谢我的家人，父母、公婆，得遇他们并奉为亲慈，是人生之大幸；感谢程起超，许作良人，亦是知音，在特殊时期，坚持陪我前往喀什进行实地调研，一路回护，长日守候，何其有幸。非常时期，若没有他们的理解、支持与帮助，这一部洋洋洒洒的书稿，真不知从何写起，如何收笔。

感谢这部书的责编耿素丽女士在繁忙的春节前后，就该书的内容编排、文字校对、图片编辑与文献整理与我做出的诸多沟通努力。

与此同时，该书的部分篇目如“明清文献及外国人记述中的巴扎”“巴扎里的空间”“巴扎之间的空间”“巴扎里的时间”“时间的流程”“认同的边界”“最初的‘市’与最后的‘市’”等分别陆续在《文学评论》《西北民族研究》《新疆师范大学学报》《新疆大学学报》《光明日报》等刊物刊发，根据刊物要求，题目略有调整。

在新疆，做巴扎，来日方长。我深信，这部书稿的撰写只是我通往新疆区域文化研究之旅的小小驿站，其间还能容下更多具有创新性的共时话题与学术挑战，如巴扎与城镇现代化研究、巴扎与内地集市的比较研究、巴扎在中亚城市的跨体系研究、巴扎研究在丝绸之路学中的研究地位等等。巴扎与其说是一个研究对象，不如说作为一个研究角度，一种研究方法，能够切入新疆区域文化研究的纵深之处，兼以沟通不同学科、不同区域以及不同人群，并在其间建立全新的对话与交流。

我还是相信每一座城市都有被日常行为所忽略的角落，城池与市集的角落隐没在我们惯常思维的角落里。有时换一个角度、换一个角落打量一座城市、一个市集，便像是换了一种滤色镜看待那里的生活。有人从与自己平行的视线打量一座城，有人从高于自己的视线打量一座城，也有人从低于自己的视线打量一座城，无所谓好坏高低，但确实各有千秋。你拥有几个角落，便拥有一座城，一个集，一个人的几种面相。

写后记的此刻，回顾修改完成的书稿，让我想起我在喀什乡村巴扎与老乡一起赶集，体会时间流失的片刻，那是一种全新的主体性的赋予与设计，它让我能够成为我的参照，进而能够思考出一种扎根于新疆乡野的时间谱系。回想起来，仿佛我只有扎根向我所生活的土地，才能取得抵抗时间洪流的一点精神力量。我想，是对富有真知灼见的学问的追求赋予我们这样一种力量，让我们能够面对我们情感的痛苦、知识的荒僻与表述的焦虑，它让我们置身其中能够找到一种妥当的、重新设计的主体性，使我们最终成为我们，使我们最终能够拥有自己。我要感谢学术研究的这种力量，它让我通过它对我的设计，在自己身上不只看到边远的目光、偏僻的角落、复杂的地域文化境遇、纠结的族性与性别差异。它让我居于自身而不被缩减，放之世界而不至被流散。它以它全部的话语结构、时空坐标，设计、发明了另一个我，一个相对于现实经验而言，或许更完整的我。

最后，我想以韩子勇先生针对新疆区域研究对我的几句话语点拨作结（碍于篇幅，仅摘取五句）。先生只言片语，似是随意兴叹，却意蕴深远，但愿它能对新时期边疆史地研究中谓为显学的“新疆学”研究有所帮助：

1. 在新疆，做学问要能经世致用；只有在新疆的公共知识空间，学人们聚在一起动辄谈的都是边疆稳定、家国大事而非斗升米粮、半亩田宅。

2. 学术研究的失败，其实就是语言表述的失败。

3. 只要能读懂丝绸之路上的语言文字，就能搞清许多历史、宗教和文化之谜。

4. （就研究对象而言）宁可在边缘中做主流的，亦不在主流中做边缘的；仅对问题自身充满兴趣，而不受制于学科壁垒。

5. 理性就是不反历史，因此做学问要有历史的战略选择。

最后，今年恰逢新疆维吾尔自治区成立六十周年，希望我的这本《巴扎志》，能赶在这一天之前问世，便是对家乡的祝福了。

王　敏

2014 年 8 月乌鲁木齐初稿

2015 年 5 月北京二稿